Irische Erzähler

manesse im dtv

Irische Erzähler

Auswahl und Übertragung
von Elisabeth Schnack
Nachwort von Sean O'Faolain

Deutscher Taschenbuch Verlag
Manesse Verlag

August 1993
2. Auflage November 1993
Deutscher Taschenbuch Verlag GmbH & Co. KG,
München

Gestaltungskonzept: Max Bartholl
Umschlagbild: Karl Johaentges
(LOOK, München)
Gesamtherstellung: C. H. Beck'sche Buchdruckerei,
Nördlingen
Printed in Germany · ISBN 3-423-24022-9

INHALT

* *Übersetzt von H.E. Herlitschka.* ** *Übersetzt von G. Goyert*

Das Sternenmoor

Von

Standish James O'Grady

Die Goldene Zeit der Großen Eliza neigte sich schon ihrem Ende zu, als eines Januarabends um die Dämmerstunde eine Kriegsschar das schwere Tor eines Burghofs verließ und sich der Landstraße zuwandte — voran eine Rotte Pfeifer und ein Trommler. Die Pfeifer spielten eine muntere altirische Weise, und der Trommler trommelte, als ob er sich ein gut Teil Faulenzermüdigkeit aus Armen und Handgelenken vertreiben müßte.

Hinter ihnen, mit blankgeputztem Helm und leuchtendem Koller, kamen viele Reihen Scharfschützen. Rauch stieg von ihnen auf — kein Tabakrauch, wenn auch vielleicht hie und da einer Pfeife rauchte —, sondern der Qualm brennender Lunte, die jeder Soldat um den Gewehrschaft gewickelt hatte.

Ihnen folgten Pikenträger, auch in Helm und Koller; mit ihrer langen, schlanken Waffe über der Schulter sahen sie prächtig aus. Struppige Pferdchen mit noch struppigeren Treibern erschienen nach ihnen. Die Pferde waren mit Tragkörben beladen; manche trugen Leitern, die offenbar neu gezimmert waren, denn sie leuchteten ganz weiß.

Dann schloß sich eine bunte Schar barhäuptiger, langhaariger Burschen in kurzen, engen Hosen und safrangelbem Rock an, die im Takt mit der Musik sprangen und ihre eigenen Lieder als Begleitung sangen. Jeder hatte sein Schwert an der Hüfte und ein Bündel leichter Speere in der Hand. Um die Schultern trugen sie leuchtendvielfarbige Mäntel, die wie Hochländer-Plaids gewickelt waren. Sie waren der Königin Miliz. Ein junger englischer Edelmann befehligte sie und hatte seine Plage mit ihnen. Weitere Schützen und Pikeniere bildeten die Nachhut. Es war eine kleine Schar, nur ein paar hundert, und doch für damalige Zeiten ziemlich stark und obendrein gut ausgerüstet und wohl imstande, heute nacht ihren Mann zu stellen, wenn alles gut ging.

Ungefähr zehn oder zwölf Reiter begleiteten den Trupp, alle in vollständiger Rüstung und manche in vergoldetem Harnisch. Sie ritten zu zweien und dreien oder von der Spitze zur Nachhut und hielten ein wachsames Auge über das voranmarschierende Kriegsheer. Die Schar hatte das Meer im Rücken; ihr Gesicht war den Bergen zugewandt. Zwei Männer ritten dicht neben der Musik, die jetzt still war; die Pfeifer schüttelten das Wasser aus ihren Flöten.

«Was glaubst du, Tom», fragte der in der vergoldeten Rüstung den anderen, dessen Panzer bloß aus Eisen war und nicht glänzte, «werden wir heute nacht den verfluchten ‚Raben' in seinem

Nest fangen?» Der Sprecher war der Statthalter von Irland.

«Mylord, ich bin ganz überzeugt davon», antwortete der unscheinbar aussehende Krieger. «Meine Späher berichten, daß in der Bergschlucht alles ruhig ist. Der ‚Rabe' hat kaum fünfzig Mann bei sich und argwöhnt nichts. — He, nimm deine Trommelstöcke auf! Was für ein Trommler bist du, zum Teufel, der da für der Königin Soldaten aufspielt? — Euer Gnaden, der ‚Rabe' ist heute Euer, lebendig oder tot!»

Jetzt spielte die Musik wieder; der Trommler rührte die Trommel, und der Rest des Gesprächs war nur noch für die Sprechenden selbst vernehmbar. Warum hatte der Trommler übrigens seine Trommelstöcke fallen lassen? Wenn der mit «Tom» angeredete Ritter *das* gewußt hätte — sein voller Name war Hauptmann Thomas Lee —, dann hätte sein so gut vorbereiteter Kriegszug einen andern Ausgang genommen, meine Geschichte wäre nicht geschrieben worden und das Sternenmoor wäre nicht berühmt.

Der Trommlerjunge trommelte weiter, er trommelte fast genau so gut wie vorher, ehe er die Unterhaltung über den «Raben» mitanhörte, die ihm die Trommelstöcke aus der Hand geschlagen hatte. Er konnte es, weil im Unterbewußtsein seiner Seele die Musik immer wach war; aber mit seinen Gedanken war er nicht bei der Musik. Das Gespräch ließ ein buntes Durcheinander von Bildern und Szenen an seinem Geiste vorüberziehen. Während seine kleinen Trommelstöcke schwirrten oder ihr herausforderndes «Rattata» wirbelten, warfen Erinnerung und Phantasie ihm Hunderte von Bildern mit Blitzesgeschwindigkeit auf eine imaginäre Leinwand.

Eines davon, das nur kurz aufflammte, aber viele Male wiederkehrte, sah so aus: ein langer Tisch, sehr, sehr lang, zum Abendessen gedeckt; es roch nach Essen, ja, es duftete und dampfte aus allen Schüsseln, und er war nur zu bereit, zuzulangen. Im Lichte zahlloser Kerzen blinkten silberne und sogar goldene Gefäße, denn es war ein Festmahl. Er sah Reihen froher Gesichter, und eines vor allen andern. Die Kerzen steckten in silbernen Armleuchtern oder in einfachen Messinghaltern oder auch nur in Flaschen und Gläsern. Die ganze Pracht war ein gut Stück von ihm entfernt. Er saß am unteren Ende der langen Tafel, aber er war doch *dabei*. Auf seinem Tischende lag kein schneeweißes Linnen, und die Becher und Teller waren nur aus Eschen- oder Wildapfelholz. Doch zu essen gab es reichlich, auch Bier für alle, die nicht zu jung waren. Es war die Abendtafel eines großen Herrn. Der Knabe saß an einem Ende und der große Herr am andern: er war unten, und der «Rabe» saß oben. Clan-Ranal nannte er den großen Herrn, und er war nicht mit ihm verwandt; auch war er zu jung, ihm Dienste zu leisten. Von seiner Mutter wußte er nichts, und an seinen Vater konnte er sich kaum erinnern; man hatte ihm gesagt, daß er erschlagen wurde, «als Clan-Ranal den Sieg über den Statthalter und der Königin ganzes Heer davontrug».

Und wieder saß der Trommlerknabe im Geiste in Clan-Ranals schimmerndem Saal, während draußen der Sturm wütete und an den rohen Holz- und Lehmwänden des Palastes rüttelte. Da thronte der dunkelhäutige Häuptling und verschenkte Gunst und Gastfreundschaft freudig an alle. Sein Lächeln und das Aufleuchten seiner gütigen Augen erhellte den ganzen Saal, so daß das Essen noch besser mundete und das Bier noch kräftiger schien. Er war nur ein Räuberanführer — aber ach, so groß, so herrlich in des Knaben Augen! Seine Königin saß rechts von ihm, und um ihn seine gewaltigen, tapferen Mannen, lauter berühmte, von Barden besungene Namen, die Schrecken weit über das Tiefland trugen. Dem Knaben kamen sie unwirklich vor, so wie die übernatürlichen Helden der alten Zeiten. Daß sein «König» ein Räuber war, wußte er nicht, und wenn, dann war «Räuber» eben nur ein anderes Wort für Kühnheit, Gewandtheit und kriegerische Tüchtigkeit, wie es in solch primitiv-homerischen Zeiten meistens der Fall ist. Für andere bedeutete der «Rabe» mitsamt seinen furchtbaren Mannen Tod und Verderben; er aber lebte von ihren Räubereien und sonnte sich in ihrem fragwürdigen Ruhm.

Auch das holde Antlitz eines Kindes tauchte immer wieder in den Bildern und Vorstellungen auf, die dem Trommler durch den Sinn zogen. Er sah sie vor sich in dem kurzen grünen Gewand und dem goldenen Mantel, wie sie von der Seite des Königs hinunterschritt in die Versammlung und ihm, der sich beim Knabenwettkampf im Speerschleudern ausgezeichnet hatte, den ersten Preis überreichte. (Es war nur ein Taschenmesser, und er hatte es noch.) Sie lächelte freundlich und sagte: «Du wirst eines Tages eine große Tat verrichten, o Raymond, Sohn des Raymond, Sohn des Pierce!» Die ganze fröhliche, strahlende, glückliche Zeit seiner Kindheit — glücklich, weil sie so viel Liebe für ihn barg — flog in schnell wechselnden Bildern vor seinen starrenden Augen vorüber. Und jetzt trommelte er für ein Heer, das das Licht der glücklichen Heimstatt, wo er selbst einst so glücklich gewesen, mit Blut und unbeschreiblichen, unvorstellbaren Greueln auslöschen würde. Tränen rannen ihm übers Gesicht; aber niemand sah es, denn es war Nacht geworden. Da zuckte ihm ein Gedanke, ein Plan, schnell wie ein fallender Stern durchs Gehirn, kehrte wieder, verweilte und blieb, fest, klar und bestimmt — ein Plan, der ihm vorschwebte wie ein Stern.

Von nun an trommelte er besser und sprach ebenso kühn wie seine Kameraden von der ruhmreichen Tat dieser Nacht und seinem Anteil an der Beute. Doch seine Gedanken waren nicht die eines räuberischen Soldaten, sondern die eines Helden: Er, Raymond, Sohn des Raymond, Sohn des Pierce, würde heute nacht eine Heldentat verrichten! Stolz auf seine Herkunft mochte den Knaben noch bestärken; denn er stammte von einem zwar jetzt verblühten, in alle Winde zerstreuten Clan, der aber einst berühmt war: den Fitz-Eustaces. Seine Ahnenreihe kannte er auswendig, und wenn ein Trommlerknabe am einen Ende war, so war am andern ein Graf.

Die beiden Reiter unterhielten sich wieder. «Wo sind wir jetzt, Tom?» fragte der Anführer des Kriegszuges.

«Ungefähr ein Drittel des Weges haben wir hinter uns, Euer Gnaden. Wir ziehen jetzt am Sumpf Mona-Reulta vorbei.»

«Eure barbarischen irischen Namen kann man sich schlecht merken», entgegnete der andere. Obgleich er Statthalter und Vizekönig von Irland war, verstand er kein einziges Wort Gälisch, und das in einer Zeit, da jeder Herr und Edelmann im Lande die Sprache beherrschte oder sich ihrer bedienen konnte. «Sag mir, was es auf Englisch bedeutet, damit ich mich leichter daran erinnere!»

«Es bedeutet ‚Moor der Sterne', Euer Gnaden, oder ‚Sternenmoor'. Dieser Sumpf ist voll vieler kleiner Teiche und Wasserlöcher, und die spiegeln in klaren Nächten die Sterne höchst wundersam wieder.»

«Ein seltsamer Name», bemerkte der andere. Eine Weile ritt er schweigend dahin, dann sagte er: «Master Edmund Spenser, mein sehr gelehrter Freund, würde sich freuen, hörte er den Namen. — Weißt du auch, Tom, daß dieses plündernde Ungeheuer, dieser Raubvogel, den wir heute nacht jagen wollen, in der *Faery Queen* vorkommt? Der neunte Gesang des fünften Buches handelt ausschließlich von ihm. Er wird dort *Malengin* genannt, und *Talus* mit seinem eisernen Dreschflegel macht ihm den Garaus. Ja, Tom, der Schurke kommt in der Feenkönigin vor — so schurkenhaft er auch ist, er ist darin verewigt! Ich dagegen — ach!»

«Davon ist mir nichts bekannt, Euer Gnaden. Ich weiß nur, daß er in Idrone war — gestern waren's gerade sieben Nächte her — und dreizehn Städte ausplünderte und viele getreue Untertanen ermordete. Das mit dem *Talus* ist alles Lüge! So einen Hauptmann oder Seneschall oder Statthalter hat's nie in Irland gegeben!»

Der Statthalter lachte herzlich über den Witz oder was es sonst gewesen sein mag.

Die Kriegsschar schlängelte sich jetzt zwischen hohen Bergen auf schmalem Pfade längs eines Flusses hin, der vom Winterregen geschwollen war und toste. Stunde um Stunde marschierte das Heer durch das wilde Bergland, das jetzt ganz in den Mantel der Nacht gehüllt war. Endlich, als sie eine beträchtliche Höhe erklommen hatten, sagte der, der den Weg wies, ein paar Worte zum Anführer und zeigte ins Tal hinunter. Das Heer machte halt. Alle Offiziere kamen zusammen und sprachen leise miteinander. Im Tale unten lag der starke Horst «des stolzen Vogels der Berge», zu dessen Ausrottung sie von so weither gekommen waren. Schon brach die Morgendämmerung an. Die schwere Last der Dunkelheit war etwas gewichen. Undeutlich sahen sie die Wälle und Türme von des Häuptlings Feste; sie schimmerten weißlich im Dämmerdunkel und waren halb hinter Bäumen versteckt. Es war keine Burg, nur eine kleine Stadt mit Mauern und Toren.

Nun begann die Kriegsschar des Statthalters vorsichtig von der Höhe hinabzusteigen. Allen war Schweigen auferlegt worden, das bei Todesstrafe nicht gebrochen werden durfte. Jeder Feldwebel war verantwortlich für das Betragen seiner Rotte; er hatte strengsten Befehl, seine Leute zusammenzuhalten und ein Abschwenken mit allen Mitteln zu verhüten. Als sie sich dem Ziele näherten, wurden die Sturmleitern in Bereitschaft gebracht. Noch drang aus der kleinen Stadt keinerlei Anzeichen von Unruhe her: es krähte kein Hahn, und es bellte kein Hund. Nicht einmal eine Wache schien aufgestellt — oder vielleicht war sie eingeschlafen. Mensch und Tier waren in tiefsten Schlummer versunken.

Mehrere starke Trupps lösten sich jetzt von der Hauptmacht und wandten sich unter den Bäumen nach links und nach rechts. Ihre Aufgabe war es, die Stadt zu umzingeln und jeden Rückzug abzuschneiden; denn jenseits war noch ein Tor, das zu einer hölzernen Brücke führte, die einen breiten Fluß überspannte. Es waren also nur zwei Stadttore: das vordere, vor dem sich die Hauptmacht versammelte, und das rückwärtige, wohin sich jetzt die kleinen Trupps begaben. Aber sie gelangten nie dorthin.

Eben hatte noch Totenstille geherrscht, die nur vom Murmeln des Flusses oder dem Knacken eines Zweiges unterbrochen wurde — und einen Augenblick darauf wurde die Stille zerrissen vom scharfen, hellen Wirbel der großen Trommel. Und so schnell folgten sich die einzelnen Trommelschläge, daß es wie ein einziger langanhaltender Schrei erschien. So plötzlich die Trommel aufklang, so unvermittelt verstummte sie. Den Trommler hatte einer zu Boden geschlagen; vielleicht war er nur bewußtlos, vielleicht gar tot.

Aber er hatte ganze Arbeit geleistet: der Wirbel einer großen Trommel kann so wenig widerrufen werden wie ein gesprochenes Wort.

Die Stadt, die eben noch fest geschlafen hatte, war jetzt zu fieberhaftem Leben erwacht. Signalhörner erschollen; es klirrte von Waffen und Rüstungen, und wütende Stimmen brüllten wilde Befehle in unverständlicher Sprache. Hunde bellten, Pferde wieherten, Frauen jammerten und Kinder weinten; und die ganze Zeit über erklang wie Baßbegleitung zu all diesem hellen Gelärm das dumpfe, donnernde Trampeln von Füßen. Qualm und Funkeln von immer zahlreicher auftauchenden Fackeln stieg über die weißen Wälle, die jetzt von den Sturmhauben Bewaffneter wimmelten, und Feuerwaffen erglänzten.

Die Angreifer waren nun selber die Überraschten und Überrumpelten. Ihre verschiedenen Trupps waren versprengt. Der ursprüngliche Angriffsplan war vereitelt und neue Anordnungen waren nötig geworden. Der Anführer befahl dem Trompeter, das Signal zum Sammeln zu blasen, und zog sich mit seinen Leuten unter Verlust einiger Verwundeter außer Schußweite zurück.

Als sie nach einer halben Stunde einen großen Angriff auf die Wälle unternahmen, war niemand da. Sie erstürmten eine geräumte Stadt. Der Häuptling mit seinen Mannen, die Frauen und Kinder, all sein Vieh und das Wertvollste an beweglichem Besitz war schon auf der andern Seite des Flusses und zog dort undeutlich das dunkle Tal hinauf; die Bewaffneten bildeten die Nachhut. Eine Verfolgung wäre gefährlich gewesen und wurde auch nicht unternommen. Die halben Sieger ergriffen freudlos Besitz von der verlassenen Stadt.

Gegen Mittag wurde in des Häuptlings Festsaal, der voll von Bewaffneten war, Kriegsgericht abgehalten. Dem Statthalter wurde ein Angeklagter vorgeführt. Sein Gesicht war bleich, der Hals rot von Blut, und das Haar klebte auf einer Seite feucht zusammen. Es war der Trommler — ein gutgewachsener, rothaariger Jüngling mit blauen Augen, dessen Züge eher nichtssagend als schön waren. Das Kriegsgericht dauerte nicht lange. Die Aussage der Zeugen war eindeutig und wurde nicht bestritten oder angefochten.

«Bursche», rief der Statthalter aus, «warum hast du das getan? Warum hast du als Gefolgsmann der Königin den Verräter gespielt? — Was hat er geantwortet, ihr Herren?»

«Belieben Euer Gnaden, er sagt, daß er nicht anders konnte. Die Tat leuchtete ihm vor Augen wie ein Stern.»

«Da ist ein Verräter zum Dichter geworden. Generalprofos, nehmt eine Rotte Scharfschützen und erschießt ihn auf der Stelle! — Nein, wartet! Der Soldatentod ist zu gut für ihn! Hauptmann Lee, nehmt ihn auf dem Rückweg mit und ertränkt ihn in dem Moor, an das Ihr Euch wohl erinnert. Dort kann er seinen Stern zu den übrigen hinzutun.»

Es fiel indessen auf, daß der Statthalter sich eine Weile in Schweigen hüllte und nachzusinnen schien; dann seufzte er und fragte, ob noch ein Gefangener da sei.

Am gleichen Abend stand ein Trupp Soldaten auf einem Stück festen Bodens neben einem Teich im Sternenmoor. Sie hatten einen an Händen und Füßen gefesselten Jüngling bei sich, an dessen Knöcheln ein Stein befestigt war. Er war vollkommen still und gefaßt; sein strahlendes Gesicht zeigte sogar einen Ausdruck ruhigen Stolzes. Er sollte wie ein Hund sterben, aber seinem Stern war er treugeblieben. Zwei riesige Pikenträger, die ihren Schutzpanzer abgelegt hatten, die Helme aber aufbehielten, hoben ihn mit starken Armen hoch, während ein dritter Soldat gleichzeitig den schweren Stein ergriff. Eins, zwei, drei — ein Aufspritzen, und aufgewühltes Wasser schlug schäumend zusammen. Dann beruhigte es sich etwas; nur Blasen stiegen ständig an die Oberfläche und zerplatzten. Schließlich war alles still wie zuvor, schwarz und still. Einer oder zwei der jüngeren Soldaten sahen blaß und entsetzt aus. Aber die älteren Männer, bärtige Engländer oder Iren mit Schnauzbart, schickten dem Verräter einen derben Fluch nach und gingen fort. Bald stand die Mannschaft wieder in Reih und Glied auf der gelben Straße. Ein scharfes Kommandowort erscholl, die Pfeifen spielten eine lustige Melodie auf, und in munterem Schritt marschierten sie ab. Ein Reiter war dabei, Hauptmann Thomas Lee, ein tüchtiger Edelmann, der sich in den Kämpfen der damaligen Zeit einen guten Namen erwarb. Über ihnen wehten die leuchtenden Falten ihrer Standarte. Die Abendsonne funkelte auf den blanken Rüstungen und den hellen Spitzen der Piken. *Sie* waren keine

Verräter, sondern Getreue. Keiner konnte behaupten, daß *sie* der Königin Löhnung annahmen oder der Königin Ration aßen und danach hingingen und sie verrieten.

Allmählich verhallte der Klang der Pfeifen in der Ferne, und wie zuvor herrschte Schweigen in der unbewohnten Wildnis. Leiser Lufthauch spielte zärtlich in den Binsen und im trockenen Gras. Ein vorwitziger kleiner Vogel hüpfte in einer niedrigen Krüppelweide umher, die kaum fußhoch am Teiche wuchs.

Dann ging die Sonne unter; die Stille der Nacht nahm zu, und wo der Trommlerknabe versunken war, erschien ein heller Stern. Es war der Abendstern, der Stern der Liebe, der auch der Morgenstern ist — und das ist der Stern der Tapferkeit und Hoffnung.

Bob Pentland

oder

Der überlistete Akziser

Von

William Carleton

Hinter dem Altnaveen-Gebirge liegt eines von jenen tiefen, schroffen Felsentälern, auf denen der Blick jedes illegalen Whiskybrenners voller Begeisterung ruhen würde, da es eine Gegend ist, die nicht so leicht von den ruchlosen Schritten des Akzise-Einnehmers und seiner Rotröcke entweiht werden kann. Wegen ihrer merkwürdig isolierten Lage war die Stelle, von der wir sprechen wollen, fast unsichtbar, ausgenommen, man kam sehr nahe herzu.

Doch war die günstige Lage nicht der einzige Vorteil. Im Augenblick, wo man das Tal betrat, schwand zunächst einmal jede Wahrscheinlichkeit, es zum Zwecke heimlicher Destillation benutzen zu können. Wenn wirklich ein Akziser in die kleine Schlucht geraten wäre und sein spähendes Auge umhergesandt hätte, dann hätte er sofort bemerkt, daß die Errichtung einer kleinen Privatbrennerei an solch einem Ort ein Torenstück gewesen wäre, wie man es im allgemeinen nicht bei den Leuten voraussetzt, die in derartigen Praktiken bewandert sind. Aber das Fehlen der erforderlichen «Räumlichkeiten» war nur scheinbar. Ungefähr hundert Meter oberhalb vom Eingang in die Schlucht lief ein zwanzig Meter breites Felsband entlang. Am Fuße seiner unteren Vorsprünge wuchsen dicke, verfilzte Teppiche alten Heidekrautes und verdeckten den Eingang zu einer Höhle, die etwa so hoch und so groß wie ein gewöhnliches Bauernhaus war. Durch mehrere schmale Risse in den Felsen, die das Dach bildeten, tropfte ein Bächlein mit klarem, weichem Wasser, genau, wie es für einen Whiskybrenner erwünscht war. Wenn man jedoch den Heidekrautteppich nicht hochhob, hätte man nie vermutet, daß solch eine Höhle oder ein so unerwarteter und leichter Zugang überhaupt existiere. Es war eine Privatbrennerei, von der Hand der Natur selbst erschaffen, und wie sie weder menschliche Klugheit noch Kunstfertigkeit zustande brachten.

Nun lebten in unserer Gemeinde zwei Männer, deren Lebensziele einander so entgegengesetzt waren, daß es uns fraglich scheint, ob irgendwo zwei Geschöpfe leben, die so auf gegenseitige Vernichtung bedacht sind wie diese beiden. Bob Pentland, der Akzise-Einnehmer, war der eine, und der kleine George Steen, illegaler Whiskybrenner, war der andere.

Pentland war ein zäher, gerissener, unermüdlicher und zuverlässiger alter Bursche von ungefähr fünfzig Jahren. Seine dunklen Augen lagen tief, waren umsichtig und hatten etwas Spitzbübisches an sich. Hinter seiner zerklüfteten

Stirn schienen immer Gedanken zu spielen, wo der kleine George Steen, sein hartnäckiger Feind, wohl gerade Whisky brennen könnte — denn immer entschlüpfte er ihm, wenn er ihn just in den Fängen zu haben glaubte.

Bob Pentland war wegen seiner Findigkeit und Geschicklichkeit im Aufspüren von «Schwarzbrennern» sprichwörtlich geworden, aber der kleine George war ebenso sprichwörtlich dafür geworden, daß er ihm immer entwischt war, und manchmal unter Umständen, wo jedes Entkommen aussichtslos schien.

Die Begebenheit, die wir jetzt schildern wollen, ereignete sich zu jener Zeit, als unsere Gesetzgeber es für richtig hielten, der ganzen Gemeinde eine Geldstrafe aufzuerlegen, in der eine heimliche Brennerei entdeckt wurde. Damit standen alle Wege offen für Gaunerei und Schelmenstreiche. Oft kam es vor, daß Unschuldige für ein Vergehen, an das sie nie gedacht hatten, ebenso büßen mußten, wie die Sünder, die es ausgeheckt und verübt hatten. So war es denn auch eine Folge dieses Gesetzes, daß die Brennereien dicht an der Grenze der Nachbargemeinde oder so nahebei errichtet wurden, wie es die Lage und die zum Brennen nötigen Bedingungen nur zuließen. Im Augenblick, wo das Geschrei des Akzisers und seiner Schergen ertönte, wurde natürlich die ganze Anlage sofort über die Grenze und in die nächste Gemeinde getragen, von der dann die von Parlamentswegen auferlegte Buße erhoben werden mußte, während die schlauen Missetäter ungestraft entkamen.

Not ist nicht nur die Mutter aller Erfindungen, sie ist auch die Ursache mancher Zufallsentdeckung. Bob Pentland war so oft von dem kleinen George Steen hineingelegt worden, daß er geschworen hatte, nicht zu ruhen, ehe er ihn erwischt hatte. Und George sagte ihm immer wieder — denn sie standen sich sonst sehr gut —, daß er «dem Teufel, der Welt und Bob Pentland Trotz biete». Doch war der Akziser ihm ein rechter Dorn im Auge, denn er jagte ihn von Ort zu Ort, bis er fast daran verzweifelte, ihn noch länger übertölpeln zu können. Er wußte kaum noch, wo er in der ganzen Gemeinde einen geeigneten Ort zum Brennen finden sollte, den Pentland nicht schon kannte. So lagen die Dinge, als George erfreulicherweise die natürliche Höhle in der Wand der Altnaveen-Berge entdeckte, die wir eben beschrieben haben.

George war, wie wir schon andeuteten, ein Mann, der reich an neuen Einfällen war. Doch in der gleichen Gemeinde lebte ein anderer Schwarzbrenner, der George noch in jener umsichtigen Schlauheit übertraf, die notwendig ist, will man einen so scharfen alten Bluthund wie Bob Pentland nasführen oder überlisten. Er hieß Mickey MacQuade, ein untersetzter kleiner Bursche mit kurzem Hals und krummen Beinen, der eher kroch als ausschritt. George und Mickey waren dick befreundet, ganz abgesehen von ihrer gemeinsamen Antipathie gegen den Akziser. Tatsächlich stammte manch eine Schlappe, die Bob Pentland von George einstecken mußte, im Grunde von Mickey.

Das erste, was George nun tat, war darum auch, daß er Mickey zu Rate zog, woraufhin beide einen gemeinsamen Spaziergang zum Schauplatz ihrer zukünftigen Operationen unternahmen. Sie inspizierten ihn, wurden all seiner Vorteile gewahr, und wechselten einen Blick begeisterten Triumphes.

«Das ist das Richtige!» sagte George. «Glaubst du nicht, daß wir Bob Pentland doch noch ausstechen werden?»

Mickey spuckte weise aus, betrachtete sich die Sache noch ein zweites Mal und ließ dann ein breites Grinsen von Stapel, das Bände sprach. «Ja, 's ist das Richtige», meinte er. «Aber ein Haken ist doch dabei, und du hast vielleicht nicht daran gedacht?»

«Was ist es denn?»

«Was willst du mit dem Rauch machen, wenn das Feuer im Gange ist? Den kannst du nicht beseitigen! Laß Bob Pentland nur soviel davon sehen, wie aus der Pfeife einer alten Frau aufsteigt, und wir sind erledigt.»

George war bestürzt. Der Ärger und die Enttäuschung in seinem Gesicht bewiesen deutlich, daß ihr ganzer Plan unnütz und die Höhle wertlos wäre, wenn sie nicht mit diesem Hindernis fertig würden.

«Was tun wir nur?» fragte er seinen Gefährten, der es ruhiger hinnahm. «Wenn wir keinen Ausweg finden, können wir's ganz aufgeben!»

«Laß nur», sagte Mickey, «mir wird schon etwas einfallen, so daß Pentland doch hereinfliegt.»

«Ja, aber was?»

«Darauf kommt's jetzt nicht an. Wir wollen keine Minute verlieren und anfangen. Den schwierigen Punkt überlaß' mir nur. Und wenn ich nicht mit dem Rauch fertig werde und der Eingang zur Höhle entdeckt wird, darfst du mir beide Ohren abschneiden!»

Damals war das heimliche Brennen ganz allgemein üblich, und die Bauern bauten in ihre Ställe Geheimkammern und Verschläge ein, die fürs Brennen benötigt wurden. Manche hatten Vorratsräume zwischen falschen Wänden, und viele hatten in versteckten Winkeln und tiefen Giebeln Malzgruben eingelassen, um die Gerste einzuweichen und sie danach zu wenden und zu lüften, bis sie hart genug war, daß man sie rösten und mahlen konnte. Von der Mühle wurde sie auf «Rutschen» zur Brennerei geschafft: das war eine Art Wagen ohne Räder, mit denen man leichter über Moor und Sumpf kam.

Nach ungefähr einem Monat hatten George und Mickey mit Hilfe einiger Freunde die ganze Anlage, Maischbottich, Oxhoft und so weiter, samt Destillierblase, Helm und Rücklaufkühler aufgestellt und in vollem Gang.

«Und jetzt, Mickey», fragte sein Freund, «sag mir mal, was du gegen den Rauch unternommen hast? Denn du weißt ja, die schlimmsten Verräter eines braven Brenners sind der Rauch bei Tag und das Feuer bei Nacht.»

«Weiß schon», erwiderte Mickey, «und einen tüchtigen Rauch wollen wir haben — mit einem kleinen Wölkchen geben wir uns nicht zufrieden. Aber komm, ich werd's dir zeigen!»

Die beiden stiegen auf den Berg, wo Mickey alle offenen Felsspalten im Dach der Höhle zugestopft hatte, ausgenommen eine, die sich genau senkrecht über dem Feuer der Brennerei befand. Sie war höchstens zwölf Zentimeter breit und fünfundzwanzig Zentimeter lang. Darüber hatte er ein starkes Eisenblech gelegt, das er durchlöchert hatte und auf dem ein Torffeuerchen brannte. Ein kleiner Junge saß daneben und spielte Wachtposten. Es war sehr einfach und praktisch. Torfstücke waren rechts und links aufgeschichtet, und der Junge hatte Anweisung, sowie der Akziser auftauche — den er natürlich gut kannte —, solle er frischen Brennstoff auflegen. Der Rauch würde dann so stark werden, daß der Akziser glauben mußte, der ganze Rauch käme nur von dem Feuer vor seiner Nase. Und wirklich mischte sich der Rauch aus der Höhle unten so vollkommen mit dem vom Torffeuer, daß kein Mensch das Geheimnis herausbrachte, der nicht eingeweiht war.

Als Kinder sind wir mehr als einmal von zu Hause ausgerissen und die ganze Nacht dort geblieben. Solch ein nächtliches Schauspiel mit all seinem Zauber vermag die Jugend zu packen, denn dazu kommt noch der Reiz, den alten Geschichten und Sagen zu lauschen, mit denen man sich die Stunden am Feuer vertrieb.

So trieben es also Mickey, George und ihre Freunde fast den ganzen Winter über, ohne daß der Akziser sie auch nur ein einziges Mal heimsuchte. Wiederholt hatten sie schon mit Erfolg «abgezogen» und reichen Gewinn eingesteckt.

Sie waren gerade dabei, mit der letzten Destillation zu beginnen, der letzten nicht nur für diesen Winter, sondern überhaupt, da George im Frühling nach Amerika gehen wollte. Auch dieser Brand verlief zu ihrer Zufriedenheit, und der «Nachlauf» war soeben wieder in den Kolben zurückgeworfen worden; die «Duplierung» begann, und aus dem Abfluß kam schon der medizinisch starke Extrakt: der Branntwein in seinem reinen und endgültigen Zustand.

Unsere beiden Helden waren ängstlicher als sonst. Sie verdoppelten ihre gewöhnlichen Vorsichtsmaßregeln gegen eine Überraschung, denn sie wußten, daß Pentlands Besuche dem Sprung eines Tigers und dem Zugriff eines Habichts glichen. Und sie hatten sich nicht getäuscht: als sie mit der Duplierung halb fertig waren, tauchte er auf, begleitet von einer starken Eskorte unwilliger Soldaten. Das Militär war nämlich nie mit Begeisterung dabei, die Landleute zu belästigen, nur weil's «der Flaschenjäger» (wie sie den Akziser nannten) befahl.

Mit dem Wachtposten war abgemacht worden, daß er eine bestimmte Melodie pfeifen sollte, sowie der Akziser oder ein Rotrock oder irgendein Unbekannter erschiene. Daher hörten sie um acht Uhr in der Frühe, wie der kleine Bursche aus Leibeskräften das wohlbekannte und bedeutungsvolle irische Liedchen pfiff: «Geh zum Teufel und tummle dich!», was in diesem Falle in durchaus nicht allegorischem Sinne auf den Akziser gemünzt war.

George stieß seinen Lieblingsfluch aus: «Heiliges Hühnerbein, jetzt ist's aus mit uns, Mickey! Hast du das Signal gehört? Pentland ist da!»

Mickey hielt einen Augenblick inne und lauschte ernsthaft. Dann spritzte er ein bißchen Tabaksaft aus dem Mundwinkel und sagte: «Immer ruhig Blut! Auf all den Bergkuppen in der Nähe brennen nette kleine Feuerchen, mindestens ein Dutzend, und jedes dem andern so ähnlich wie die linke Hand der rechten. Ich hab' mir ordentlich Mühe gegeben, denn ich dachte, wenn wir heute durchkommen, kann er uns nichts mehr anhaben.»

«Also, nun sag mal, mein Kleiner, wozu brennt denn hier das Feuerchen?» fragte Pentland.

«Wofür das Feuer hier brennt, meinen Sie?»

«Ja, und wenn du nicht sofort antwortest, blase ich dir dein Gehirn in die Luft und lasse dich dann aufhängen und umbringen!» rief er plötzlich mit Donnerstimme und spannte gleichzeitig seine riesige Paradepistole.

«Ach, Herr», antwortete der Junge, «ich halte Wache für den Brenner. Aber verraten Sie's ihm ja nicht, sonst wird er mich hier auf dem Feuer braten.»

«Wo brennt er denn? Wo ist die Brennerei?»

«O jemine, wo die Brennerei ist, das wird er doch *mir* nicht sagen!»

«Aber Bürschchen, du hast ja eben noch gesagt, daß du für den Brenner Wache hältst!»

«Herr», sagte der Junge und sah so schafsdämlich wie ein echter Idiot aus, «ich wollte sagen, ich passe auf den Akziser auf, und wenn ich ihn sehe, soll ich pfeifen, damit der Junge auf dem nächsten Berg Bescheid weiß, daß er kommt.»

«Und wer hat dir das gesagt?»

«Der kleine George, Herr, und Mickey MacQuade.»

«Stimmt, mein Sohn, das sind die beiden frechsten Rädelsführer, auf die jemals ein Galgen gewartet hat. Und wenn du mir jetzt hübsch brav die Wahrheit sagst, schenk' ich dir Geld für ein Paar Schuhe. Weißt du, wo die Brennerei ist? Wenn du's nämlich weißt und mir *nicht* sagst, dann habe ich hier meine Soldaten, die dich gefangennehmen. Und keiner kann dich davor retten, daß du gehängt, geschunden und gevierteilt wirst.»

«Oh, Herr, ich will verdammt sein, wenn ich auch nur ein Fünkchen drüber weiß. Aber wenn Sie mir Geld geben, will ich Ihnen sagen, wer Sie hinführen kann. Denn gestern früh hat's mir einer gesagt, daß er's wüßte, und gestern abend hat er gesagt, er wolle mit mir hingehen.»

«Schön, mein Junge, wer ist es denn?»

«Kennen Sie Harry Neill, Herr?»

«Ja, mein guter Junge.»

«Einer von dessen Jungen weiß es also, und, Herr, sehen Sie den Rauch da hinten? Ganz weit rechts?»

«Rechts? Ja!»

«Da sitzt Darby Neill, Herr, und hält Wache, und *er* hat gesagt, er weiß es.»

«Wie lange hältst du hier schon Wache?»

«Ich? Erst drei Tage, Herr, aber die andern Jungen da drüben, die sind schon sehr lange da!»

«Hast du niemand in den Bergen gesehen, seit du hier sitzt?»

«Nur einmal, Herr, gestern: da habe ich zwei Männer gesehen, die ein paar leere Säcke trugen und da hinten über den Berg liefen.»

In diesem Augenblick kamen auch die Soldaten an, denn Pentland war ihnen vorausgeeilt. Er wiederholte, was der kleine Wachtposten ihm erzählt hatte. Sie schauten prüfend in sein gleichgültiges Gesicht. Er blickte wirklich bedauerlich verständnislos drein, und deshalb kamen sie überein, daß seine Geschichte wahr sein müsse. Nachdem sie ihn noch weiter ausgehorcht hatten, waren sie überzeugt, daß nur ein ebenso dummer Tölpel wie er ihm ein wissenswertes Geheimnis anvertraut haben konnte. Sie trennten sich nun in so viel Einzelgruppen, wie Feuer auf den umliegenden Bergen brannten, und der Akziser behielt es sich vor, zu dem Feuer zu gehen, das Darby Neill bewachte. Die Geschichte des kleinen Wachtpostens hatte so natürlich geklungen, fand er, daß sie nicht erlogen sein konnte. Gerade wollten sie sich auf ihre verschiedenen Marschrouten begeben, als der Junge rief:

«Sehen Sie schnell, Herr, da unten! Der Kuckuck soll mich holen, wenn das nicht ein Brennkolben ist. Hab' oft genug einen gesehen! Und der da sieht genau aus wie einer, den Philip Hagan, der Kesselflicker, mal in George Steens Scheune ausgebessert hat!»

«Hallo, Jungens», rief Pentland, «hinlegen, hinlegen! Sie kommen hierher und sehen uns nicht! Nein, verdammt noch eins, jetzt haben sie uns entdeckt und laufen auf Mossfield zu. Ach Gott, ach Gott, wenn ihnen *das* glückt, ist's ein ganz gemeiner Trick! Der Teufel hol' sie, sie laufen nach Ballagh, wo mein Grundstück liegt. Wenn wir sie nicht aufhalten, muß ich selbst die Strafe zahlen!»

Die Verfolgung wurde mit aller Eile und Energie ins Werk gesetzt, wie es ein so ausnehmend geistreicher Racheakt am Akziser natürlich verdiente. Pentland, der gut trainiert war und lange durchhalten konnte und den außerdem der drohende Geldverlust anspornte, rannte so prachtvoll wie kein zweiter in seinen Jahren. Es war jedoch alles umsonst. Er kam gerade zurecht, um zu sehen, wie die Blase samt Helm und Auslauf über den kleinen Graben auf sein Grundstück geworfen wurde. Jetzt konnte er darüber nachdenken, welch doppelter «Trost» ihn erwartete: daß man ihn sein Lebtag auslachen würde und daß er für den Scherz aus eigener Tasche bezahlen mußte.

Seine nächste Pflicht war es, den Destillierkessel zu beschlagnahmen und darüber zu berichten. Und da das betreffende Stück Land ihm gehörte, wurde die Buße bis auf den letzten Schilling einkassiert. Denn wäre er umsichtig und wachsam gewesen, hieß es, dann würde niemand versucht haben, ihm den Apparat so bequem auf seinen eigenen Grund und Boden zu setzen.

Später wurde dieser Trick, einen alten Destillierapparat in Reserve zu halten und damit den Akziser anzuführen, noch oft mit Erfolg angewandt. Aber sein Erfinder war zweifellos Mickey MacQuade, wenn auch die Ehre seinem Freunde George Steen zugesprochen wurde.

Doch damit war die Sache nicht zu Ende. Ein paar Tage darauf ließ ein boshafter Spaßvogel — nämlich George Steen — Bob Pentland Nachricht über die Lage der Höhle und das Geheimnis ihres Eingangs zukommen. Diesmal nahm der Akziser noch mehr Soldaten mit als sonst. Aber er erreichte weiter nichts, als daß er — falls möglich — noch lächerlicher dastand als letztes Mal. Er stieß tatsächlich auf Spuren, daß jemand kürzlich hier eine Brennerei gehabt haben mußte. Aber das war auch alles. Jedes Gefäß und Gerät, das dazu nötig ist, war entfernt worden, außer einer Flasche Whisky, an die folgende freundliche Notiz mit einem Fädchen angebunden war:

«*An Herrn Pentland,*

Sehr geehrter Herr,

Nehmen Sie diese Flasche mit nach Hause und leeren Sie sie auf Ihre eigene Gesundheit. Das ist das Mindeste, was Sie tun können! Sie wurde nämlich unter Ihrer Nase gebrannt, als Sie uns das erste Mal nachspürten, und gefüllt, als Sie mit dem kleinen Jungen sprachen, der Sie an der Nase herumführte. Da sie also unter Ihrer Nase hergestellt wurde, soll sie auch unter Ihrer Nase geleert werden, und trinken Sie dabei auch auf das Wohl von

George Steen.»

Diese Geschichte verbreitete sich mit der Geschwindigkeit eines Waldbrandes und war bald überall bekannt. Auf lange Zeit bildete sie das Lieblingsgespräch in unserer Gemeinde. Pentland nahm es sich so zu Herzen, daß er immer die Beherrschung verlor, wenn jemand ihn fragte: «Mr. Pentland, haben Sie den kleinen George Steen gesehen?» Und keiner hat es je erlebt, daß er auf diese Frage eine höfliche Antwort gab.

Julia Cahills Fluch

Von
George Moore

Und was ist aus Margarete geworden?»

«Oh, ihre Mutter hat sie nach Amerika geschickt, sowie das Kind geboren war. Wenn hier ein Mädchen schwach gewesen ist, muß sie weg. Mußte denn nicht auch Julia gehen, und dabei hat sie immer gesagt, sie kümmere sich nicht um den Priester?»

«Welche Julia?» fragte ich.

«Julia Cahill doch!»

Der Name machte mich neugierig, und ich bat den Kutscher, mir ihre Geschichte zu erzählen.

«Ja, 's war Vater Madden, der sie aus der Gemeinde vertrieben hat; aber sie hat einen Fluch über das Dorf ausgesprochen, und der wirkt noch bis auf den heutigen Tag.»

«Glauben Sie denn an so etwas?»

«Bei Gott, ja, Herr! Es ist schrecklich, einen Menschen zu verfluchen, und der Fluch, den Julia Cahill über Vater Maddens Gemeinde ausgesprochen hat, das war ein ganz schlimmer, soll's der Teufel holen! Die Sonne war schon aufgegangen; da stand sie oben auf dem Berg und hob beide Arme hoch, und das war der Fluch: daß jedes Jahr ein Dach einstürzen und jedes Jahr eine Familie nach Amerika auswandern soll! Das war der Fluch, Euer Gnaden, und jedes Wörtchen ist in Erfüllung gegangen. Sie können's selbst sehen, wenn wir an die Grenze der Gemarkung kommen.»

«Und was ist aus dem Kind geworden?»

«Ein Kind? Ich habe nie gehört, daß sie eins hatte, Herr!»

Nachdenklich gab er dem Pferd einen kleinen Hieb mit der Peitsche. Es schien, als hätte er keine Lust zu weiterer Unterhaltung mit mir, weil ich nicht an Verwünschungen und ihre böse Macht glaubte.

«Aber wer ist Julia Cahill», fragte ich, «und woher hatte sie die Kraft, einen Fluch über das Dorf zu verhängen?»

«Ist sie etwa nicht jede Nacht in die Berge zu den Feen gegangen, und woher soll sie sonst die Kraft haben, daß sie ein ganzes Dorf verwünscht?»

«Aber so weit kommt sie doch gar nicht an einem einzigen Abend?»

«Wer mit den Feen im Bunde steht, Euer Gnaden, der kann so weit laufen und noch viel weiter! Ein Schäfer hat sie beobachtet. Und sie können sich selbst die verfallenen Hütten ansehen, und ich will Ihnen das Haus von der blinden Frau zeigen, bei der Julia wohnte, bis sie ganz fortzog.»

«Und wie lange ist es her, seit sie nach Amerika ging?»

«Ungefähr zwanzig Jahre, und seit der Zeit war nie wieder ein Mädchen hier herum so schön wie Julia. Ich war damals noch ein kleines Bürschchen; aber ich habe sagen hören, sie war so groß wie ich und so schlank wie eine Pappel. In ihrem Gang hatte sie so etwas Schwingendes, daß alle Burschen ihr nachschauen mußten, und schöne schwarze Augen hatte sie, Herr, und sie lachte fast immer. Vater Madden war gerade neu in die Gemeinde gekommen, und damals war bei uns ein Hofieren im Gange — denn schließlich sind wir genau wie andre und gehn gern mit einem Mädchen, noch dazu, wenn's so Sitte ist. Aber Vater Madden verbot das Ballspiel und sagte, die Burschen kämen sonst nicht in die Messe, und er verbot den Tanz und sagte, auf die Art käme die Gemeinde zu vaterlosen Kindern, und das dulde er nicht. Es war aber keine, die so wie Julia tanzen konnte; die Burschen standen und schauten ihr zu, und wer im Sommer mit ihr die Heckenwege spazieren ging, dem stand der Sinn nicht mehr nach andern Mädchen. Im Dorf waren sie ganz verrückt ihretwegen, und es kam zu Händeln. Also wird der Priester wohl recht gehabt haben; er mußte sie loswerden. Aber ich für mein Teil finde: *so* streng hätte er nun auch wieder nicht zu sein brauchen!

Eines Abends ging er zu ihnen. Julias Eltern waren wohlhabende Leute, sie hatten ein Kaufmannsgeschäft im Dorf. Als er in den Laden ging, war da der reichste Bauer im ganzen Land und wollte die Julia zur Frau haben. Michael Moran hieß er. Er ging nicht gleich zu Julia, und das war sein Pech. In dem Geschäft sind nämlich zwei Ladentische, und Julia stand hinter dem links vom Eingang. Manches Pfund hat sie dort für ihre Eltern verdient. Michael Moran sagte zum Vater: ‚Was gebt Ihr also der Julia als Mitgift?' Und der Vater sagte, daß viele sie auch ohne Mitgift haben wollten. Und so redeten sie, und Julia hörte die ganze Zeit vom andern Ladentisch her zu. Der Michael hat aber nicht gewußt, was für ein tolles Mädchen die Julia war, sondern hat immer weiter gehandelt, bis er den Vater dazu gebracht hatte, fünfzig Pfund zu sagen. Und als er ihn erst einmal so weit hatte, da sagte er noch: ‚Und wenn Ihr mir nicht die zwei jungen Kühe draufgebt, werd' ich ihr nie die Ehre erweisen!' Aber Julia sagte die ganze Zeit kein Wort. Sie saß bloß da und hörte zu. Und da kam der Priester in den Laden. Er ging zu Julia hinüber und sagte: ‚Bist du jetzt nicht stolz, daß du solch Glück hast? Und wie ich erst froh sein werde, wenn du glücklich verheiratet bist; denn solch Benehmen, wie du hast, das kann ich nicht mehr in meiner Gemeinde dulden! Du trägst alle Schuld an dem Getanze und Hofieren; doch das soll jetzt ein Ende haben.' Julia sagte kein Wort, und er ging zu den beiden andern, und sie feilschten gerade um sechzig Pfund. ‚Warum nicht fünfundfünfzig?' fragte der Priester. Also willigte der Vater ein, weil's der Priester vorgeschlagen hatte. Und alle drei dachten, die Heirat wäre eine abgemachte Sache. ‚Was möchten Sie, Vater Tom', fragt Cahill, ‚und du, Michael?' Und nicht einer dachte daran, sie zu fragen, ob's ihr auch recht wäre. Sie ahnten gar nicht, was in ihrem Herzen vorging, und als sie an den andern Ladentisch hinübergingen und ihr erzählen wollten, was sie abgemacht hatten, da sagte sie: ‚Ja, ich hab' alles gehört, und ihr habt eure Zeit schön verschwendet', und warf den Kopf in den Nacken und sagte, sie würde sich selbst den Burschen in der Gemeinde aussuchen, der ihr gefiele. Und was den Priester am meisten ärgerte, das war, *wie* sie's sagte: daß der Bursche, den sie heiraten würde, sie um ihretwillen nähme und nicht wegen Geld, das ausbezahlt wird, wenn der Ehekontrakt unterschrieben oder das erste Kind da ist. Nun war Vater Madden nämlich besonders gegen Mädchen, die nach ihrem eigenen Kopf heiraten wollten. Er hatte es am Sonntag davor in der Predigt gesagt, daß die jungen Leute überhaupt nicht allein zusammensein dürfen und daß ihre Eltern die Heirat für sie vermitteln sollen. Und er wurde ganz wild, als er hörte, was Julia nun für ein schlechtes Beispiel geben wollte. Er gab sich Mühe, ruhig zu bleiben; aber da sagte Julia: ‚Mein Schatz ist noch nicht in der Gemeinde, aber vielleicht ist er schon auf dem Weg hierher, vielleicht kommt er morgen oder irgendeinen andern Tag!'

Und als Julias Vater sie so reden hörte, da wußte er, daß niemand sie von ihren Worten abbringen könnte, und er sagte: ‚Michael Moran, mein Lieber, du kannst ruhig deiner Wege gehen, denn du bekommst sie nie.' Dann ging er wieder zu Julia und wollte hören, was sie sagte; aber da sprach gerade der Priester. ‚Glaubst du', sagte er,

‚ich lass' es zu, daß du noch weiter jedem Burschen in der Gemeinde den Kopf verdrehst? Glaubst du, ich seh' es mir noch länger mit an, wie du heute mit dem und morgen mit jenem herumscharmutzierst? Und glaubst du, ich seh's mir mit an, wie sie sich deinetwegen raufen und schlagen? Und glaubst du, ich will mir noch länger solche Geschichten wie letzte Woche mit anhören, wo der arme Patsy Carey den Verstand verloren hat, weil du ihn so behandelt hast? Nein', sagte er, ‚das gibt's mir jetzt nicht mehr — ich werd' schon dafür sorgen: entweder mußt du aus meiner Gemeinde fort oder du heiratest!' Julia hat dem Priester keine Antwort gegeben, bloß den Kopf aufgeworfen und immer weiter Tüten mit Tee und mit Zucker abgefüllt und die Leiter genommen und Kerzen geholt, obwohl sie sie gar nicht gebraucht hat — nur, um dem Priester zu zeigen, daß es ihr ganz einerlei war, was er sagt. Und die ganze Zeit stand ihr Vater zitternd und bebend dabei und wußte nicht, wie es noch ausgehen würde; denn der Priester hatte einen dicken Stock, und man konnte ja nicht wissen, ob er sie nicht schlagen würde. Cahill versuchte, den Priester zu beruhigen. Er versprach ihm, daß Julia abends nicht mehr ausgehen dürfte — aber bei Gott, Herr, noch am gleichen Abend ist sie mit einem jungen Mann ausgegangen, und der Priester hat sie gesehen, und am nächsten Abend ging sie mit einem andern, und wieder hat der Priester sie gesehen. Und als ein Monat um war, hatte sie keine Lust, irgendeinen zu heiraten. Da ging der Priester in den Laden und sprach zum zweitenmal mit ihr, und dann ging er noch ein drittes Mal hin. Doch was er das dritte Mal gesagt hat, das weiß keiner, denn es war niemand dabei. Und am nächsten Sonntag hat er es von der Kanzel verkündet, daß eine ungehorsame Tochter dem schlimmsten Teufel in der Hölle in die Finger fällt. Und er soll sie den bösen Geist der Gemeinde genannt haben, der die Männer verrückt macht. Aber fast alle von denen, die das gehört haben, sind jetzt tot oder in Amerika, und keiner weiß mehr genau, was er gesagt hat. Die Worte sollen ihm nur so hervorgeschossen sein. Und wenn die Leute Julia gesehen haben, dann sollen sie sich bekreuzigt haben. Und sogar die Burschen, die am tollsten hinter Julia her waren, scheuten sich, mit ihr zu sprechen. Da mußte Cahill sie verstoßen.»

«Was? Hat der Vater seine eigene Tochter verstoßen?»

«Sicher, Herr, denn der Priester hatte ihm ja gedroht, er würde ihn sonst in ein Kaninchen verwünschen, und keiner in der ganzen Gemeinde sprach mit Julia, solche Angst hatten sie vor Vater Madden. Wenn nicht die blinde Frau gewesen wäre, von der ich Ihnen vorhin erzählte, Herr, dann hätte sie ins Armenhaus müssen. Die blinde Frau hatte eine kleine Hütte dicht beim Moor; ich werde sie Ihnen dann zeigen, Herr, wir kommen daran vorüber. Mit der blinden Frau hat sie fast zwei Jahre lang gelebt, und ihr Vater hat sie enterbt. Ihre Kleider waren abgetragen; aber sie war und blieb schön, mit und ohne feine Kleider. Die Burschen durften sich nicht nach ihr umdrehen; doch sie konnten einfach nicht anders, sie mußten! Ja, es dauerte lange, bis Vater Madden sie loswurde. Die blinde Frau wollte nicht, daß Julia auf die Straße gestoßen wurde, und sie hat Wort gehalten, bis Julia dann nach Amerika ging. Wenigstens erzählen das manche Leute. Und andre, die sagen, sie sei bei den Feen. Aber eins ist sicher, Herr: Am Tage, wo sie dem Dorfe den Rücken kehrte, hat Pat Quinn gehört, wie einer ans Fenster klopfte. Eine Stimme hat gefragt, ob er seinen Wagen hergeben würde — zum An-die-Bahn-Fahren. Pat hat immer solch festen Schlaf, er wurde nicht richtig wach, und die Leute glauben, daß es Julia war, die mit Pats Wagen an die Bahn wollte; denn es sind ja gute zehn Meilen! Aber sie ist auch so hingekommen.»

«Und wie war das mit dem Fluch?»

«Ja, Herr, den Hügel, den zeige ich Ihnen gleich. Ein Mann, der mit seinen Schafen zum Markt ging, hat sie gesehen. Die Sonne ging gerade auf; da sah er sie, wie sie beide Arme hochhob und das Dorf verwünschte, und seit sie den Fluch ausgesprochen hat, ist jedes Jahr eine Hütte eingefallen, und manches Jahr sogar zwei oder drei.»

Ich merkte es ihm an, wie fest er an die Geschichte glaubte, daß eine verstoßene Venus der böse Geist eines Dorfes werden konnte, weil sie sie nicht als Göttin haben wollten.

«Sehen Sie, Herr, da kommt Bridget Coyne die Straße her, und hier steht ihr Haus», rief er, als wir an einer Hütte vorbeikamen, die lose und ohne Mörtel aus Steinen aufgeschichtet, aber immer noch besser als die Lehmhütten war, die ich in Vater MacTurnans Gemeinde gesehen hatte.

«Und jetzt, Herr, können Sie sich das verlassenste Dorf in ganz Irland ansehen!»

Es fiel mir auf, wie wenig Menschen hier zu leben schienen, obwohl der Boden gut war. Und was noch bedeutsamer als die unbestellten Felder war: die zerfallenden Hütten stammten nicht aus der Zeit vor dreißig und vierzig Jahren, als die Leute noch gerichtlich vertrieben und ihre Äcker zu Weideland gemacht wurden — nein, die Hütten waren erst ganz kürzlich im Stich gelassen worden. Ich fragte:

«Der Gutsherr hat sie wohl nicht vertrieben?»

«Ach, der Gutsherr wäre froh, wenn sie zurückkämen, aber nichts bringt sie wieder her. Jeder muß fort von hier, und es heißt ja, daß der Priester in einer leeren Kapelle die Messe liest, denn nicht einer ist da außer Bridget, und sie wird die letzte sein, der er das Abendmahl gibt. Und jemand soll die Julia in Amerika gesehen haben, und ich gehe im Herbst auch hin. Sie können's mir glauben, daß ich nach ihr Ausschau halte!»

«Aber das ist doch alles schon zwanzig Jahre her! In zwanzig Jahren kann eine Frau sich sehr verändern!»

«Nicht die Julia, Euer Gnaden — die bleibt jung! Wo sie doch bei den Feen war!»

Poisson d'Avril

Von

Somerville and Ross

Das Sprichwort: «Wo Rauch ist, da ist auch Feuer», wurde von der Luft und Temperatur im Warteraum Lügen gestraft. Als ich mich beim Bahnhofvorsteher beschwerte, stellte er zunächst einmal die unumstößliche Tatsache fest, daß jeder Kamin bei Südostwind raucht, zweitens, daß er kein Schüreisen habe, und drittens, wenn man die Glut schüre, dann fiele der Feuerrost herunter. Da er aber nicht ohne Mitgefühl war, sank er vor dem schwelenden schwarzen Schlackenhäufchen auf die Knie nieder und bemühte sich, ihm durch sanfte Rippenstöße mit der Knipszange ein Lächeln abzuschmeicheln. Zu guter Letzt ließ er mich vor dem Feuer in seiner Küche sitzen und unterhielt sich mit mir über Politik und Lachsfang, ersteres unter weiser Beachtung meiner mutmaßlichen Einstellung (unter vorsichtigem Verschweigen der seinigen), und über den Lachsfang mit ebenso taktvoller Rücksichtnahme, weil ich, wie er wußte, seit drei Tagen keinen einzigen Fisch gefangen hatte. Und die ganze Zeit über dampfte es von meinen nassen Stiefeln; denn ein offener Wagen hatte mich zehn Meilen weit durch strömenden Regen hergefahren.

Ehe der Zug signalisiert wurde, war es mir zum hundertsten Male vor Augen geführt worden, wie wunderbar erhaben die irische Seele über alles bürokratische Beamtentum ist und wie hartnäckig sich in Irland das persönliche Element behauptet.

Eine Art nicht bahnamtlich angestellter Gepäckträger in einer alten Strickjacke, der mir meinen Koffer verkehrt herum unter die Sitzbank des Abteils quetschte, tröstete mich: «Von Carrig an bekommen Sie vielleicht einen Fußwärmer*. Manchmal gibt's welche, aber meistens gibt's keine!»

Der Zug keuchte asthmatisch aus der Station, und ein kalter Frühlingsregen fuhr ihm in die Flanke, sowie wir ins Freie kamen. Es war sogar für April äußerst unfreundliches Wetter. Ich zog beide Fenster hoch und fing an zu rauchen. Gründlich verpestete Luft kann manchmal den Anschein von Wärme erwecken.

Meine Frau behauptet immer, daß ich ihre Briefe nicht lese, und da ich auf dem Wege zu ihr und meiner Familie in Gloucestershire war, schien es zweckmäßig, mich in ihren Brief und seine letzten Instruktionen zu versenken.

«Wir fahren also heute, denn Alice schrieb mir, wir sollten zwei Tage vor der Hochzeit eintreffen, damit wir mit den kleinen Pagen Generalprobe abhalten können. Die Kleider sind gekommen, und die Kinder sehen zu süß darin aus . . .»

* Noch vor kurzem auf irischen Eisenbahnen erhältlich gewesen.

(Ich überspringe ein paar schwärmerische Einzelheiten, da sie doch nichts mit meiner Geschichte zu tun haben.)

«Es ist scheußlich, daß du noch gar nichts gefangen hast. Wenn es ganz schlimm kommen sollte, wirst du wohl einen kaufen müssen.»

Ich schlug mir mit der Hand aufs Knie! Da hatte ich den verdammten Lachs vergessen! Wieder ein Punkt, den Philippa für sich verbuchen würde. Wenn sie wenigstens aus meinen Versagern lernte, daß man sich nicht auf mich verlassen kann. Aber nein, sie wurde nicht durch Erfahrung klug. Es macht mir gar nichts aus, «Idiot» genannt zu werden; aber wenn ich schon einer sein soll, dann will ich auch alle Vorrechte und Freiheiten eines Idioten genießen.

Sicher hatte Philippa an Alice geschrieben und ihr erklärt, daß Sinclair furchtbar gern einen Lachs mitbringen würde, und Alice, der es immer Spaß machte, wenn sie Geld sparen konnte, rechnete bereits mit dem Lachs und seinem rühmlichen Ende in Mayonnaise.

Ich versank in finsteres Brüten. Wir fuhren durch eine Landschaft, die durch windschiefe und zerfallene Mäuerchen in eine Flickendecke aus steinigen Äckern und Haselgestrüpp zerlegt wurde; darüber hingen Regenschleier. Ungefähr alle sechs Meilen hielten wir auf einem nassen, windigen Bahnhof. Auf einem geschah nichts weiter, als daß der Stationsvorsteher dem Schaffner eine Zeitung brachte; auf dem nächsten las der Schaffner dem Gepäckträger aus dieser Zeitung ein paar interessante Stellen vor. Auch auf dieser Nebenlinie der Munster- und Connaught-Bahnen machte das persönliche Element sich stark bemerkbar. Routine, die jedem künstlerischen Gemüt ein Greuel ist, wurde in freundliche Unterhaltung gekleidet. Selbst der Lokomotivführer, ein Beamter, der im allgemeinen so unnahbar wie der Mikado ist, milderte die ihm aufgezwungene Einsamkeit durch geselliges Pfeifen seiner Lokomotive an jedem Bahnübergang, und die lange Reihe von Kneipen, aus der, soweit ich es sehen konnte, die Stadt Carrig bestand, begrüßte er mit einem besonders schönen und, wie mir schien, humorvollen Salut!

Der Fahrplan bestimmte, daß wir auf dem Eisenbahnknotenpunkt Carrig zehn Minuten verweilen sollten. Doch es wurden fünfzehn Minuten, ehe wir die Menge der Marktbesucher auf dem Bahnsteig assimiliert hatten. Schließlich wurde das Fenster eines Nachbarabteils heruntergestoßen, und eine zornige englische Stimme fragte, wieviel länger der Zug noch warten müsse.

Der Bahnhofvorsteher war gerade in eine Unterhaltung mit dem Schaffner und einem Mann vertieft, der ein langes, in Zeitungspapier gehülltes Paket trug. Er sah auf und antwortete ernsthaft:

«Oh — das ist streng geheim!»

Der Mann mit dem Paket wandte sich ab und studierte krampfhaft ein Plakat. Der Schaffner versteckte den Mund hinter seiner Hand.

Die Stimme fragte noch wütender, um wieviel Uhr man in Belfast ankäme.

Ohne Eile oder sichtbaren Ärger antwortete der Bahnhofvorsteher:

«Nächstens werden Sie mich noch fragen, um wieviel Uhr ich morgens frühstücke!»

Das Fenster fuhr mit einem Knall wieder in die Höhe. Der Mann mit dem Paket stieß dem Schaffner den Ellbogen in die Rippen, und das Paket glitt ihm aus dem Arm und fiel auf den Bahnsteig.

«O je, o je, mein Fisch!» rief der Mann und hob behutsam einen erstaunlich gut aussehenden Lachs auf, der aus seiner Zeitungspapierhülle geschlüpft war.

Mir kam eine Erleuchtung, und jetzt war ich's, der das Fenster öffnete und den Bahnhofvorstand ansprach. Würde sein Freund mir den Lachs verkaufen?

Der Bahnhofvorstand übernahm mit viel Eifer, aber ohne Erfolg, die Vermittlerrolle.

Nein, der Herr wäre gerade eben erst während unseres Aufenthalts in die Stadt gelaufen und hätte ihn für sich gekauft. Aber warum wollte ich mir nicht auch einen holen? Bei Coffeys seien noch ein halbes Dutzend zu haben, und nicht teuer. Zeit sei genug, denn der Postzug sei noch nicht angekündigt.

Ich sprang aus dem Abteil und sauste in größter Eile aus dem Bahnhof; der Schaffner hatte mir noch nachgerufen, daß er mich nicht vergessen würde.

Ich beglückwünschte mich wieder wegen der Überlegenheit des persönlichen Elements und raste durch aufgeweichten Straßenschlamm auf die Wirtshäuser zu. Unterwegs begegnete ich einem ganz erhitzten Mann, der einen Lachs trug und mir ohne viel Umstände zurief, daß noch drei oder vier gute Fische da seien und daß er selbst auch vom Zuge käme.

«Noch haufenweise Zeit!» schrie er mir nach. «Das erste Haus, das keine Kneipe ist! Im Schaufenster liegen Stiefel. Sie läßt sie Ihnen für zehn Pence das Pfund, wenn sie fest bleiben.»

Ich eilte an den Wirtshäusern vorbei. «Zehn Pence das Pfund?» dachte ich. «Zu dieser Jahreszeit! Teuer genug!»

Aber da ich das Haus mit den Stiefeln im Schaufenster bemerkte, tauchte ich in den dunklen Torweg. Hinter einem niedrigen Ladentisch saß ein Schuhmacher. Er murmelte etwas von seiner «Alten», obwohl er den Mund voll Pechdraht hatte, der ihm rechts und links herunterhing. Eine dicke Frau erschien, und im gleichen Augenblick hörte ich aus schrecklicher Nähe das Pfeifen des einlaufenden Postzuges. Die Dicke hatte im Nu die Lage erfaßt. Mit einer einzigen schwungvollen Bewegung griff sie einen großen Fisch vom Fußboden des Nebenraums auf und wickelte ihn in Zeitungspapier:

«Acht Pfund Lebendgewicht!» sagte sie flink, «macht genau zehn Schilling!»

Ein krampfhafter Versuch im Kopfrechnen überzeugte mich, daß das noch mehr als zehn Pence für ein Pfund war. Aber es war nicht ganz der gegebene Moment, um «festzubleiben». Also schob ich ihr zehn Schilling in die Fischhand, klemmte meinen Lachs unter den Arm und rannte.

Daß es bergauf ging, brauche ich wohl nicht zu sagen. An der steilsten Stelle stachen mich erneute Pfiffe, als hätte man mir die Sporen gegeben. Über dem Stationsdach aufsteigende und vorwärtsrückende Dampfwölkchen belehrten mich, daß das Schlimmste vermutlich schon geschehen sei — aber ich rannte weiter. Als ich den Bahnsteig erreichte, hatte der Zug sich bereits von ihm entfernt, doch das persönliche Element bewährte sich wieder. Jede Menschenseele auf dem Bahnhof — so kam es mir wenigstens vor — hob die Stimme und schrie gellend. Der Bahnhofvorsteher steckte die Finger in den Mund und sandte dem abfahrenden Zug einen schneidenden, markerschütternden und gruselig unnatürlichen Pfiff nach. Er blieb nicht ohne Wirkung. Der Zug fuhr langsamer; ich stürzte vom Bahnsteig herunter und über die Geleise, und aus jedem Fenster der beiden Züge tauchten, wie immer neue Blüten an einem Baum, die Köpfe hochinteressierter Zuschauer auf. Der Schaffner kam mir schon auf der Strecke entgegen, entschuldigte sich sehr und war voll guter Ausreden, daß der englische Herr, der das Schiff erreichen wollte, ihn nicht länger habe warten lassen. Hinter uns drein klang der triumphierende Schrei des Bahnhofvorstehers:

«Und du hast ihm versprochen, ihn nicht zu vergessen!»

Der Schaffner überhörte die Hohnrede, schob mich und meinen Lachs am Wagen hoch und sagte:

«In Ihrem Abteil sind ein paar Bauernfrauen, Herr, aber sie steigen nach ein paar Stationen wieder aus! Es war sonst nirgends Platz für sie.»

Meine aufsehenerregende Rückkehr ins Abteil wurde von nicht weniger als sieben in Umschlagtücher eingehüllten Bäuerinnen mit herzlicher Anteilnahme beobachtet. Um Platz für mich zu schaffen, hatte sich eine, den Korb auf dem Schoß, auf den Fußboden gesetzt; eine andere drückte sich unter die zwischen zwei Sitzplätzen befindliche Armlehne, die nur teilweise hochgeklappt war. Der Geruch von nassen Tüchern, gesalzenem Fisch und Torfrauch verschmolz zu einem kräftigen Parfüm. Mir war unerträglich heiß, und die Blicke der sieben Frauen hingen mit gespanntem, unvermindertem Interesse an mir.

«Mary Jack, sei so gut, rück' ein kleines Stück nach Westen!» sagte eine umfangreiche Madame in der Ecke, «wir sitzen ja hier so zusammengepfercht wie dreie in einem Bett!»

«Ha, Julie Casey, du kannst dich gewiß nicht beklagen», murrte die Frau unter der Armlehne, «sieh mich mal an, wie ich hier sitze! Den feinen Leuten muß ja ein Buckel wachsen, wenn sie sich vor solch Dings setzen! Lieber will ich eine Kiepe voll Rüben auf dem Rücken schleppen, als mich so zusammenquetschen zu lassen!»

Die Frau mir zu Füßen tauschte ob so viel ländlicher Unwissenheit einen mitleidig-spöttischen Blick mit mir. Taktvoll wechselte sie das Thema und fragte mich, ob ich den Lachs bei Coffeys gekauft habe.

Ich bejahte es.

Eine Stille entstand, und es wurde mir klar, daß *eine* Frage allen auf der Zunge brannte.

«Ich wette, sie hat zehn Pence dafür verlangt»,

sagte die Frau unter der Armlehne, als schiene ihr das der Gipfel der Verrücktheit.

«Es ist ein schöner Fisch!» wehrte ich mich. «Er wiegt acht Pfund. Ich habe ihr zehn Schilling dafür bezahlt.»

Auf dieses Geständnis folgte, was man bei Gericht «Tumult im Saal» nennt.

«Seht ihr wohl», rief die Frau unter der Armlehne und schoß wie eine Schildkröte mit ihrem Kopf aus der Kapuze hervor, «so wird's gemacht: an deren Schlechtigkeit kommt keine von uns heran!»

«Weiß der Kuckuck, der Fisch hat Eliza Casey keinen Pfennig gekostet!» schimpfte die Dicke in der Ecke. «Ihre Jungen haben heute früh vor Tagesgrauen eine ganze Kiepe voll gestohlen!»

«Wie soll der Herr hier es auch mit so einer aufnehmen können?» schrie die Frau auf dem Fußboden, während gleichzeitig ein langgezogener Pfiff gellend eine neue Station ankündigte. «Mit so einer kann's nicht mal ein Türke aufnehmen! Eine Zunge hat die ja, damit kann sie eine Gartenhecke stutzen!»

Umständlich und ächzend stiegen sie aus. Ich reichte ihnen ihre riesigen Körbe hinunter, die anscheinend mit Bleibarren gefüllt waren. Dafür sagten sie mir auch, daß ich ein feiner, lieber Mensch sei und daß es schade sei, daß nicht alle so wären wie ich. Schließlich wünschten sie mir eine «gedeihliche» Fahrt und verschwanden aus meinem Gesichtsfeld. Durch ihr Schöntun hatten sie mich mit einer gewissen wohltuenden Selbstzufriedenheit beschenkt, die sich der nüchternen

Stimme des Verstandes gern eine Zeitlang widersetzt. Außerdem ließen sie mich mit der Erkenntnis zurück, daß ich die höchst ehrenwerte Alice Harvey mit einem gestohlenen Lachs beschenken wollte.

Aus dem Nachmittag wurde sang- und klanglos Abend, und ich merkte nicht, daß meine Reise «gedieh». Irgendwo stieg ich bei tropfnassem Zwielicht um, und später noch einmal, und dabei mauserte sich der Lachs in seinem feuchten Zeitungsgewand immer mehr, so daß ich ernstlich erwog, ob ich ihn nicht ungeachtet aller üblen Folgen in meinem Koffer begraben sollte. Mit viel Lärm wurde ein Lämpchen in die Decke meines Abteils geklemmt — ein winziges orangefarbenes Flämmchen, das in einer großen Glaskugel wie ein Goldfisch herumschwamm und auch ungefähr die gleiche Leuchtkraft besaß. Dann wurde mir der Picknickkorb gebracht, den ich telegraphisch bestellt hatte, und sein Inhalt, obwohl er nach gar nichts schmeckte, vermochte mich doch immerhin räumlich etwas aufzufüllen, so daß ich in ein stumpfsinniges Hindämmern verfiel, das fast in Halbschlaf überging.

Auf der nächsten Station hielten wir sehr lange. Es geschah nichts, und der Regen trommelte geduldig aufs Dach. Zwei Nonnen und einige Schulmädchen saßen im Abteil nebenan, und ihre mißvergnügten Stimmen drangen ab und zu durch die Trennungswand.

Nach einer langen Pause, in der sie sich wohl schon in ihr Los ergeben hatten und während der ich die Augen geschlossen hielt, um dem kalten

Blick des Lachses oben im Netz zu entgehen, hatte nebenan jemand einen guten Einfall und rief: «O Kinder, ich weiß, was wir tun könnten! Wir könnten den Rosenkranz beten!»

«O ja, das wäre schön! Wer betet vor? Du, Theresa Condon, mach du's!»

Theresa betete mit einer nicht unmelodischen, eintönigen Stimme vor, der die andern Stimmen etwas leiser Antwort gaben. Die Worte waren nicht unterscheidbar, und das Auf und Ab der westirischen Stimmen war einschläfernd wie Bienengesumm. Ich schlief ein.

In völliger Finsternis wachte ich wieder auf. Der Zug stand unbeweglich still, und überall herrschte tiefes Schweigen. Wir mußten auf einer Station sein, so viel konnte ich im trüben Lichtschein einer Laterne erkennen, die am andern Ende des feuchtglitzernden Bahnsteigs stand. Ich zündete ein Streichholz an und stellte fest, daß es elf Uhr war, genau die Zeit, zu der ich in den Postzug* einsteigen sollte. Ich sprang hinaus und rannte den Bahnsteig entlang. Es war kein Mensch mehr im Zuge. Nicht einmal auf der Lokomotive war jemand; verlassen zischte sie vor sich hin. Nirgends war ein menschliches Wesen zu sehen. Alle Türen waren zu, und alles war dunkel. Das Schild mit dem Namen der Station war nur undeutlich zu erkennen. Mit einem brennenden Streichholz las ich Buchstaben für Buchstaben. Der Name schien das ganze Alphabet zu enthalten, und als ich glücklich am Ende des langen Wortes anlangte, hatte ich den Anfang vergessen.

* Zug, der Anschluß an die im Hafen wartenden Schiffe hat.

Allerdings war ich von einer Tatsache überzeugt: es war nicht der Knotenpunkt, an dem ich den Postzug erreichen sollte.

Zweifellos war ich wach; aber einen Augenblick neigte ich der Erklärung zu, daß ein Unfall stattgefunden habe und ich in einer andern Welt zum Leben erwacht sei. Ich unternahm noch einen Angriff auf das Stationsgebäude samt allem Zubehör, dem Schalterraum, dem Wartesaal und schließlich, in einiger Entfernung, dem Güterschuppen, vor dem eine einzige Laterne kläglich das Dunkel und den Sprühregen glossierte. Als ich näherkam, bemerkte ich in der Ritze unter der Tür einen Lichtschimmer, und eine Stimme drang nach außen:

«Versuch's und stich ihn! Spiel den Buben aus!»

Mit verzeihlicher Heftigkeit riß ich die Tür auf und sah Stationsvorsteher, Schaffner, Lokomotivführer und Heizer auf Fässern um eine Kiste sitzen und Karten spielen.

Zu sehr im Vorteil zu sein, ist für einen großzügigen Menschen auch keine reine Freude. Angesichts ihrer völligen Niederlage ließ ich es zu, daß sich Lokomotivführer und Heizer von ihren Fäßchen verzogen und draußen im Dunkel verschwanden, ohne daß sie den gebührenden Abschiedssegen bekamen. Mit dem Schaffner und dem Stationsvorsteher sprang ich gewissenhafter um — aber ertränkte Ratten zu ersäufen, ist ein Vergnügen von beschränkter Dauer. Ich nahm ihre Behauptung entgegen, daß sie geglaubt hätten, es sei keine Menschenseele mehr im Zuge, daß ein paar Minuten Aufenthalt hier oder dort nichts zu bedeuten hätten, daß sie mich in zwanzig Minuten zu meinem Umsteigebahnhof befördern würden und daß der Postzug oft Verspätung habe.

Von dieser Hoffnung angespornt, eilte ich in mein Abteil zurück, vor mir her im Galopp die Beamten, einer schneller als der andere. Der Schaffner stieß mir die Laterne vom «Kartentisch» nach und floh in den letzten Wagen.

«Tim, denk an den Güterzug!» brüllte der Stationsvorsteher, als er meine Abteiltür zuwarf, «er kann jeden Augenblick kommen!»

Großspurig klang es von der Lokomotive her: «Laß ihn kommen! Mit dem werden wir schon fertig!»

Ein Kriegsgeschrei der Dampfpfeife bildete den passenden Schlußpunkt, und der Zug stürzte sich in den Kampf.

Wir hatten ungefähr fünfzehn Meilen zurückzulegen und polterten und jagten in Rekordzeit darüber hin. Mir war zumute, als hätte das Abteil vier hölzerne Beine. Die Zähne klapperten mir im Kopf, und der Lachs schraubte sich langsam aus dem Zeitungspapier und glitt mit gräßlich verstohlener Tücke durchs Gepäcknetz.

Es war alles vergebens. Als ich auf dem einsamen Bahnsteig in Loughranny stand, sagte der Schaffner: «Der elende Postzug ist der unpünktlichste Zug von ganz Irland! Wenn man 'ne kleine Minute Verspätung hat, ist er einem vor der Nase fortgefahren, und wenn man ein bißchen zu früh ankommt, kann man eine halbe Stunde auf ihn warten!»

Überhaupt erwies sich der Schaffner als Gentleman. Er erbot sich, mir das beste Hotel in der Stadt zu zeigen, obwohl er befürchtete, ich würde Schwierigkeiten haben, ein Nachtlager zu bekommen — wegen der *Feis!* (Ein Feis ist, wie ich wohl erklären sollte, ein festlicher Wettbewerb irischer Tänzer und Sänger.)

Er warf sich den Koffer über die Schulter; es gelang ihm sogar, den Lachs zu packen, und dann, während wir durch die leeren Straßen wanderten, sagte er mir, wie leicht ich den ersten Dampfer in Rosslare erreichen könnte, und im Grunde genommen sei es eine Fügung des Schicksals, daß ich meinen ursprünglichen Plan hatte aufgeben müssen.

Das Hotel, das mein Schaffner mit seiner Gunst beehrte, lag im Stockdunkeln, und sein Portal war alles andere als einladend. Trotzdem standen wir volle fünf Minuten wartend davor und klingelten ununterbrochen. Dann schlug ich vor, es anderswo zu versuchen. «Er wird schon kommen», sagte der Schaffner, zuversichtlich wie der Rattenfänger von Hameln, und ließ seinen Daumen unerbittlich auf dem Klingelknopf. «Er wird schon kommen. Es läutet bestimmt in seinem Zimmer.»

Das halbbekleidete, halbschlafende Opfer kam. In der Hand hielt er einen tropfenden Kerzenstummel. Bei ihnen sei kein Bett mehr frei, sagte er. Überhaupt in der ganzen Stadt nicht.

Ich sagte, ich könne bis zur Abfahrt des Frühzuges im Eßsaal sitzen.

«Im Eßsaal sind fünf Betten aufgeschlagen», sagte der Hausknecht, «und in jedem Bett liegen zweie.»

Seine Stimme klang fest, aber sein Blick schwankte etwas.

«Und das Billardzimmer, Micki?» fragte der Schaffner in Flötentönen.

«Gott behüte», erwiderte der müde Mann, «auf dem Tisch liegt eine Matratze, und darauf schläft der Bursche, der den ersten Preis im Reel-Tanz gewonnen hat!»

«So, und kannst du keine Matratze *unter* den Tisch legen, du Einfaltspinsel?» rief der Schaffner und stauchte mein Gepäck und den Lachs in die Halle, «'s gibt doch weiß Gott kein gemütlicheres Plätzchen im ganzen Haus! Ich muß jetzt schnell heim, sonst denkt meine Alte, ich sei abgekratzt.»

Seine sich entfernenden Schritte verhallten auf der leeren Straße.

«*Der* macht sich keine Sorgen!» sagte der Hausknecht bitter.

Und zwischen mir und der Not stand wieder einmal das persönliche Element.

Es war noch dunkel, als ich erwachte und den Kampf ums Dasein von neuem aufnehmen mußte. Eine Stimme tropfte halb erstickt aus einer Art Oberwelt zu mir herunter. Es war der Erste-Preisträger im Reel-Tanz, der durch eine Tasche im Billardtisch mit mir sprach:

«Verzeihung, Herr, wollen Sie mit dem Fünf-Uhr-Zug nach Cork?»

Ich brummte: «Nein!»

«Dafür wär's nämlich zu spät!»

In unwilligem Schweigen hörte ich mir diese nützliche Mitteilung an und versuchte, mich wieder in den entschwindenden Falten eines Traumes zu bergen.

«Ich fahre mit dem Sechs-Uhr-dreißig», fuhr die Stimme fort, «und 's ist mir rätselhaft, wie ich meine Schuhe anziehen soll. Meine Füße sind von den Tanzschuhen, die ich gestern abend tragen mußte, so geschwollen wie Dreipfundbrote, und in punkto Stiefel bin ich ein Gourmand, so delikat sind meine Füße!»

Ich schnarchte beleidigend, aber der Traum war entschwunden. Und im Grunde genommen auch die Nacht.

Der Erste-Preisträger erhob sich und bot in seinen grasgrünen Kniehosen, dem weißen Hemd und den perlgrauen Strümpfen einen erstaunlichen Anblick. Seine Toilette bestand darin, daß er diese Kleidung ab- und die übliche anlegte und sich dann an die anscheinend qualvolle Aufgabe des Stiefelanziehens machte. Zu jeder andern Tagesstunde hätte ich Mitleid mit ihm gehabt. Er ging mit seinen Sachen in die Halle und begann dort eine dröhnende Unterhaltung mit dem Hausknecht. Ich kroch aus meiner Höhle hervor, um den Kampf mit den widrigen Umständen wieder aufzunehmen und an Alice Harvey ein Telegramm mit Entschuldigungen und Erklärungen aufzusetzen, das im ganzen nicht mehr als siebeneinhalb Schilling kosten durfte. Außerdem mußte ich mich um den Lachs bekümmern.

Erfreulicherweise erschien in dem Augenblick der Hausknecht mit einer Tasse Tee und der Nachricht, daß er den Lachs schon in stroherne Flaschenhülsen und braunes Kartonpapier verpackt habe und daß ich nun durch ganz Europa mit ihm reisen könne, wenn ich wollte. Außerdem teilte er mir mit, daß er jetzt mit dem Koffer an die Bahn gehen würde und ob ich vielleicht den Lachs selbst tragen könne, er läge auf dem Tisch in der Halle.

Mein Zug ging um sechs Uhr fünfzehn. Der Hausknecht hatte mir eines der vielen leeren Abteile belegt und blieb noch bis zum Abgang des Zuges, um mir mit Gesprächen die Zeit zu vertreiben. Er bedauerte höflich, daß ich solch schlechte Nacht im Hotel gehabt hätte, und versicherte, daß er Jimmy Durkan vom Billardtisch gejagt und mir den Platz gegeben hätte (Jimmy Durkan war der Erste-Preisträger), wenn Jimmy nicht ein bißchen angeheitert gewesen wäre. Schließlich vertraute er mir noch an, daß Jimmy Durkan mit seiner Schwester verlobt und ein gutsituierter Bäckermeister in der Stadt Limerick sei. «Ja», sagte er, «manch Mädchen wäre froh, wenn sie den haben könnte. Er tanzt wie ein Ping-Pong-Ball und kann fabelhaftes Brot backen!»

Und dann fuhr der Zug ab.

Es war sehr spät am Abend des gleichen Tages, als ich schmutzig, zerschlagen und mit müden Augen, die ins grelle elektrische Licht zwinkerten, von einem makellosen Lakaien in die Freiherrlich-Harveysche Halle geleitet wurde. Dort teilte mir der imposante Harveysche Hausmeister mit, daß man schon gespeist habe und daß die Herren sich ins Rauchzimmer begeben hätten. Ich wollte es gerade hastig ablehnen, mich ihnen anzuschließen, als eine Stimme rief:

«Da ist er!», und Philippa stürzte strahlend und in raschelnder Seide in die Halle, gefolgt von der atlasschimmernden, spitzenumflatterten Alice sowie von der auserkorenen Braut und der üblichen festlichen Schar von ausgelassenen männlichen und weiblichen Verwandten, deren Aufgabe es ist, vor der Hochzeit für die nötige muntere Stimmung zu sorgen.

«Ist das ein Hochzeitsgeschenk für mich, Onkel Sinclair?» fragte die auserkorene Braut inmitten einer Sintflut von Fragen und Ausrufen des Bedauerns und zog mir das braune Papierpaket unter dem Arm fort, das aus trüber Gewohnheit noch immer dort steckte.

«Ich rate dir, mach's nicht auf», warnte ich, «es ist ein Lachs!»

Die auserkorene Braut schleuderte es mit einem Schrei des Abscheus und ohne im geringsten zu zaudern ihrer nächsten Nachbarin, der ersten Brautjungfer, zu. Die erste Brautjungfer schrie ebenso, sprang beiseite, und das Paket, das ich auf der Fahrt durch zwei Länder und über das stürmische Meer mit mütterlicher Fürsorge behütet hatte, zerschellte auf den Fliesen.

Warum zerschellte es?

«Ein Lachs?» schrie Philippa und starrte auf das Paket, um das sich eine Pfütze zu bilden begann. «Aber es ist ja Whisky! Man riecht es!»

Hier trat der Lakai untertänigst dazwischen. Er kniete nieder und zog aus dem braunen Papier eine Flaschenhülse, in der eine Menge Glasscherben steckten. Sie tropfte von Whisky.

«Die andern Sachen sind leider arg beschädigt,

Herr», sagte er ernsthaft und holte der Reihe nach ein sehr großes Paar hoher Schnürschuhe, lange graue Wollstrümpfe und grasgrüne Kniehosen hervor.

Diese Sachen ernteten einen Applaus, der ihnen sicher von den Triumphen Jimmy Durkans her wohl vertraut war. Alice Harvey ließen sie jedoch gänzlich kalt.

Nachher sagte sie zu Philippa: «Weißt du, Liebling, es war wirklich nicht sehr gescheit von dem guten Sinclair, das verkehrte Paket zu nehmen. Ich hatte so mit dem Lachs gerechnet!»

ORIENTALISCHE MAGIE

Von

Lord Dunsany

Es war wieder einmal November geworden. Die Wälder um London standen noch in herbstlicher Pracht; aber die Stadt selbst hatte sich schon den grauen Mantel, den sie zu dieser Jahreszeit zu tragen pflegt, um ihre alten Schultern gehängt. Das Zimmer im Klub, in dem wir nach dem Mittagessen saßen, war nicht hell; die Vorhänge vor dem einen Fenster schienen wie hohe Schatten. Wir sprachen vom geheimnisvollen Orient. Einer war dem Geheimnis in Port Said begegnet, ein anderer in Aden, ein dritter glaubte es in Kilindini gesehen zu haben, einen Schmetterlingssammler hatte es durch ganz Indien verfolgt, und bei allen Geschichten handelte es sich um echte Magie.

Wenn ich in meinem Klub Geschichten höre, erzähle ich nur die weiter, die offensichtlich wahr sind und mir interessant vorkommen. Aber die eben genannten erfüllten keine meiner Bedingungen, und deshalb erzähle ich sie auch nicht. Jedoch erwähne ich sie, weil sie nämlich Jorkens aufgeweckt hatten, der ein bißchen eingenickt war, und weil sie ihn zu einem äußerst interessanten Tatsachenbericht veranlaßten.

«Auf Magie verstehen sie sich glänzend!» bestätigte Jorkens.

Wir fuhren zusammen und fragten: «Wer? Wo?», denn wir hatten ihn schlafend geglaubt.

«Im Orient», sagte Jorkens. «Ich meine, die Leute im Orient, die sich mit so etwas beschäftigen. Etwa so, wie man sagt, Technik sei eine Sache des Westens. Natürlich gibt's in Europa Millionen Menschen, die nicht mit einer Maschine umzugehen wissen, aber Ingenieure können es.»

«Und im Osten?» fragte ich, um ihn bei der Stange zu halten.

«Im Osten», antwortete Jorkens, «verstehen sich eben Magier auf Magie.»

«Könnten Sie uns nicht ein Beispiel erzählen?» fragte Terbut. Ich war erfreut, daß er es tat, denn man hört oft vom geheimnisvollen Orient sprechen, aber selten von ausgesprochener Magie in allen Einzelheiten.

Ich bin überzeugt, daß Terbut hoffte, in einer Geschichte über Magie könnte er Jorkens viel eher bei etwas nicht ganz Stichhaltigem erwischen als bei den üblichen Reisegeschichten. Ich überlasse es dem Leser, zu beurteilen, wie sehr Terbut auf dem Holzwege war.

Und nun fing Jorkens zu erzählen an:

«Vor noch nicht allzu langer Zeit stand ich am Ufer des Ganges, dieser Perle von einem Fluß, und war ganz in seine Betrachtung versunken. Das

Wasser floß ein bis zwei Meter vor meinen Füßen vorüber, und seine Schönheit floß sozusagen durch mich hindurch. Es war Abend geworden, und Fluß und Himmel waren nicht nur unirdisch — sie waren irgendwie wirklicher als die Erde, von einer Wirklichkeit, die immer intensiver wurde. Und wenn ich je die uns bekannte Welt für die Welt der Phantasie und Dichtung, die ihr manchmal so nahe ist, hätte verlassen mögen, so wäre damals die Zeit dafür gewesen.

Doch wurde ich plötzlich auf die Erde zurückgebracht, weil ich auf einen Mann stieß, der am Flußufer saß. Meine Augen waren noch so erfüllt vom Zwielicht, daß ich fast über ihn fiel. Das Licht des Ganges war wie ausgelöscht. Er aber saß bewegungslos da, und seine Augen hielten alle Schönheit des Flusses und des Himmels — wahrscheinlich schon seit Stunden. Das ist wohl einer der Hauptunterschiede zwischen uns und jenen Menschen: auch wir können die Pracht eines solchen Flusses unter solchem Himmel genießen, wenn die Feuer auf den *Ghats* * zu glühen beginnen und ein junger Mond schmal über ihren Tempeln schwebt — aber anscheinend können wir uns nicht genügend in sie versenken.

Nun gut, wie ich schon sagte, wurde ich im wahrsten Sinne des Wortes auf die Erde zurückgebracht, und dort saß der Mann mit seinem nackten Oberkörper, saß da, als ob — ja, es gibt eben nur ein Wort, das zu beschreiben — er saß da, als ob ich nicht vorhanden sei. Einer von

* = Bergkette in Indien.

jenen ‚Wie-heißen-sie-doch-gleich', dachte ich bei mir. Dann kam mir auf einmal die Idee, ihn auf die Probe zu stellen.»

«Wie haben Sie denn das gemacht?», fragte Terbut.

«Nichts einfacher als das», antwortete Jorkens. «Das heißt, eigentlich war es doch nicht so einfach, weil ich ihm erklären mußte, was ein Sweepstake * ist und daß Nummern auf den Billetten sind und so weiter, eben fast alles. Ich glaube nicht, daß er es richtig verstanden hat; aber eine Sache habe ich ihm klarmachen können, nämlich, daß die Nummer auf meinem Billett (das ich ihm zeigte), der Nummer auf einem andern Billett irgendwo in weiter Ferne entsprach und daß er dafür sorgen müsse, daß dies andere Billett als erstes aus einer Trommel herauskäme — als erstes vor Millionen anderen Billetten. Ich hatte es ihm gut erklärt, denn er fragte mich nach dem Grund, und ich sagte, man könne dabei Geld gewinnen. Wenn ein Mann Fragen stellt, kann man ihm fast alles erklären, denn man merkt dann gleich, wo er festsitzt, und kann ihm weiterhelfen. Er sagte also, er hätte nicht die Kraft, zu veranlassen, daß mir das Geld nütze, und ich antwortete: ‚Das laß nur meine Sorge sein!'

Da versprach er, für das übrige zu sorgen. Das Billett mit meiner Nummer würde zu allererst aus der Trommel kommen, oder der Ganges besäße keine magischen Kräfte. Er nahm mir das Billett aus der Hand, hielt es hoch in das

* = irisches Pferderennen.

Licht des Abendhimmels und des jungen Mondes und der Bergfeuer und gab es mir zurück und versank wieder in Meditation. Ich wollte ihm danken, aber das war vollkommen überflüssig. Sein Geist war schon wieder so weit weg, daß ich ebensogut zu einem seiner indischen Götter hätte sprechen können. Ich kann Ihnen ruhig verraten, daß es bei dem Wettrennen um dreißigtausend Pfund Sterling ging und daß ich folglich sehr zufrieden war; denn wenn an der Magie, oder was die Leute so treiben, etwas Wahres dran ist, dann mußte ich bestimmt gewinnen — er hatte mir sein Wort darauf gegeben. Natürlich dachte ich immer noch, daß vielleicht nichts Wahres dran sei; aber wenn es klappen würde, dann konnte kein Zweifel bestehen, daß er ein Magier war und seine Kräfte darauf gerichtet hatte.

Am nächsten Morgen mußte ich die Ufer des Ganges verlassen, und eine Woche später fuhr ich aus Indien ab. Sie können sich wohl denken, wie sehr es mich beschäftigte, ob ich die dreißigtausend Pfund gewinnen würde oder nicht. War an der ganzen Magie etwas dran? Das war die Frage. Nun war da auf dem Schiff ein Mann — wenn irgend jemand es wissen konnte, so mußte er es sein. Er hieß Lupton. Er kannte den Orient, so gut ihn einer auf diesem Globus nur kennen kann, und im besonderen verstand er etwas von dieser Sache hier, ich meine von der Magie. Dummerweise hatte ich ihn nie kennengelernt, und ich mochte nicht auf ihn zugehen und ihn so ohne weiteres anrempeln: er war zu berühmt dafür. Und da saß ich nun und sah ihn Tag für Tag an mir vorbeigehen und dachte, daß er um das Geheimnis meiner dreißigtausend Pfund wußte und ob der Orient wirklich das war, wessen er sich rühmte.

Doch über kurz oder lang lernt man alle Leute an Bord kennen, obwohl wir im Mittelmeer waren, ehe ich ihm vorgestellt wurde. Und ungefähr das erste, was ich zu ihm sagte, war denn auch: ‚Ist eigentlich etwas Wahres an dem Gerücht, daß sie sich im Orient auf Magie verstehen?'

Beinahe hätte ich ihn damit verärgert, denn er dachte zuerst, ich nähme die Magie auf die leichte Schulter. Aber zum Glück sah er, daß es mir Ernst war — vermutlich ein Widerschein von den dreißigtausend Pfund, den er in meinem Blick sah; denn nach kurzem Schweigen — ich dachte schon, er wollte nicht antworten —, wandte er sich mir zu und sagte ganz freundlich: ‚Ebensogut können Sie drahtlose Telegraphie anzweifeln.'

Daraufhin fragte ich ihn, was ich wissen wollte: ob es einem Mann im Orient möglich sei, einen gewissen Einfluß auf ein Billett auszuüben, so daß es als erstes aus der Trommel herauskäme. Und ich erinnere mich noch genau an seine Antwort: ‚Es ist eine sehr seltene Gabe, doch ist es möglich, und ich kenne sogar einen Menschen, der über solche Kräfte verfügt.'

Dann fragte ich ihn nach meinem Freund am Ganges, aber er kannte ihn nicht. Seiner lebte in Nordafrika. Vielleicht könnte meiner es auch tun, meinte er, doch immerhin gab es nur ganz wenige.

Offensichtlich war ein Haken an der ganzen Geschichte: warum ging er nicht selber zu seinem afrikanischen Freund und verschaffte sich die Dreißigtausend? Er war ein vornehmer Mann, und ich war ihm eben erst vorgestellt worden, und es war eine ziemlich heikle Frage. Aber irgendwie brachte ich's zuwege. Natürlich nicht so geradezu, sondern taktvoll und hintenherum. Und er antwortete ganz aufrichtig: ‚Ich setze mich jetzt in der Nähe von London zur Ruhe', sagte er, ‚und lebe von meiner Pension und meinen Ersparnissen, und ich will nicht etwa behaupten, daß ich nicht dreißigtausend Pfund annähme, wenn sie mir jemand anböte. Jedoch — wie ich im Orient gelebt habe, mit viel Chinin und so, was sehr schädlich für die Nerven ist —, wenn ich da mit Hilfe vom Orient dreißigtausend Pfund bekäme, hätte ich immer Angst, daß sich der Orient eines Tages dafür rächen würde. Ja, es ist töricht von mir, aber so ist es nun mal. Sie haben sicher nicht die gleiche Einstellung?'

‚O nein, ich nicht', sagte ich, und was hätte ich sonst noch hinzufügen können, ohne seine Gefühle zu verletzen? Dreißigtausend Pfund — und dann Angst haben, daß der Orient sie ihm wieder wegschnappen könnte! Was *ich* dachte, war: ‚Er soll's nur riskieren, der Orient! Zuerst will ich sie mal *haben!*' Darum fragte ich: ‚In welchem Teil von Nordafrika, sagten Sie, lebt dieser Mann?'

Er lächelte über meine Ausdauer und erzählte

es mir. ,Es ist nicht weit', meinte er. ,Eine Nacht und einen halben Tag mit der Bahn von der Küste aus. Am besten steigen Sie in El Kantara aus. Ein Maultierritt von wenigen Tagen bringt Sie dann in die Ouled-Nail-Berge, wo er wohnt.'

,In welchem Teil dieser Berge?' fragte ich, denn mir schien ein Gebirge eine ziemlich unvollständige Adresse.

,Ach, Sie werden keine Schwierigkeiten haben, ihn zu finden. Er ist ein Heiliger und sehr bekannt. Sie brauchen nur einen Nomaden nach Hamid ben Ibrahim zu fragen, wenn Sie an den Fuß der Bergkette kommen. Außerdem ist sein Haus zehn Meilen weit zu sehen. Es ist nur drei Meter hoch, zwei Meter breit und lang; aber es ist weißgetüncht und steht mitten in den braunen Bergen, und die Wüste davor dehnt sich flach bis zum Niger hin. Hamid finden Sie bestimmt.'

,Wahrscheinlich tut's nicht jeder umsonst', sagte ich, ,wie mein Freund am Ganges?' Ich hatte nämlich nicht mehr viel Geld von meiner indischen Reise übrigbehalten, und mit den dreißigtausend Pfund rechnete ich noch nicht.

,Nein', antwortete er, ,aber hierfür wird er es tun.' Und damit gab er mir ein kleines Päckchen, das er aus der Tasche holte — ein Pulver, wie ich durchs Papier fühlen konnte.

,Was ist es?', fragte ich.

,Bismuth', antwortete er. ,Seine Verdauung ist nicht in Ordnung. Doch er ist zu heilig, um ein Abführmittel zu nehmen. Das hat er noch nie im Leben getan, auch nicht geraucht — und

Kognak kommt natürlich überhaupt nicht in Frage. Also ist er ziemlich schwer zu kurieren. Wie Sie wohl wissen, werden in der Gegend alle Europäer für Ärzte gehalten. Das erste, was er tun wird, ist also, daß er Ihnen seine Krankheitssymptome aufzählt und Sie bittet, ihn zu behandeln. Ich glaube, Bismuth wird ihm gut tun. Wenn es ihm hilft, wird er die Sache mit dem Billett für Sie besorgen. Er weiß nämlich ein gut Teil mehr über Magie, als wir alle von der Medizin verstehen. Fragen Sie aber mal den Schiffsarzt noch nach andern Medikamenten, die gut für ihn sein könnten. Übrigens ist er ziemlich dick und treibt keinerlei Sport. Tun Sie für den alten Knaben, was Sie können!'

,Natürlich, sehr gern', sagte ich, denn das war ja nicht mehr als recht und billig.

,Und an Ihrer Stelle würde ich mir in Algier ein Zelt kaufen', sagte er, ,anstatt es von einem Araber zu mieten. Es kommt Sie dann nur auf ein Viertel des Preises zu stehen. Vielleicht auch nur ein Achtel. Kommt ganz darauf an, wie gut Sie handeln können.'

Während unserer Unterhaltung war die Nacht hereingebrochen, ohne daß ich's bemerkt hatte. Ich blickte auf und sah Bänder von Sternen, wo vorher nur Gold und Purpur gewesen war. Und mit den Sternen kam eine Kühle herauf, und Luptons Gesicht wurde plötzlich grau, denn anscheinend war die Kühle nach Sonnenuntergang etwas, das er nicht vertragen konnte, obwohl man das Gegenteil hätte annehmen sollen, da er doch mehr in Zelten als in Häusern gelebt hatte.

Er ging deshalb nach unten, und seine letzten Worte waren: ‚Er kann es bestimmt tun. Da können Sie ganz beruhigt sein!‘

Schön, ich ließ also Lupton von da an in Ruhe. Ja, seltsamerweise ging ich ihm sogar aus dem Wege; denn hätte nicht jedes Gespräch trivial klingen müssen, nachdem er mir das Mysterium des Ostens offenbart hatte, während Millionen von Sternen leise hervorgeschlüpft waren, um über dem Mittelländischen Meer zu strahlen?

Noch ehe die Woche zu Ende war, kamen wir in Marseille an. Dort ging ich von Bord. Wenn ich nach England weitergefahren wäre, hätte ich nur wieder nach Afrika zurück müssen, und das hätten die Finanzen nicht erlaubt. Die einzige Schwierigkeit war, noch ein zweites Billett für das Rennen zu bekommen, da ich nicht wollte, daß sich die Magie von beiden auf das eine Billett konzentrierte. Aber denken Sie nur, ich konnte ein Billett von einem Mann in Marseille kaufen, der anscheinend den Glauben an sein Glück verloren hatte. Ich fuhr also damit nach Algier hinüber, und zwar auf dem Schiff einer Reederei, die ihre Schiffe nur zwischen Marseille und der nordafrikanischen Küste hin- und herschickt und sich deshalb, um die Sache weniger monoton klingen zu lassen, Transatlantische Schiffahrtsgesellschaft nennt.

Den Glauben an meinen Freund am Ganges hatte ich nicht gänzlich aufgegeben. Ich hatte das Billett aufbewahrt und wollte abwarten, was er tun konnte. Doch verließ ich mich natürlich nach meiner Unterredung mit einem der berühmtesten Orientalisten sehr viel mehr auf den Mann, den er mir empfohlen hatte. Als ich den Mann am Ganges das erste Mal gesehen hatte, schien es mir ganz unwahrscheinlich, daß er versagen könnte, so überwältigend war sein Blick, und sein Geist schien nur vorübergehend in jenem Körper da neben dem Flusse zu wohnen und fähig, seine Kräfte an jedem Ort der Welt auszuüben. Doch jetzt stand ich ganz unter dem Einflusse Luptons und wollte nichts als den Mann in den Ouled-Nail-Bergen finden.

Ich kaufte mir also in Algier ein billiges Zelt und stieg eines Abends in den Zug. Am folgenden Nachmittag bekam ich die Berge zu sehen, die hinter El Kantara wie Kirchtürme in die Luft schossen. Ich erzählte den Arabern, daß ich ein Arzt sei und in die Wüste reise, um ‚Gesundheit zu finden'. Daraufhin glaubten sie mir ohne weiteres, denn mit eben dieser Bemerkung hatte ich den Beweis meiner ärztlichen Kenntnisse erbracht. In der Sahara ist nämlich mehr ‚Gesundheit zu finden' als in der ganzen langen Harleystraße. Doch es stimmt ohnehin, was Lupton mir sagte: daß in jener Gegend von jedem Europäer angenommen wird, er sei ein Doktor. Aber ich war ein ganz besonderer Arzt, und ich hatte ein paar Abführmittel und etwas Chinin mitgebracht, um es zu beweisen.

Eines Tages, als der Wind durch die Dattelpalmen fuhr, die dort unter den öden Felsklippen wuchsen, ritten wir auf Maultieren nach Süden, drei Araber und ich. El Kantara erinnerte mich immer irgendwie an Gold in eisernen Gewölben

— diese grüne Schar von Tausenden von Dattelpalmen, die der einzige Reichtum der Leute sind, und ringsum die Felsen, auf denen nicht einmal so viel Grün gedeiht, als man auf einem Salzfaß sieht.»

«Sie wollten uns von dem Mann erzählen, den Sie im Ouled-Nail-Gebirge besuchen wollten», erinnerte ich.

«Ach ja, Verzeihung», sagte Jorkens. «Ja, wir ritten nach Südwesten. Sobald wir über den Paß waren, gelangten wir in die Wüste, und wir ritten weiter, die Berge immer zu unserer Rechten. Wir waren nie weit weg vom Wasser; Gießbäche, die während der Stürme von den Bergen heruntergekommen waren, hatten in den trockenen Schluchten Hunderte von Löchern ausgehöhlt, und über jedes waren flache Steine gelegt worden, um zu verhindern, daß das Wasser in der Sonne verdunstete. Es war ein bequemes Reisen; wir lagerten, wenn die Maultiere müde waren, und während wir an den Herden der Nomaden vorübertrotteten, eilte das Gerücht von meiner Geschicklichkeit als Arzt mir voraus. Ach, diese Abende in der Wüste! Das Bergglühen! Und hier ist alles düster und laut und voller Häuser!»

«Haben Sie das Ouled-Nail-Gebirge gefunden?», fragte ich.

«O ja», sagte Jorkens, «natürlich. Wir blieben immer in der Wüste. Eines Tages lag die ganze Bergkette da. Wir zogen weiter an ihr entlang, bis wir das weiße Haus erblickten. Sonst war nichts in den Bergen zu sehen gewesen; und dann, als die Sonne unterging, erschien fern im Nordosten das Haus. Es stand genau so da, wie Lupton es beschrieben hatte, mit der Tür und den zwei kleinen Fenstern, und meilenweit weg.

Am nächsten Tag ritt ich in die Berge, um Wasser zu suchen. Und dann sagte ich, daß ich ‚Gesundheit gefunden' hätte und wieder nach El Kantara zurück wolle. Nun wählten wir eine Richtung, die mich nahe an das kleine Haus heranführte. Wir und unsere Maultiere waren natürlich schon den ganzen Vormittag vom Berghaus aus zu sehen gewesen, und mein Ruf als Arzt war lange vor uns dorthin gedrungen, so daß, als wir uns näherten, der Heilige sofort aus dem Hause gerannt kam — falls man das bei einem Mann von seiner Figur überhaupt als Rennen bezeichnen kann.

Ich redete nun sehr lebhaft in einer Art Arabisch, und er redete sehr lebhaft in einer Art Französisch, und so verständigten wir uns ausgezeichnet. Wie Ihnen jeder Doktor bestätigen wird, ist es immer gut, wenn man Diagnosen stellen kann; aber es ist besonders wirkungsvoll, wenn man es tun kann, ehe der Patient überhaupt den Mund geöffnet hat. Von Lupton wußte ich ja alles über diesen Mann. Also zählte ich ihm seine sämtlichen Symptome auf. Und dann gab ich ihm sofort Medikamente, und er kochte Kaffee für mich, und wir saßen und unterhielten uns fünf Stunden lang. Ob es nun von den Medikamenten oder von der Diagnose kam, er fühlte sich schon viel wohler, und als er mir ein Honorar anbieten wollte, sagte ich ihm, daß meine Geschicklichkeit eher der Magie als dem Studium der Medizin zuzuschreiben sei und daß ich deshalb kein Honorar annähme. Wenn er aber mein Kollege in der Magie sei — wie es Gerüchte unter Nomaden anzudeuten schienen —, dann sei ich's wohl zufrieden, wenn er mir ein wenig von seiner Magie zeigen könne. Und damit holte ich das Billett hervor, das ich dem Mann in Marseille abgekauft hatte, der nicht mehr an sein Glück glaubte.

Er betrachtete sich die Nummer auf dem Billett und, ganz entgegengesetzt von dem Mann am Ganges, verstand er die Sache sofort. Ja, er könne es tun. Und wenn mir jemand in dem Augenblick zwanzigtausend Pfund dafür angeboten hätte, ich würde sie nicht genommen haben.

Er hatte nämlich recht. Er konnte es. Lupton hatte recht. Es existiert eine Magie im Osten, von der wir nichts wissen. Ich ging nach El Kantara zurück, fuhr nach London — die ganze Reise dritter Klasse natürlich —, deponierte die beiden Billette auf einer Bank und wartete auf die Ziehung.»

«Einen Augenblick mal», warf Terbot ein, «Sie sagten, er habe es gekonnt.»

«Ja, gewiß!» sagte Jorkens, «und der Mann am Ganges auch!»

«Dann bekamen Sie also sechzigtausend Pfund», stellte Terbot fest, «nicht bloß Dreißigtausend!»

«Sie können es hier selbst lesen», sagte Jorkens, «den Zeitungsausschnitt habe ich mir bis auf den heutigen Tag aufgehoben.» Und aus einer alten ledernen Brieftasche holte er einen Zeitungsausschnitt aus der *Irish Press.* Er gab ihn Terbut, und Terbut las es laut vor:

«Im entscheidenden Augenblick fuhren hundert Krankenschwestern, die als Radfahrerinnen aus dem vorigen Jahrhundert kostümiert waren, an Mr. O'Riotty vorbei, der zwischen zwei Maschinengewehren die Parade abnahm und salutierte. Dann öffnete er ein Türchen in der Trommel, und die erste Krankenschwester steckte die Hand hinein, um die Gewinn-Nummer zu ziehen. Zufällig griff sie aber zwei Nummern, und Mr. Riotty befahl, sie wieder hineinzulegen . . .»

«Weiter brauchen Sie nicht zu lesen», sagte Jorkens.

«Was?» rief Terbut.

«Nein», sagte Jorkens. «Ach, was für einen Fehler ich beging! Was für einen Fehler! Doch hinterher kann man das leicht sagen.»

«Ach so», rief Terbut gedehnt, «Sie glauben, daß alle beide . . .»

Aber Jorkens schnaufte ungeduldig.

«Macht nichts», sagte ich. «Trinken Sie einen Whisky!»

«Einen Whisky!» rief Jorkens. «Was kann mir der schon nützen!»

Das Vermächtnis

Von

Donn Byrne

Die Landstraße folgte nicht länger in Schlangenwindungen der Küste von Kap Cod*, sondern schoß unvermutet in einer geraden Strecke voran. Wir ließen die Berge und das liebliche Land, das ein paar letzten Indianern reserviert war, wie ein abgelaufenes Tau hinter uns zurück. Noch fünfunddreißig Minuten Fahrt, und Anniston würde auftauchen, eine Sommerkolonie mit netten öffentlichen Gebäuden, einer Tanzhalle, einer Rollschuhbahn, einem Lichtspieltheater, mit Geschäften, in denen höfliche Japaner Kuriositäten verkauften, und einem Basar mit einem öligen Armenier, der Teppiche feilbot.

Zwischen der ländlichen Einfachheit der alten Indianersiedlung und dem zivilisierten Anniston lag ein trübseliges Stück Land, auf dem hier ein unbewohntes, mit Brettern vernageltes Sommerhaus, dort ein verlassener, grüner und friedlicher Kirchhof lagen. Ein nicht mehr benutzter Golfplatz flog an uns vorbei; seine breiten Spiel-

* U. S. A.

bahnen wogten in einem Grasmeer, auf den Abschlagplätzen wucherte es üppig, die Hindernisse zerfielen, und die «Grüns» erstickten in Unkraut: ein niederdrückend-melancholischer Ort. Und dahinter war die Küste mit den stöhnenden Wellen und der weiten Abgeschiedenheit des Meeres, auf dem ein einziger Schoner nach Osten fuhr, ein einsames Schiff — man hätte glauben können, es sei verwunschen.

Im Wagen saßen drei Mädchen, mein Bruder Kevin, der gerade aus China zurückgekommen war, und ich. Wir waren ans Ketucket-Vorgebirge gefahren, um uns die Indianer anzusehen, weil «man» das so tat, wenn man in Anniston in der Sommerfrische wohnte, obgleich alles nur aufdringlich und verlogen war, denn die Indianer lebten nicht mehr da, nur ein paar armselige Mischlinge mit portugiesischem und Neger-Einschlag. Jetzt war es Nachmittag geworden, und da es heiß war, schlug eines der Mädchen vor, wir könnten irgendwo Tee trinken.

«Hier scheint es nett zu sein», meinte sie.

Eine Art Bauernhaus lag an der Straßenbiegung, ein eigentümliches altes Gebäude, versteckt hinter Bäumen. Neben dem steinernen Tor stand ein Spinnrad mit einem Schild. «Zum Alten Spinnrad» war mit Tinte darauf geschrieben, und darunter lasen wir: «Brathuhn 1,50 Dollar; Nachmittagstee; Erdbeeren mit Schlagsahne».

Wir gingen durchs Tor und auf das Haus zu. Es war ein finsteres Steinhaus mit einer unfreundlichen Eingangstür. Im Garten, nicht weit davor, befand sich eine Laube mit einem Tisch und gestrichenen Stühlen.

Wir setzten uns in die Laube, und eine Kellnerin kam. Sie war weißgekleidet und hatte dunkles Haar. Ich bemerkte sie nicht gleich, weil ich mich in meinen Stuhl zurückgelehnt hatte und schräg über meine Schulter hinweg ein anderes Schild zu lesen versuchte, das neben der Haustür angebracht war.

«Tee für fünf, Orange-Pekoe, wenn's geht, und etwas Gebäck», bestellte eines der Mädchen, «und Brot und Butter, ja, Kiaran?»

«Danke, ja», antwortete ich. «Hört mal zu! Möchte einer von euch eine Ausstellung sehen, wie vor zweihundert Jahren in Neuengland Wolle gekämmt und gesponnen wurde? Preis ein Dollar.»

«Nein, nein, keiner», antworteten sie und lachten.

Ich drehte mich wieder um und merkte, wie Kevin die Kellnerin betrachtete, die das Teegeschirr auf den Tisch stellte. Er starrte sie geradezu an. Ich sah auch hin und begann, sie genau so unhöflich anzustarren wie mein Bruder. Ihre Schönheit und ihr Äußeres waren auffallend: sie war wie eine irische Prinzessin aus den Märchen, die man sich am Kamin erzählt. Ihr Haar war von mattem Schwarz, die Augen so dunkelblau, daß sie im bräunlichen Oval des Gesichts mit seinen frischen Wangen dunklen Teichen glichen. Wir konnten sie uns gut in dem weiten blauen Umhang der Irinnen vorstellen. Von Kopf bis Fuß war sie makellos, der Körper ebenmäßig und adlig, schlank, aber «faux-maigre», mit zarten Gelenken und Knöcheln und einem Hals, der wie der Stiel einer Blüte war. Als sie die Laube verlassen hatte, nickte Hallie Hoskins, die dunkelhaarige, kleine Taucherin, bewundernd:

«Sie sieht fabelhaft aus!»

«Ja, tatsächlich!»

«Bestimmt eine Dame!»

«Ich glaube auch!»

Merkwürdig, an dieser verlassenen Küste einer feinen Irin zu begegnen, die als Kellnerin in einem Tea-Room arbeitet. Vielleicht ein romantisches Mädchen aus einer verarmten Familie, dachten wir, die, um zu unterrichten, herübergekommen war, dann Schiffbruch erlitten und ihren Stolz an den Nagel gehängt hatte. Dieser Eindruck verstärkte sich noch, als sie wiederkam. Wir sahen sie verstohlen an und bemerkten einen seltsamen Ausdruck in ihrem Gesicht und ihren Blicken.

«Wovor sie wohl Angst hat?» sagte eines der Mädchen.

«Ist sie mißtrauisch? Oder will sie uns etwas verbergen?»

Während wir über sie sprachen und aßen, hörten wir auf einmal ein Rascheln wie von Seide. Eine merkwürdig blecherne Stimme fragte:

«Ist alles recht so?»

Eine Frau, anscheinend die Besitzerin, sah uns an. Der erste Eindruck, den wir von ihr hatten, war grotesk — als ob etwas nicht stimmte. Erst nach einer Weile merkten wir, daß sie eine ungefähr vierzigjährige Zwergin mit faltigem

Gesicht und forschenden Augen war. Ihr altmodisches Kleid aus fliederfarbener Seide bauschte sich in zahllosen Falten und Falbeln. Um den welken Hals trug sie einen altertümlichen Glasperlenschmuck. Ihre kleinen Füße steckten in Schnallenschuhen. Auch die Hände waren klein und verschrumpft wie Vogelklauen. Die metallische Stimme kam uns geziert und unaufrichtig vor.

«Wollen Sie sich vielleicht nach dem Tee eine Ausstellung ansehen, wie man früher in Neuengland spann und Wolle kämmte?»

«Wir haben es leider ziemlich eilig», antwortete ich für alle.

«Es dauert nicht lange», drängte sie.

«Nein, lieber nicht.»

«Nur einen Dollar pro Person», flehte sie.

«Vielleicht nächstes Mal.»

Ein paar Minuten später hörte ich die gleiche metallische Stimme hinter mir. Es klang, als spräche jemand durch ein nicht funktionierendes Telephon. Wieder das lauernde Betteln: «Wollen Sie sich nach dem Tee eine Ausstellung ansehen . . .»

«Wir haben keine Zeit.»

«Es kostet nur einen Dollar pro Person!»

«Nein, es geht leider nicht.»

«Vielleicht kommen Sie ein andermal wieder?» Eine ergreifende Enttäuschung schwang in der Stimme mit.

«Wenn die verrückte Frau nur endlich wegginge», murmelte ich. Die kleine Gale Hunter lachte. «Warum lachst du denn?»

«Es sind nämlich zwei! Es sind Zwillinge. Ich war früher schon einmal hier.»

«Kommt, wir wollen gehen! Hier stimmt etwas nicht! Mit den Leuten stimmt etwas nicht!»

Wir standen auf, und die Kellnerin erschien wieder, würdevoll wie eine Königin, und die stillen dunklen Augen seltsam tragisch in dieser verschlafen-traurigen Umgebung. Sie war wirklich so wunderschön wie die Schönen in den altirischen Legenden: wie Niamh, die Ossian ins Land der Ewigjungen lockte, wie Maeve, die Königin von Connaught, und wie Grania, die aus Liebe zu Diarmuid das Schloß König Finns verließ.

«Ja, mütterlicherseits ist sie Irin», erklärte eine weinerliche Blechstimme hinter uns. «Die Tochter unseres verstorbenen Bruders — sozusagen ein Vermächtnis.»

Als wir durchs Tor gingen, mußten wir uns unwillkürlich noch einmal umblicken: was für eine unheimliche Atmosphäre! Die beiden Zwerge in den altertümlichen Gewändern und das hochgewachsene irische Mädchen! Wie eine Prinzessin, die von zwei altersgrauen Gnomen bewacht wird.

«Aschenbrödel», flüsterte Kevin mir zu.

Ich nickte; aber irgendwie paßte das Märchen nicht hierher.

Mein Bruder Kevin war ebenso groß wie ich, aber breiter in den Schultern, und jünger, noch nicht ganz dreißig. Das heimliche Stuartblut, das in den Adern unserer Familie fließt, scheint sich in der jetzigen Generation in ihm konzentriert zu haben und erklärt die träumerisch-melancholischen Augen, das braungewellte Haar und die ebenmäßigen Züge. Bis zu einem gewissen Grade erklärt es auch sein bisheriges Leben, das die Suche nach der blauen Blume der Romantik darstellt. Mit fünfzehn Jahren lief er von Portora fort, weil er zur See gehen wollte. Er hoffte, daß er auf einem Walfischfänger die sagenhafte Aurorainsel westlich Tierra del Fuego entdecken könnte. Der Konsul in Nagasaki befreite ihn dann aus dieser mißlichen Lage und schickte ihn wieder nach Hause, wo er Schule und Universität beendete. Mit zweiundzwanzig Jahren gelang es ihm, Sven Hedin nach Innerasien zu begleiten: er hatte eine Vorliebe für die geheimnisvollen Namen Samarkand und Buchara. Außerdem hatte er die Reisen des Herrn Marco Polo gelesen. Als er zurückkehrte, erhielt er eine Anstellung beim Chinesischen Seezoll.

«Das Reich des Himmels!» schwärmte er. «Die Große Mauer bei Peking! Das Land des Gelben Drachens!»

Für die nächsten fünf Jahre war er zufrieden. Er reiste im Reich der Mitte umher, kam seinen amtlichen Pflichten nach, zog Salz-, Opium- und andere Zölle ein und schwelgte in einer Welt, die große Dichter und Herrscher hervorgebracht hat: Li Tai Pe, den Freund des Weines, der sterbend einen Mondstrahl umarmte, Tü Fu, den Gott der Dichtkunst, und Kung Dse, den alten Weisen. Und um ihn her war überall Romantik:

das Land der Pflaumenblüte, der Drachenbootfeste, der Pagoden und Paläste, der Brokate und Porzellanschalen, das Land klagender Flötenmusik und träumerischer Frauen mit winzigen Füßchen und weiser und würdiger Mandarin mit Korallen- oder Nephritknöpfen auf ihren Hüten.

«Der kommt nicht wieder!» sagten die Leute.

Aber er kam doch wieder, um in seiner Heimat, dem trüben Ulster, einen dreimonatigen Heimaturlaub zu verleben. Er war so verträumt wie immer und schweigsam und ernst. Er hatte die Reiseroute über Amerika gewählt und die Fahrt in Kap Cod unterbrochen, um seinen älteren Bruder zu besuchen.

«Wenn er wiederkommt, bringt er eine Mandschu-Prinzessin als Frau mit, ein Mädchen mit Mandelaugen und Lilienfüßen», hatten die Leute prophezeit.

Aber er war allein und unverheiratet wiedergekommen. Sein Herz hatte noch nicht gesprochen. Er wollte auch nicht deshalb nach Ulster zurück, um sich dort eine Frau zu suchen, hatte er lachend erklärt. Und das stimmte. Trotz all seiner Romantik hatte er bis jetzt noch keine Frau gefunden, die seinen Ideen entsprochen hätte, obwohl manch einer das Herz weh tat, wenn sie an ihn dachte. Nein, er war noch unverheiratet, und als er ledig bei uns auftauchte, fiel mir ein, was meine Mutter einmal lächelnd über ihn gesagt hatte:

«Kevin wird nie heiraten, es sei denn, er findet ein Dornröschen, zu dem er sich durch eine Dornenhecke kämpfen muß. Nur eine verzauberte

Schöne kann ihn fesseln. Er will seine Märchenprinzessin haben, so wie sich ein Schulmädchen einen Märchenprinzen wünscht.»

Es muß jetzt fünfzehn Jahre her sein, da konnten sich Variétébesucher die Darbietungen der Treddickzwillinge Myrna und Zoe auf der Bühne ansehen. Damals, als man noch Geschmack an Schauer- und Wachsfigurenkabinetten fand, waren Zwerge auf der Bühne nichts Seltenes. Myrna und Zoe hatten nur eine ganz einfache, unbedeutende Nummer, ein paar beliebte Schlager und einen Steptanz. Ihr Kostüm war ein weißes Kleid mit himmelblauer Schärpe, das ihre runden Beine bis übers Knie freiließ — Kleider, wie man sie auf einem Kinderfest sieht. Ihr Platz auf dem Programm war nicht glänzend: sie bildeten den Anfang oder Schluß der Vorführung, und zweifellos waren sie das bißchen Geld wert, das sie verdienten, denn Kinder mochten sie immer gern sehen.

«Sie sind allerliebst und haben noch dazu feine Manieren», sagten die Manager und ließen sie mit ihren schrillen Blechstimmchen Lieder singen und ihren harmlosen Cakewalk tanzen.

Jahrelang waren sie von einer Bühne zur andern, von einer Fremdenpension zur nächsten gereist, zwei groteske, kleine Gestalten aus einem Kinderbilderbuch, adrette, sittsame Geschöpfchen, die in der geschäftigen Scheinwelt eines Variététheaters seltsam fehl am Ort erschienen. Die großen Stars bekümmerten sich nicht um sie. Freundliche Annäherungen der kleineren Nummern fielen auf unfruchtbaren Boden, denn das Pärchen war sehr schüchtern.

Auf der Varietébühne mochten sie für harmlos gelten; aber in Anniston sah man ihre ganze Familie scheel an. Ihr Vater, Elnethan Treddick, bewirtschaftete die Treddicksche Farm, die seit zweihundert Jahren Familienbesitz war. Die Leute gingen ihm aus dem Wege, denn er war hart und schweigsam und von alttestamentarisch-strenger Selbstgerechtigkeit. Freudlos beackerte er sein Land, heiratete eine freudlose Frau und lebte freudlos, bis er starb. Er war wohl ein Charakter, aber er hatte nichts Menschliches an sich.

Auch an den verzwergten Zwillingen fand Anniston wenig Geschmack und hielt sich ihnen fern, wie es die meisten Menschen solchen Gebäuden gegenüber tun, die der Große Zimmermann nicht gerade und lotrecht erstellt hat. Nein, Anniston sparte sich all seine Gefühle für *ein* Mitglied der Familie auf, und da war es der reine Haß: der Betreffende war Bartimeus Treddick, der Sohn des Elnethan.

Er war sehr groß und schwerfällig. Seine Züge waren zerklüftet und derb, von der Art, wie man sie bei Indianern findet. Die Augen waren klein und glitzerten schwarz. Er hatte eine eigentümliche Angewohnheit, sie aufzureißen und zuzukneifen, die immer an Schlangen erinnerte. Auch er war schweigsam. Um seinen Mund zuckte es oft. Die Finger waren wie Vogelklauen gekrümmt. Am Geld hing er, wie ein Trunksüchtiger den Alkohol liebt: voller Begierde, Leidenschaft und Gemeinheit.

Zuerst war er Seemann gewesen; aber der schreckliche Hang zum Geld trieb ihn, in der ganzen Welt seinem Idol nachzujagen. In Panama hielt er in einer Spielhölle Nachernte von De Lesseps Gold. In Columbia steckte er hinter einem üblen Smaragdenschmuggel. Auf den australischen Grubenfeldern war er berüchtigt. Überall war Bart Treddick gewesen, auf jedem Fleck der Erdkugel, wo Geld gemacht wurde, und nach Möglichkeit mit unsaubern Mitteln, denn das ging schneller. Und er verdiente nicht nur im Ausland Geld, sondern auch zu Hause. Die Farm hatte er für eine Reihe von Jahren verpachtet. Die Schwestern zwang er, aus der Zurschaustellung ihres mißgestalteten Körpers Geld zu schlagen, um sich ihren Lebensunterhalt selbst zu verdienen. Und wenn er einmal auf der Bildfläche erschien, was selten war, so verstand er es auf die mannigfaltigste Weise, ihnen ihre Ersparnisse abzunehmen.

«Ich glaube, es ist besser, ich verwahre es für euch», pflegte er zu sagen, wenn er herausgefunden hatte, daß sie etwas besaßen, und seine Augen wurden groß und wieder zu schmalen Schlitzen, und sein Mund zuckte, als hätte er die Beherrschung verloren, und die Finger krümmten sich wie bei einem Raubvogel. Die Schwestern hatten nicht genug Mut, das Geld zu verheimlichen oder zu verweigern.

Und dann starb Bart Treddick. Er kam aus Samoa zurück und trug die ganze Beute eines unehrlichen Geschäfts in einem Gürtel voller Goldstücke auf dem Leibe, ein stattliches Gewicht — und als der Frachtdampfer Ceres unterging, wurden alle außer ihm gerettet. Er sank mit seiner goldenen Last wie ein Stein.

Bald nach der überraschenden Nachricht von seinem Tode kam die Kunde, daß er vor siebzehn Jahren eine Irin geheiratet hatte, eine junge Witwe, die am Clyde etwas Besitz in Form eines kleinen Geschäfts ihr Eigen nannte. Sie hatte ihm eine Tochter Charity geboren, die jetzt sechzehn Jahre alt war. Seine Frau starb einen Monat nach seinem Tode.

Kurz darauf zogen die Fräulein Myra und Zoe Treddick auf das einsame Gehöft hinter Anniston. Ihr Aussehen hatte sich während der Jahre ihrer Abwesenheit nicht weiter verändert, nur waren ihre Gesichter noch etwas runzliger. Sie brachten das schönste junge Mädchen mit, das Anniston je gesehen hatte.

Ohne viel Aufhebens kamen sie an, und während der nächsten zwei Jahre lebten sie auch so. Man erhaschte nur hie und da einen Blick von ihnen: Zwerginnen, seltsame alte Hexen und Satansgefährten; so mögen sie phantasievollen Bauerntölpeln erschienen sein. Und zwischen den Bäumen konnte man auch eine schöne junge Göttin erspähen, die schwarze Haare und dunkle Augen hatte und gerade gewachsen war wie ein junges Reis. Sonst war von ihrem Leben nichts weiter bekannt, als daß sie unbeschreiblich sparsam waren: geizig wie die Hölle, sagte man kurz und bündig in Anniston.

«Kein Leben für so ein junges Ding, da oben mit den beiden knickerigen alten Hexen zusammen», hieß es allgemein. «Eigentlich sollte mal jemand hingehen und sie einfach wegholen!»

Aber das tat keiner, und so verstrichen zwei Jahre.

Und eines Tages erschien plötzlich an der Landstraße das Schild, das Brathuhn und Nachmittagstee und Erdbeeren mit Sahne anpries, und daß man für einen Dollar eine Ausstellung besichtigen könne.

«Und ihre Nichte Charity haben sie als Kellnerin», tadelten die Bewohner von Anniston; «sie muß bei Tisch bedienen. Bis aufs äußerste nützen sie sie aus, die Geizhälse! Sie sagen, die Nichte sei ein Vermächtnis!»

Eine Woche lang hatte ich so viel anderes vor, daß ich mich wenig um Kevin bekümmern konnte. Ich überließ ihn sich selbst und stand unter dem Eindruck, daß er viel Golf spielte, mit seinem Motorrad unterwegs war und mit der kleinen Hoskin schwimmen und tauchen ging. Eines Freitagabends entdeckte ich, daß ich mich geirrt hatte.

«Könntest du Montagabend mit mir zum Essen ins Hotel kommen?» fragte er mich.

«Warum denn dorthin?»

«Ich habe Miss Treddick eingeladen, das Mädchen von der Teestube. Ich bin in dieser Woche ziemlich häufig dort gewesen», sagte er ruhig.

Da wußte ich, daß etwas Ernsthaftes im Gange war. «Natürlich, ich kann kommen.»

«Sie ist sehr schön und sehr liebenswürdig,

und ich vermute, daß sie diesen beiden alten Hexen ausgeliefert ist.»

Nie vorher hatte sie einen Mann kennengelernt, dessen Augen in ihrer Gegenwart so zu strahlen anfingen. Ihr Leben in Schottland war eine Kette von Schultagen in klösterlicher Abgeschiedenheit gewesen. Auch die Jahre in Amerika hatten ihr keine Verehrer beschert, und als endlich einer kam, öffnete sie sich wie eine Blüte in der Morgendämmerung, voller Scheu und Zurückhaltung. Sie errötete, wenn er erschien, war reizend verlegen, lächelte bezaubernd schüchtern, ging unvermittelt weg und kam langsam, als zwinge sie etwas, wieder zurück. Sie war sehr glücklich, daß er da war, und man spürte, daß er Tag und Nacht ihr ganzes Denken ausfüllte.

Ich traf sie mit Kevin im Dorf, und sie gefiel mir besser denn je. Sie war sehr schön, so schön wie Mary Lovat, unsere Ahnfrau, die einem König den Kopf verdreht hatte. Und ihre Stimme war leise und sanft und sehr warm.

Beim Essen sprach sie zu mir von Kevins Beruf, seiner Stellung in China und seinem Gehalt.

«Ich kann mir denken», sagte sie naiv, «daß es eine wunderbare Gelegenheit ist, um viel Geld zu verdienen, zum Beispiel im Importgeschäft. Seine Sprachkenntnisse sind sicher sehr wertvoll.»

Ich hätte ihr erklären können, daß man in unserer Familie nicht arbeite, um sich persönlich zu bereichern, sondern um als Soldat oder Seemann, Dichter oder Diplomat oder Anwalt dem Staat zu dienen. Aber ich wollte es Kevin überlassen, ihr das zu sagen. Ich glaubte zu begreifen, warum sie so eingestellt war. Das ständige Zusammensein mit den beiden alten Hexen hatte zur Folge gehabt, daß ihre Gedanken vor allem um Geld und Verdienen kreisten. Sie selbst besaß nichts und sehnte sich gewiß danach oder nach einer Freiheit, die nur Geld ihr verschaffen konnte. Nicht lange, und sie würde das überwunden haben, die arme Kleine.

«Kiaran», sagte mein Bruder am folgenden Nachmittag, «ich werde sie heute fragen, ob sie mich heiraten will.»

Ich hatte gewußt, daß es so kommen würde; aber als er die Worte aussprach, spürte ich wieder erschrocken, daß etwas nicht stimmte. Ich konnte mir nicht vorstellen, daß mein Bruder glücklich fortging, sich eine Braut zu gewinnen, sondern ich sah nur das abstoßende Haus und die Zwerge und die Märchenprinzessin, und davor das einsame Meer.

Ich suchte nach einer Antwort: «Wenn die beiden Tanten sie nur freigeben! Sie betrachten sie ja, wie sie selbst sagen, als ein Vermächtnis.»

Er lief den ganzen Weg von Anniston zu Fuß, weil ein Zittern in ihm war, das er überwinden wollte. Die Straße stieg leicht bergan und wand sich um einen kiefernumsäumten See. Das derbe Lied eines Froschchors ertönte, und zwischen den Bäumen raschelte es unheimlich. Er wandte sich dem Meer zu, lief quer über eine Wiese und ging den Strand entlang. Das schwache Seufzen der Wellen und ihr Geklinker mit den schurrenden Kieseln schien ihm wie eine Begleitung zu der vollen unsagbaren Melodie seines Herzens.

«Charity!» flüsterte er leise vor sich hin. «Charity!» Dann überfiel ihn Angst, daß sie ihn vielleicht nicht haben wolle. Aber sie verging wieder, während er vom Strand her durch den Obstgarten auf das Haus zuging. Es blieb nichts als verehrungsvolle Liebe. Wie sanft sie ist, dachte er, wie weich ihre Hände! Und sie, die Sanfte, in den Händen dieser Harpyien! Ein erschrecktes Reh! Bald, vielleicht in ein, zwei Tagen schon, würde sie nicht mehr bei ihnen sein — die Erinnerung daran ausgelöscht und vergessen. Dann würde ihre Sanftmut und Lieblichkeit sich entfalten und Duft ausströmen wie eine Blüte im Sonnenlicht.

Er kam von rückwärts auf das Haus zu und hörte, als er noch unter den Bäumen war, ein leises Stöhnen und anhaltendes Wimmern und eine schrille Stimme, die er nicht kannte. Eine böse Vorahnung wollte ihn beschleichen, und das Herz stockte ihm.

«Wenn sie es gewagt hätten!» ächzte er und rannte vorwärts.

Ein Fenster war erhellt. Er schaute nach innen, und plötzlich erstarrte er wie ein Hund auf der Fährte, oder wie ein zu Tode getroffener Mensch.

«Willst du es wieder tun? Willst du es wieder tun?» hörte er eine keifende Stimme, und dann Peitschenhiebe und Gewimmer. An der rückwärtigen Wand kauerte angstvoll eine der beiden Zwerginnen. Die andere wand sich auf dem Fußboden. Über ihr stand drohend, mit der Peitsche in der Hand — Charity —, und ihr Gesicht war eine dunkle Maske wahnsinniger Wut.

«Sechs waren da», schrie das Mädchen, «und du hättest sie überreden müssen, sich die Ausstellung anzusehen! Sechs Dollar sind mir durch deine Schuld entgangen! Hast du's gehört? Sechs Dollar! Willst du es wieder tun?» Und rasend ließ sie die Peitsche auf die Schultern des armen Geschöpfs niedersausen.

Kevin sprang vom Fenster fort und mit einem Laut, wie ihn ein erschreckter Hund ausstößt, stolperte und stürzte er mit kalkweißem Gesicht zum Strand hinunter. Vor Entsetzen rannte er bis an die Knie ins Wasser, drehte sich um und keuchte und taumelte den Strand entlang. Ein kalter Wind schien ihm bis ins innerste Mark zu blasen, und es war ihm, als lachten Gespenster hinter ihm her.

Das stille Tal

Von
Sean O'Faolain

Nur in den paar Bauernhäusern am See oder im Sporthotel dicht am Ufer — wo Arbeit oder Zeitvertreib ablenken — kann man das stille Tal vergessen. Selbst im Winter, wenn Sturzbäche über die Abhänge gleiten, hört man noch das launische Echo der fallenden Wasser, so wie der Wind sie fängt und fortträgt. Im Sommer kann ein einsamer Fischer das Raunen der Geister im Wasserfall nur dann vernehmen, wenn er sich zwischen das sich spiegelnde Schilf unter die überhängende Klippe stiehlt und sein Ruder nicht mehr einschlägt. Bei diesen leisen, gedämpften Lauten überkommen ihn Furcht und Entzücken ob der Totenstille, die sie immer wieder unversehens unterbrechen.

An einem Abend im Mai saßen ein paar vorzeitige Gäste gemütlich vor ihren Gläsern in der Hotelbar; sie besorgten sich die Getränke selbst und warfen das Geld in einen Krug. Es waren ihrer fünf. Sie schauten alle durch die offene Tür auf den See, zu den Rhododendronbüschen auf der Einsiedlerinsel, dem dahinter aufragenden Gebirge und dem harten Himmelblau über der Bergkette. Hinter der Theke stand ein amerikanischer Soldat; er war blond und hatte hübsche, aber leere Züge. Seine scharf gewölbten Brillengläser ließen das Licht des Abendhimmels hell auf sein Gesicht fallen. Ein Priester lehnte sich gegen die Bar. Er war gut gelaunt, dick und rotbackig. Den Priesterkragen hatte er abgeknöpft und die Hosenbeine in die Socken hineingesteckt; denn er war den ganzen Tag in den Bergen auf der Jagd gewesen. Ein dunkelhaariger junger Mann mit Kneifer lehnte gegen die rosa gestrichene Wand; die boshaft glimmenden, hellen Augen verrieten den eingefleischten Kelten — «immer streitsüchtig» —, wie die vierte im Bunde leise witzelte. Es war eine kräftige junge Frau mit rotem Wuschelkopf, die in ihrer blauen Sporthose auf der Theke saß und Whisky trank. Manchmal schien sie alles andere als hübsch zu sein, und dann wieder hatten ihre schweren Züge eine eigene herbe Schönheit. Immer wechselnd, glich sie einem finsteren Beethoven oder dem «Lachenden Kavalier». Manchmal ließ sie die Mundwinkel hängen; plötzlich hoben sie sich in halb irrem Lachen. Ihre tiefliegenden Augen blickten düster oder ironisch, herausfordernd oder voll wilden Humors. Sie hatte strenge Augenbrauen, die sanft wie Segel im Winde verliefen. Sie war aus Schottland. Der fünfte in der Gesellschaft war ein dicker, fetter Schulinspektor, ein richtiger Sack, der auch seinen Kragen abgetan hatte. Seine Augen waren verschmitzt und einschmeichelnd. Er lehnte sich an die rosenrote Wand gegenüber.

In der Mitte des roten Steinfußbodens stand ein sehr kleiner Mann, ein Landstreicher mit langem schwarzem Bart, langen schwarzen Locken und einem komischen Filzdeckel von Hut; sein Regenmantel hing ihm bis auf die Füße; sein Knotenstock hatte eine zottige Krücke. (Der Priester hatte allen zugetuschelt, daß es ein ehemaliger Speisewagenkellner vom London-Expreß sei.) Der Landstreicher hielt einen Krug Porter in der freien Hand und sang ihnen mit schöner Tenorstimme eine Ballade vor: «Allein ging ich fort von Heimat und Jugend.»

Sie hörten ihn mit gelangweilter, spöttischer Miene an. Er sang ihnen nun schon volle zwei Stunden seine Balladen vor.

Draußen versickerte die Sonne hinterm Talende. Von der Bar aus konnte man sehen, wie sie die Wipfel der höchsten Eberesche auf der Insel berührte. Jenseits des Sees auf einem Hügelchen glühte der oberste Zipfel eines grünen Kornfeldes auf und verlosch. Dann schnitten lange Strahlen durch niedrigere Hohlwege und Senken, fluteten meilenweit wie gelbes Scheinwerferlicht übers offene Land nach Osten und tasteten prüfend über steile Böschungen und seltsame Bergvorsprünge. Die kleinen Wellen zogen mittlerweile lässiger ans Ufer und besäumten es mit Schaum.

Der Landstreicher hatte sein Lied beendet. Mechanisch klatschten sie Beifall. Er wußte, daß sie mehr als genug hatten, und als die junge, rothaarige Frau rief: «Tommy, sing uns doch ,The

Inchigeela Puck Goat'», sträubte er sich bescheiden: «Ich glaube, Sie haben genug von mir, und ich bin auch ausgetrocknet wie ein Kalkofen.»

«Noch ein Glas für den Sänger!» befahl der Priester nachlässig, und der Leutnant öffnete bereitwillig eine Flasche Stout und ließ das Geldstück ins leere Glas klinkern.

«Auf Gälisch können Sie wohl nichts singen?» fragte der keltisch aussehende junge Mann, und es klang etwas kritisch.

«Aber Sie hören doch das ganze liebe Jahr lang Gälisch», sagte der Schulinspektor besänftigend. «Wollen wir uns nicht einmal davon erholen, wo wir jetzt Gelegenheit dazu haben?»

Der junge Kelte lenkte ein und setzte dabei ein Lächeln auf, das bei ihm schon liebenswürdig zu nennen war: «Ich hatte den Eindruck, daß wir hierher gekommen sind, um die Sprache unserer Vorfahren zu erlernen? Doch sei's mir ferne, pedantisch auf diesem Punkte zu beharren!» Und er lächelte wieder wie ein Bühnenpastor.

«Sag doch, Brüderchen», fragte der Amerikaner, indes er dem Landstreicher einschenkte, «bist du das ganze Jahr hindurch auf der Landstraße?»

«Sommers und winters, und nächsten Sommer werden's fünfzehn Jahre! Kein Dach überm Kopf außer dem Sternenzelt! Und was glauben Sie, lieber Herr? Nicht ein einziges Mal auch nur die geringste Spur von einem Schnupfen aufgelesen.»

«Das ist ja eine erstaunliche Leistung!»

Der Hotelbesitzer kam von der Küche in die Bar und knallte eine Schüssel voll Hühnergedärm auf die Theke. Hinter ihm her kam ein kleiner, recht hübscher Junge mit langen Wimpern, offenbar ein Stadtkind, der ihm aufgeregt auf Schritt und Tritt nachlief.

«Hat einer der Herren ein Streichholz?» fragte der Mann. Es war ein mächtiger Kerl; er hatte Schultern wie ein Pferd und trug weder Rock noch Weste. Auf dem Hinterkopf saß eine Mütze. Sein Gesicht war rund und verwittert wie eine Runkelrübe, und der Mund war voll falscher Zähne.

«Wozu brauchen Sie denn ein Streichholz, Dinny?» fragte der Priester und blinzelte den andern zu. Der Amerikaner förderte ein Streichholz zutage. Geschickt klemmte Dinny einen Zipfel Hosenstoff in das Knopfloch des Hosenträgers und steckte dann das Streichholz dazwischen, das so höchst wirkungsvoll einen Knopf ersetzte. Der Priester drehte ihn freundschaftlich um: auf der Rückseite tat ein Nagel ähnliche Dienste. Alle lachten; aber Dinny war zu beschäftigt, um darauf zu achten.

«Wozu soll das eklige Zeug sein?» fragte der Amerikaner und zeigte auf die stinkende Schüssel. Dinny hörte nicht auf ihn. Er streckte sich, um das oberste Bord zu erreichen, und holte nach vielem Herumsuchen eine Angel herunter.

«Gib sie mir, Dinny, gib sie mir!» schrie der Knabe.

Auch ihn beachtete Dinny nicht. Er nestelte an der Leine herum. Dann schaute er nach draußen, wandte sich zur Küche um, und brüllte:

«Kitty — die Kühe kommen — sag's Patsy — James, hast du die Eimer ausgebrüht — verflixt nochmal Kinder — schon wieder ein Tag herum!» oder etwas Ähnliches, denn er vernuschelte alles in seinem Munde und sprach so schnell, daß sein Gebiß klapperte. Alle drehten sich um und beobachteten die kleinen schwarzen Kühe, die langsam, eine nach der andern, vor dem wellenbewegten Wasser, dem bräunlichen Schaum und der Bergwand vorüberzogen.

«Der Schuster wird die Nacht nicht überstehen», sagte Dinny und zog mit den Zähnen an der verhedderten Angelleine.

Der Priester fuhr herum: «Geht's ihm schlechter? Haben Sie ihn gesehen? Soll ich hingehn?»

«Immer noch ohne Bewußtsein, Vater. Kein Sinn, hinzugehn. Timeen war hier. Wollte die Getränke holen.»

«Getränke?» fragte das schottische Mädchen und schmunzelte erwartungsvoll.

«Für die Leichenwache», erklärte der Kelte.

«Ihr wißt wohl nicht, was los ist?» fragte der Inspektor ernst. «Er kämpft wacker.»

«Er sollte es lieber gleich aufgeben, dann wär' er fertig», sagte Dinny. «Gib doch das Gedärm! Wir gehen Aale fangen!»

«Gib mir die Angel, Dinny, gib mir die Angel!» kreischte das Kind, nahm sie und rannte damit fort wie mit einer Trophäe und schrie vor Freude. Dinny zottelte mit der Schüssel hinter ihm her.

«Ich finde, die Leute sind ziemlich herzlos», bemerkte der Soldat mit fragender Stimme.

«Wir Iren sind gleichgültig gegenüber Dingen, die den Körper betreffen», erklärte der Kelte. «Wir sind ein vergeistigtes Volk!»

«Was für ein blühender Unsinn!» lachte die junge Frau und kippte vergnügt ihren Whisky hinunter.

«Und doch ist es wahr!» schalt der Kelte.

«Bei Ihnen kommt man sich so alt vor», seufzte die Schottin, «so alt und weise.»

«Sind Sie katholisch?» fragte der Kelte argwöhnisch.

«Ja — aber was hat denn das in aller Welt hiermit zu tun?»

Der Priester mischte sich geschickt ins Gespräch: «Nun, mit dem Vergeistigten, das wird wohl nicht so ganz stimmen, aber das mit dem Körper, das stimmt. — Haben Sie übrigens das Hühnergedärm gesehen? Haben Sie mal beim Aalefangen zugeschaut? Das macht solchen Spaß! Kommen Sie, wir wollen zusehn!»

Alle, mit Ausnahme des Landstreichers, gingen gemächlich ans Seeufer. Die Wellen spülten zwischen den Steinen herein und schoben ein kleines Wrack aus Strohhalmen und Schilfstücken vor sich her. Dinny hatte ein langes Ende Hühnergurgel auf den Angelhaken gesteckt, und der Junge hatte es ungefähr drei Meter weit hinausgeschnellt. Um die Aale anzulocken, hatten sie ein paar Stückchen Gedärm nahe beim Ufer ins flache Wasser geworfen; dort trieben sie umher wie Seetang. Die Leute am Ufer schauten sich die Augen aus. Nichts geschah. Plötzlich schrie Dinny so laut auf wie ein Maschinengewehr, das zu takken anfängt: «Da sind sie — da sind sie — da sind sie, die Satanskerle! Verflucht noch eins, da sind sie — da sind sie — da sind sie!»

Ein Strang Hühnergedärm machte sich davon und hinaus in den See. Dunkle, schlangenähnliche Schatten wanden sich quirlend in und über dem braunen Wasser. Die Aale hatten den stinkenden Köder aufgespürt und stürzten sich von allen Seiten darauf.

«Wahrhaftiger Gott», rief der Amerikaner, «den Köder wittern sie meilenweit!» Das Rädchen surrte, die Leine schwirrte hinaus, die Angelrute krümmte sich, alle fingen an zu rufen, und das Kind zitterte vor Aufregung.

«Hast ja einen, zieh doch ein, du Teufelskerl!» brüllte Dinny und packte die Angel und wirbelte etwas Langes, Weißbäuchiges über ihre eingezogenen Köpfe hinweg. Das Mädchen schrie angewidert auf, als die fünf Männer auf den jetzt im Sande herumschnellenden Aal lossprangen und wie wild mit Steinen und Absätzen und Stöcken auf ihn einhämmerten und johlten und lachten und sich stießen. Der Aal war nicht totzukriegen. Obgleich er blutete und verschmutzt war, krümmte er sich noch zuckend. Das Kind tanzte und hüpfte um die sich abmühenden Männer. Halb war es begeistert und halb war es entsetzt.

«Nun hör einmal, Jo», sagte die junge Frau und sah verächtlich auf die letzten Windungen des toten Aals, «ich glaube, kleine Jungen bleiben ewig kleine Jungen! Dinny, wollen Sie den wirklich essen?»

«Jesses, Mädchen, nicht für einen Sack Geld würde ich den anrühren!»

«Warum fangen Sie ihn denn überhaupt?»

«Zum Spaß!»

Ihr Gesicht verdunkelte sich. Der «Lachende Kavalier» wurde zu «Beethoven im Sturm». Sie sah, wie die Männer jetzt ganz aufgingen in ihrem Vergnügen. Der Amerikaner hatte die Angelrute wieder ausgeworfen, und alle starrten aufgeregt ins Wasser. Die Sonne zog sich von den letzten Bergspitzen zurück. Der See wurde düster. Die Wellen zischelten noch. Die Männer wurden des Spiels erst müde, als acht Aale sich auf dem Sande herumwanden.

Gerade als es den Männern langweilig wurde, sahen sie einen Bauern, der schweigend außerhalb des Kreises stand und auf die Aale schaute. Der Priester redete ihn an: «Nun, Timeen, wie steht's mit ihm?» Timeen war ein schlanker, magerer, hohlwangiger junger Mensch; die Kappe hatte er sich tief ins Gesicht gezogen. Er erhob das Gesicht; da sahen sie, daß er weinte.

«Er ist tot, Vater!» sagte er leise.

«Der Herr sei mit ihm!» sagte der Priester, und auch ihm stiegen die Tränen in die Augen. Die andern murmelten ihm die Gebetsworte nach. «Der arme Schuster! Ich muß zu seiner Frau gehen!»

Er eilte fort, und bald danach sahen sie ihn, wie er ordentlich und gebürstet und mit weißem Kragen auf seinem Rade die Landstraße hinauffuhr. Das Kind rief ihm nach: «Werden Sie mir heute abend auch die Aale braten?»

«Ja, ja, nach dem Abendbrot, Jo!» rief der Priester über die Schulter zurück und verschwand schwankend hinter dem ersten Hügel.

«Himmel nochmal», rief der Inspektor, «das

wird heute nacht eine großartige Versammlung geben!»

«Wieso?» fragte der Amerikaner.

«Bei der Leichenwache», erklärte der Kelte.

«Ich würde so gern einmal bei einer Leichenwache dabei sein!»

«Kommen Sie ruhig!» sagte Timeen.

Der Inspektor fragte: «Ist er leicht gestorben?»

Dinny schüttete das Hühnergedärm in den See und faßte Timeen am Arm.

«Er verlosch wie eine Kerze», antwortete Timeen und ließ sich von Dinny sachte zu einem stillen Eckchen im Hause bringen.

«Also wirklich», meinte der Amerikaner, «daß sie das Gedärm in den See werfen, paßt mir gar nicht! Schließlich schwimmen wir ja hier!»

«Ja, es ist sehr unhygienisch», gab der Inspektor zu.

«Wir sind auch weiter nichts als ein herumwanderndes Bündel Eingeweide», philosophierte der Kelte.

Das Mädchen seufzte nachdrücklich und sagte: «Jetzt haben sie drin Licht gemacht!»

Die Lampenglocke schien wie ein Vollmond durchs Hotelfenster. Ein blauer Schleier hatte sich über alles gelegt. Sie schlenderten wieder in die Bar, um noch etwas zu trinken, hinter ihnen her das Kind, das mit seiner schweren Schüssel voll toter Aale fast stolperte.

Das Schusterhäuschen lag ungefähr eine halbe Meile weiter oben am Rande eines Hügelhangs. Es war kahl und schiefergedeckt, weiß gestrichen und zweistöckig; vorne stand ein baufälliger Schopf mit ein paar Fuchsien und Stechpalmen dahinter, die der Seewind ganz flach zu Boden gedrückt hatte. Nach drei Seiten hin erstreckte sich das Moor, das jetzt im Abendnebel weniger öde aussah. Von seiner Haustür hatte der Schuster immer über das verlassene Moor und auf die zackige Bergkette geblickt; man konnte aber auch zum Talausgang hinuntersehen, wo sich vierzig Meilen weiter unten das Tal öffnete und im Ungewissen verschwamm.

Als der Priester in die Küche trat, fand er die Frau allein vor. Die Nachricht vom Tode des Schusters hatte sich noch nicht verbreitet. Es war eine kleine alte Frau, die aussah, als sei ihr ganzer Körper von der Kopfhaut bis zu den Sohlen verrunzelt und vergilbt; ihr Gesicht, ihre nackten Arme und ihr Hals waren golden wie ein vertrockneter Apfel; sogar die Augen schienen runzlig. Aber wie bei einer Furie schoß ihr weißes Haar in prachtvollen wilden Schlangen unter einem alten Fischerhut hervor, und ihr beweglicher Mund und die überlaute Stimme sprachen von einer ungeheuren Vitalität. Als junges Mädchen mußte sie so quicklebendig wie ein Fisch im Bergbach gewesen sein. Der Priester hatte sie fast während seines ganzen Mannesalters als eine Frau gekannt, deren gemeines Mundwerk Entzücken und Entsetzen der Nachbarn gewesen war. Als er sah, daß sie jetzt wie ein verprügeltes Kind zu ihm aufblickte, war er zu Tränen gerührt. Sie saß auf der langen Bank unter der ewigen Lampe vor dem Bild des Heiligen Herzens.

Er setzte sich neben sie und faßte nach ihrer Hand: «Kann ich nach oben gehn und für ihn beten?»

«Katey Dan ist da und macht ihn zurecht», flüsterte sie, und der Priester hörte Schritte, die im Zimmer über ihnen hin und her gingen.

Sie kraxelte die Treppenleiter hinauf, um zu sehen, ob alles bereit war. Während er wartete, ruhte sein Blick auf des Schusters Werkzeug am Fenster, das er noch zuletzt gebraucht hatte, auf dem alten Hammer und auf der Butterkiste am Feuer, wo der Schuster meist gesessen hatte. Alles in der Küche sah gleichmäßig abgenutzt und alt aus, und alles war staubüberzogen von der grauen Torfasche: der Kessel über dem Torffeuer, die verschiedenen Topfhaken am Gestell, das helle Metall der Feuerzange, das Küchenspind mit dem Geschirr, ein ausgebrühter Butterfaßdeckel, der zum Trocknen am Fenster stand. Alles, was da war, war notwendig, außer vielleicht die ewige Lampe und der Öldruck mit dem Heiligen Herzen — und selbst der hatte den steifen, frostigen Ausdruck eines Ikons. Ungewöhnlich waren nur die zwei Teller am Fenstertisch — einer mit Schnupftabak und einer mit geschnittenem Tabak — für die Besucher, die nun bald aus allen Ecken der Täler herunterkommen würden. Das einzige Licht in der Hütte kam vom Torffeuer her.

Während er so dasaß und dem blauen Rauch zusah, der sich vor dem braunen Ruß der Kaminwand hochkräuselte, wurde er zum erstenmal der Stille dieser Moorlandschaft gewahr. Oben über den Bohlen klangen hohle Schritte. Irgendwo im Kamin zirpte ein Heimchen. Wenn er sonst an diese Hütte gedacht hatte, war sie ihm immer als ein Ort vorgekommen, der vom spöttischen Geschwätz des Schusters und dem Widerspruch oder Echo seiner Frau widerhallte. Jemand hatte dem alten Mann einmal gesagt, er sei nicht bloß der Geschichtenerzähler des ganzen Tales, sondern auch der Lokalreporter. Der alte Mann hatte argwöhnisch dreingeblinzelt; er war zu eitel, um zuzugeben, daß er nicht wußte, was gemeint war, und spann ein langes Garn von der Zeit, als er für die irischen Eisenbahnarbeiter in Glasgow Schuhe flickte. Der Priester lächelte, als er an den kleinen Vorfall dachte. Dann sah er das still zerfallende Torffeuer und runzelte die Stirn. Beim Torffeuer hört man nicht den leisesten Laut. Es wurde ihm klar, daß die Hütte von jetzt an vollkommen still sein würde. Obwohl es Mai war, war es ihm plötzlich und schmerzlich wie Herbst zumute — warum, konnte er nicht sagen.

Die alte Frau rief ihn nach oben. Nach dem Dämmerdunkel in der Küche erschien dies obere Zimmer strahlend hell. Sie hatte fünf Wachskerzen zu Häupten ihres Mannes angezündet. Schneeweiße Leintücher umgaben sein Gesicht wie eine Art Betthimmel. Die Nachbarin hatte gerade die letzte fein gefälbelte Falte der Spitzenbettdecke, die hochgewölbt über Magen und Zehen lag, zurechtgezupft. Schweigend knieten die drei nieder und beteten.

Als sie aufstanden, sagte die alte Frau mit einem Blick auf das stille Antlitz in den Kissen: «Eine schöne Leiche und eine schwere Leiche.»

«Er war ein großartiger Mensch! Ich hatte ihn so gern!»

«Auf Sie ließ er nichts kommen, Vater!»

Sie polterten die steile Treppe hinab. Die Frau war so ruhig, als ob die ganze Angelegenheit etwas wäre, das sich außerhalb des natürlichen Laufs der Dinge abgespielt hatte. Sie dankte Gott für das schöne Wetter. Dann fragte sie, ob viele Gäste im Hotel seien. Als er antwortete, murmelte sie: «Man muß sich dreinschicken», so, als ob sie vom Hotel spräche und nicht von ihrem Mann. Als noch zwei Nachbarinnen kamen, verabschiedete er sich und sagte, daß er am späten Abend wiederkommen würde.

Die Stechpalmen vor der Tür streiften raschelnd aneinander. Klar erhob sich der Mond über dem Paß im Osten. Der Priester spürte den kalten Wind, als er an den See zurückfuhr.

Sie waren beim Abendbrot, als er das Hotel betrat. Er setzte sich zu ihnen an den runden Tisch im Erkerfenster, durch das er gerade noch die Sterne über den Bergen erkennen konnte. Sonst lag das lange Zimmer außerhalb des Bereichs der Lampenglocke im Schatten. Er erzählte, daß er den Schuster gesehen habe und daß sie nachher zur Leichenwache gehen müßten; dann fing er an zu essen.

Er bekümmerte sich nicht viel um die Unterhaltung, fing aber doch einzelnes auf, zum Beispiel, daß sie laut über das verspätete Abendbrot schalten.

«Trotzdem», sagte der Amerikaner, «kann ich nicht begreifen, warum man nicht ganz einfach eine Karte an die Wand hängt, die angibt, wann gegessen wird. Frühstück von acht bis zehn; Mittag von eins bis drei und so weiter. Es ist doch ganz einfach.»

«Wohl so», fragte die junge Schottin, «wie im ‚Regent Park'-Hotel?»

«Ja, so habe ich's gemeint», nickte er und schaute sie dann verwundert an, weil sie vergnügt vor sich hinkicherte.

Der Inspektor, getreu seiner üblichen Rolle, mit jedermann auszukommen, beschwichtigte sie: «Sie müssen doch zugeben, daß das hier eine wunderbare Gelegenheit ist, die man nur richtig ausnützen müßte. Warum machen sie nicht mehr Restaurantbetrieb für die wohlhabende Kundschaft? Wenn sie zum Beispiel Entenbraten ankünden würden, stellen Sie sich doch einmal vor, was für eine Menge Leute an den Sommerabenden in ihren Autos von Cork herkämen! Es ist ja bloß vierzig Meilen, eine schöne Spazierfahrt!»

«Oh, wie oft bin ich vierzig und mehr Meilen wegen eines Spießbraten-Picknicks an die Küste gefahren — oder die Hummeressen in Cohasset für drei Dollar, und die endlosen Reihen von Autos draußen auf der Betonstraße!»

«Was hält unser Kelte von einer so grundhäßlichen Idee?» fragte der rote Wuschelkopf.

«Ich erhebe keinen Einwand — vorausgesetzt, daß Gälisch gesprochen wird.»

Sie brach in schallendes Gelächter aus.

Sein Gesicht verdunkelte sich vor Zorn, und er fuhr fort: «Wir wollen ein modernes, fortschrittliches Irland.» Voller Stolz ob der Richtigkeit und Toleranz seines Arguments erklärte er: «Das Christentum ist nicht feindlich eingestellt gegen alles, was modern ist, was Kultur oder Technik heißt. Ich hätte nichts dagegen einzuwenden» — und jetzt überschlug sich seine Stimme vor Wut, denn die Schottin kicherte wie närrisch —, «wenn draußen auf dem See Wasserflugzeuge landen würden. Warum auch nicht? Dieses ewige Bewundern unserer Rückständigkeit und Unfähigkeit ist nichts als romantischer Blödsinn. Davon hat Irland nachgerade genug!»

Sie stöhnte komisch: «Was für ein Faschist! Ausgesprochen schizophren. Leicht sadistischer Einschlag. Könnte in England als Sozialist auftreten, wenn nicht sogar» — sie schüttelte bedenklich ihre flammende Mähne und machte drollig-entsetzte Augen —, «soll ich's sagen? Als Kommunist!»

«Ihr», rief der Kelte verächtlich, «ihr liebt das Primitive ja bloß, wenn's nicht in eurem eigenen Lande ist. Auf nach Nigeria! Wie reizend ist das Leben dieser einfachen Neger! Auf in die Ferien nach Irland, zu den entzückenden Bauern!»

Ganz beleidigt rief sie jetzt: «Verzeihung bitte, ich bin auf den Shetlandinseln oder auf den Hebriden genau so glücklich wie hier. Die Stellen, wo England noch primitiv ist, sind zu seinem Heil. Wenn die einmal verschwinden sollten, bedeutet's unsern Untergang. Ich befürchte sehr, wir sind schon zum Untergang verurteilt — bei all diesen mottenzerfressenen Kirchenvätern im Parlament, die unbedingt bei uns aufräumen wollen!» Und sie nahm ihr Zigarrenetui hervor, zog ihre Tasse Kaffee näher und zündete sich eine lange Panatella an. Während sie heftig rauchte, sah sie wieder verdrießlich und unschön aus, so als hätte sein Haß all ihre Schönheit und ihren Humor ausgelöscht.

«Aber, aber, nein, wirklich!» beschwichtigte der Inspektor, «bei Ihnen mag das zutreffen. England ist ein großes Land mit allermodernsten Einrichtungen —»

«Leider Gottes!»

«— während wir sehr viel Versäumtes nachholen müssen. Nehmen Sie doch einmal bloß so eine Kleinigkeit wie dieses Hühnergedärm, das in den See geschüttet wird!»

«O Gott!» stöhnte sie, «was für ein Theater Sie machen wegen des Gedärms von einem armseligen kleinen Hühnchen! Es ist doch zum Teufel nichts als Phosphat! Die Chinesen gebrauchen menschliche Phosphate als Dünger.»

Der Priester schwabbelte vor Lachen in seinem Fett — das war ein Spaß nach seinem Herzen. Aber die andern rissen die Diskussion an sich, und die Schottin rauchte in stiller Wut weiter, bis der Priester auch seine Pfeife hervorzog und ihr vom toten Schuster erzählte und wie im Winter seine Hütte jeden Abend voller Leute gewesen war, die seine Mahnung wegen Hitler und Mussolini und seine Prophezeiungen des heiligen Columcille hören wollten, laut welchen die letzte Schlacht des letzten Weltkrieges bei Ballylickey-Bridge gekämpft werden würde. Die andern fingen auch an zuzuhören, als er einige von den handfesteren Geschichten des Schusters wiedererzählte, die so natürlich und urchig waren wie nur irgendeine keltische oder nordische Geschichte aus der Goldenen Zeit, zum Beispiel von der Sau, die in Nöten war, weil der Aal, den sie gefressen hatte, so schnell aus ihr herausschlüpfte, wie er hineingeglitten war, bis sie schließlich wütend grunzte: «Ich werd' dich festnageln, du schlüpfriger Teufel!», wobei sie gleichzeitig den Aal verschluckte und ihr Hinterteil gegen die Mauer quetschte.

Lachend standen sie auf und gingen, wie auch sonst abends, in die Küche. Sie hatten erwartet, daß niemand dort sein würde, weil sie alle bei der Leichenwache vermuteten; statt dessen waren mehr Leute als gewöhnlich da. Das Hotel schien eine Art Umschlagshafen geworden zu sein, wo man auf dem Wege zum und vom Schusterhäuschen vorsprach — entweder, weil man zu scheu war, direkt dorthin zu gehen, oder weil man nach dem letzten Besuch bei dem alten Freund nicht gleich nach Hause wollte.

Der kleine Junge mit seiner Aalschüssel erwartete sie voller Eifer. Der Priester machte sich an die Arbeit. Er tat seinen Priesterrock ab und zog ein grünes Wams an, das so kurz war, daß es sich wie ein Äquator um seinen ungeheuren Bauch legte, und wenn er sich übers Feuer beugte, sah er wie ein kugeliges Stehaufmännchen aus. Als die harzigen Tannenstümpfe im großen, flachen Herd aufflammten — es war die einzige Beleuchtung in der Küche —, da schwoll er mitsamt seinem Schatten riesengroß wie ein Geisterbeschwörer an. Er legte einen Aal auf den Steinboden und schlitzte ihn mit dem Taschenmesser bis zum

Schwanz auf und nahm ihn aus. Die Eingeweide glänzten ölig. Als er den Hals aufschlitzte, hatte sich der Schwanz langsam um sein Handgelenk gewunden, und als er die Schnauze am Topfhaken festmachte und ihn über der leckenden Flamme baumeln ließ und als das Fett zu tropfen und in der Glut zu zischen anfing, da wand sich der Aal von neuem wie in Todesqualen. Die Gäste amüsierten sich damit, sarkastische Bemerkungen über den Priester als Koch zu machen, aber vier Bauern, die im Dunkeln auf der Sitzbank aufgereiht saßen — die Mützen auf, die Hände in den Taschen —, beobachteten ihn vollkommen unbeweglich, stumm und scheinbar uninteressiert.

«Aha, du Teufel du», höhnte der Priester, «willst du jetzt entwischen? Wenn des Schusters Sau hier wäre, die würde kurzen Prozeß mit dir machen.»

Aus dem Dunkel der andern Ecke sprach ein alter Mann — und das war das einzige Mal, daß einer der Landleute etwas sagte: «Möchte wohl wissen, ob der Schuster die Geschichte jetzt dem Hitler erzählt?»

«Ich hoffe von Herzen», bemerkte die Schottin, «daß sie nicht beide am gleichen Ort sind.»

Der alte Mann antwortete: «Gott ist gut! Ein Priester hat mir einmal gesagt, daß vielleicht sogar Judas erlöst wird.»

«Jo», sagte der Inspektor, der wie immer in friedliches Fahrwasser steuern wollte, «glaubst du, der Aal lebt noch?» Aber der Junge war zu hingerissen von dem, was er sah, um zu antworten.

Hin und wieder kam ein hübsches, dunkelhaariges Dienstmädchen ans Feuer, um nach den Kochtöpfen zu sehen oder neue Torffladen aufzulegen; denn Mahlzeiten wurden hier zu jeder Tages- und Nachtzeit eingenommen. Die Sache mit dem Aal erregte sie so, daß sie immer wieder kam und ihren Ekel kundtat. Die Männer hatten ihren Spaß an diesen Äußerungen und versuchten auf alle mögliche Art, ihren Widerwillen zu verstärken, indem sie ihr ein Stückchen Aal anboten oder ihr die grausige Schüssel unter die Nase hielten. Der Amerikaner verfolgte sie lachend mit einem Aal in der Hand, so daß man sie in der dunklen Spülküche nebenan sich lustig balgen hören konnte. Mittlerweile waren noch viel mehr Nachbarn in die Küche und in die Bar und in die andre Spülküche gekommen; zwei Serviermädchen mußten sich tummeln, um Getränke und Tee und Platten mit Schinken zu reichen. Über die weißen Wände huschten unaufhörlich die Schatten der Männer am Feuer, der umhereilenden Mädchen und der Nachbarn, die kamen und gingen. Das Stimmengewirr hallte durchs Haus wie Entengeschnatter abends am Teich.

Doch das Gemurmel und Geklapper wurde noch übertönt von der Stimme des Landstreichers, der in der Bar ein lustiges Tanzlied sang, das er halb auf gälisch und halb auf englisch vortrug:

Mein liebstes Soldätchen,
ach, so heirat' mich doch,
mit Musik und Getrommel —
was wartest du noch?

«Der kleine Bastard kann also Gälisch», rief der Kelte ganz beleidigt aus, als der Gesang ins Irische überging:

A chailin og mo chroidhe
conus a phosfainn-se thu
agus gan pioc de'n bhrog do chur orm…

«Vielleicht paßt er sich mit der Sprache seinem Publikum an?» meinte die Rothaarige.

Dann ging ich zum Schuster,
dem besten in der Stadt,
ob er nicht feine Schuhe
für mein Soldätchen hat.
Drum — mein liebstes Soldätchen,
ach, heirat' mich doch…

Das Mädchen lugte um den Türpfosten in die Bar hinein und fuhr erschrocken zurück. Der Landstreicher hatte sie entdeckt und ging ihr mit komischen Tanzschritten in die Küche nach. Seine langen Regenmantelschöße flatterten, und ihr Schatten auch. Der schwarze Bart flog nach rechts und nach links, ganz wie der Mann im Takt mit der Musik den Kopf bewegte, und seine schwarzen Locken schwangen hin und her. Die Hände fuhren mit ausdrucksvollen Gesten umher, indes er um das Mädchen herumsprang; sein Filzdeckel hüpfte von einer Seite zur andern.

Ach herzliebes Mädchen,
wie könnt' ich dich frei'n,
nicht mal 'n schönes weißes Hemde,
nicht mal 'n blaues ist mein!

«Willst einen Aal essen?» fragte der dicke Grünbefrackte am Feuer und hielt den eingeschrumpelten Kadaver unter die Nase des Tanzenden, der sogleich vergnügt den Hut abnahm (in den der Priester den Aal warf) und zur Bank zurücktanzte und sang, hinter ihm drein der begeisterte Junge:

Also ging ich zum Schneider,
dem besten in der Stadt,
ob er nicht ein seidnes Hemde
für mein Soldätchen hat.

«Kommt, Leute!» rief der Priester und wurde plötzlich ernst, «es ist an der Zeit, daß wir zum armen Schuster gehen!»

Es war Vollmond. Der See tänzelte im Mondlicht. Die Berge sahen aus wie der Höllenschlund. Dem Priester kam es so vor, als ob das Dunkel herabstiege und seine Klauen nach ihm ausstreckte. Er erzählte es dem Kelten, den der Anblick des Dunkels und des Lichtes und des tänzelnden Sees ganz verrückt gemacht hatte, so daß er ans Ufer lief, die Arme aufwarf, «O Liebe, o Schrecknis, o Tod» ausrief und Balfes Gesang an den Mond aus der Lilie von Killarney anstimmte: «Des Mondes Leuchte himmelan . . .»

«Wenn Sie den gefühlvollen Esel nicht zum Schweigen bringen», schalt das Mädchen, das sein Fahrrad geholt hatte, «dann wird er gleich die Barkarole singen», und sie verriet ihre eigene Bewegung dadurch, daß sie wie wild allein davonradelte.

«Zum Fürchten!» sagte der Amerikaner, und der Inspektor stimmte zu: «Und im Winter erst!»

Sie fuhren jetzt in einer langen Reihe bergauf, bergab, über kleine Hügel, bis der rötliche Schein vom Fenster des Schusterhauses sie aus dem Dunkel anblinkte. In der Nähe der Hütte, bei der Hecke und an der Wand drängten sich die schwarzen Gestalten von Männern und Knaben, die ihnen Platz machten, als sie näherkamen, und die Hand an die Mütze hoben, um den Priester zu grüßen.

Der Durchgang zur Küche war überfüllt; es war erstaunlich laut von all dem Geschwätz und roch nach Torffeuer, Tabakrauch, Moorwasser, Schweiß und Hühnern. Das alte Frauchen in der Ecke neben dem riesigen Feuer schien fast vergnüglich Audienz zu geben. Sie war guter Laune wegen der Freundlichkeit der Nachbarn, die in so aufregend großer Zahl erschienen waren.

Das Geschwätz ließ nach, als die Fremden eintraten. Es begann wieder, als sie in der Leiterluke verschwanden, um dem toten Schuster die letzte Ehre zu erweisen, ebbte ab, als sie herunterkletterten, und stieg allmählich wieder an und blieb so, während die Fremden sich hinsetzten. Timeen bot ihnen Whisky und Tee und Bier an, und der Priester begann heiter und unbekümmert mit den Leuten in seiner Nähe zu plaudern. Den drei Iren war das alles so altvertraut, daß es sie ganz gleichgültig ließ. Den Amerikaner und die Schottin überließen sie der Schustersfrau. Die sprach auch sogleich mit ihnen über Amerika und Schottland, und zwar war es ein so phantastisches Gemisch aus Unkenntnis und persönlicher Erfahrung, die sie in all den Jahren bei ihren unzähligen Besuchern gesammelt hatte, daß die ganze Verlegenheit der Gäste verflog, so belustigte sie das töricht-kluge Geschwätz der Alten.

Nur zweimal schweiften die Gedanken der alten Frau ab und nach oben. Als ein Nachbar mit der Feuerzange eine glühende Kohle aufhob, um sich eine Pfeife anzuzünden, blickte sie heftig auf und zog scharf den Atem ein: «Zünd nur an, Dan Frank», sagte sie aufmunternd, «letzte Woche hat mein alter Kerl — Gott sei mit ihm — dort noch seine Pfeife angezündet, auch wenn ich schimpfte, daß er seine arme Brust mit all dem Qualm verräucherte!»

Und einmal, als das Stimmengewirr plötzlich wie abgeschnitten war, hörte man weit draußen im Moor einen Hund den Mond anbellen. Da sagte sie: «Ich hab' schon manchmal gedacht, daß ich mich jetzt ohne den Schuster und so allein im Haus werde fürchten müssen, wo all die faulen Hengste auf der Landstraße herumlungern.» Sie sagte immer «Hengste», wenn sie von Männern sprach, und die Nachbarn, die es hörten, sahen im Geiste die einsamen Landstreicher oder Kesselflicker, die über die Bergstraße wanderten, und drinnen im Haus die Schustersfrau, die hinter der zugesperrten Tür nach vorüberziehenden Schritten horchte.

Sonst sprachen sie noch von Hühnern und Preisen und ähnlichen Dingen, und oft schien es, als hätte sie ganz und gar vergessen, aus welchem Anlaß alle da waren. Wenn sie ganz ordinär und grob wurde, zog sie zum Gaudium aller — ausgenommen der armen Opfer — über ihre Besucher her, die nichts weiter tun konnten, als sich schleunigst mit rotem Kopf davonzumachen und ohne daß sie sich heute ihr gegenüber einen saftigen Fluch erlauben durften. Nach einem ihrer Ausfälle entschloß sich der Priester lachend, aufzubrechen, und er befahl allen, zum Gebet niederzuknien. Da gab es ein großes Gewühl, als sie sich über die Stühle beugten oder auf ein Knie sanken und das Gesicht andächtig in die Mütze steckten.

Nur der Soldat tat nicht wie sie. Er ging hinaus und traf draußen längs des ganzen Ganges und der Hecken noch mehr Leute, die auch knieten, und zum Gemurmel der Gebetsworte klang das endlose Bellen des Hundes. Rings um sie stand glänzend und kohlschwarz der Kranz der Bergspitzen, mit hell beschienenen Kratern, schwarzen Abbrüchen, leuchtenden Felsen und grauem Gebüsch.

Die Rückfahrt war fast noch unheimlicher als der Hinweg. Der Mond stand ihnen im Rücken. Wenn sie hügelan fuhren, stiegen die Berge vor ihnen auf, als wollten sie ihnen den Weg versperren, und als sie bergab sausten, auf das bleierne Becken des Sees zu und durch die enge Schlucht des Bergbaches, da war es, als fuhren sie nicht durch den Raum, sondern durch einen ewig unbeweglichen Schlund von Zeit.

Die Küche war leer. Die Aale lagen im Topf. Vor dem verlöschenden Feuer standen ein paar alte Stiefel zum Trocknen. In den Ritzen zirpten laut die Heimchen. Die Gäste nahmen ihre Kerzen und gingen auf Strümpfen flüsternd nach oben und zu Bett.

Am nächsten Morgen war es kochend heiß. Die Insel war eine schwimmende rote Blume. Die Rhododendren längs der Ufer spiegelten sich im windgeschützten glatten Wasser, das sie kaum berührten. Als der Amerikaner, das Mädchen und der Kelte wie jeden Tag vor dem Frühstück aufbrachen, um vor der Insel zu schwimmen, hörten sie ein Geräusch wie Schaufeln im Kies. Sie sahen die hagere, hohe Gestalt eines älteren Mannes mit grauem Backenbart und rundem schwarzem Hut und Gehrock sich gegen den Himmel abheben. Wie ein Wünschelrutengänger hielt er einen kleinen Zweig in der Hand. Er maß aus und stach die Richtung ab; besorgt ermahnte er die Totengräber drunten, die Linien genau innezuhalten. Die Fremden begrüßte er höflich; doch war es ihm anzumerken, daß sie ihn störten und daß der Ernst seiner Aufgabe ihn bedrückte.

«Sie müssen nämlich wissen», sagte er, «daß der Schuster sehr viel darauf gab, wo er begraben werden sollte. Ich habe vorige Woche lang und breit mit ihm darüber gesprochen, und am meisten lag's ihm am Herzen, in einer Reihe mit all den Cronins aus Baurlinn begraben zu werden.»

«Aber», wandte der Amerikaner ein, «auf ein, zwei Fuß kann's doch nicht groß ankommen?»

«Es ist ein alter Kirchhof», gab ihm der Mann ernsthaft zu bedenken, «und viele sind hier vor ihm begraben worden, und manch einer wird's nach ihm sein.»

Sie ließen ihn mit seiner Arbeit allein.

Das Wasser war eiskalt, und sie konnten nur gerade eben hineintauchen und wieder heraussteigen. Um sich zu erwärmen, mußten sie den schmalen Rasenstreifen auf und ab rennen, ehe sie sich anzogen; sie schrien vor Vergnügen, so genossen sie die Sonne, den blauen Himmel, den Duft von der Insel her und die Vorfreude auf ihr Forellenfrühstück. Als sie wieder an Land gingen, trafen sie einen Jungen aus den Bergen, der aus einer tiefen Talmulde hervorkam und einen schweren Sack trug. Seine grauen Tweedhosen waren bis zu den Hüften hinauf dunkel vor Nässe, als ob er in ein Sumpfloch gesprungen wäre. Er ging bis zum Hotel mit ihnen und erklärte, daß er vom Tau des Bergheidekrautes und der Schonungen so naß geworden sei. Er war vom nächsten Tal herübergekommen, ungefähr zwei Stunden Wegs. Er blieb stehen und machte den Sack auf, um ihnen grinsend vor Stolz den silberblauen Bogen eines Lachses zu zeigen. Er wäre ganz zufrieden, ihn für fünf Schilling ans Hotel zu verkaufen, sagte er, «es ist ja nur ein nächtliches Abenteuer, eine kleine Bergwanderung», und sie gaben ihm recht. Während des Frühstücks zogen sie sich gegenseitig auf, weil sie an diesem herrlichen Tag so lange im Bett gefaulenzt hatten.

Das Wetter blieb weiter sommerlich heiß, und erst am Nachmittag ließ die Glut nach. Der Inspektor holte seinen Wagen hervor und fuhr weg, um irgendwo eine Schule zu besichtigen. Der Amerikaner nahm die Angel und ruderte weit außer Sicht auf den See hinaus. Das Mädchen wanderte allein fort. Der Kelte ging zum Fischen ans andere Ufer. Der Priester saß auf dem Gartenstuhl vor dem Hotel und las seine Gebete, legte sich ein Taschentuch über den Kopf und schlummerte ein, und als der Briefträger kam, ließ er sich die Morgenzeitung geben. Einmal polterte ein Bauernwagen die jenseitige Straße hinab, und er dachte, ob das wohl der Sarg sei. Im Bauernhof hinter dem Hotel surrte die Milchzentrifuge. Aber meistens war alles still — der funkelnde See, das träge Ufer, die winzigen Felder, die schlafende Einsiedlerinsel, die sich türmenden Berge, der makellose Himmel. Es ist so still, dachte der Priester, wie die Welt am ersten Schöpfungstage. Die ganze Zeit, die er dort saß oder brevierlesend auf und ab wandelte oder faul unter seinem Taschentuch hervorblinzelte, sah er nur eine einzige Spur von Leben: eine Frau erschien jenseits des Sees auf der Kuppe eines Hügelchens, als schaue sie nach einem Menschen oder Tier aus, und ging wieder an die Arbeit.

Gegen zwei Uhr kam das rothaarige Mädchen vom Spaziergang zurück. Sie setzte sich neben ihn. Zum Sprechen war sie zu müde oder zu faul; aber nach einem Weilchen fragte sie: «Ob die wohl wirklich glauben, daß sich der Schuster mit Hitler unterhält?»

«Von Hitler wissen sie genau so wenig wie von Cromwell. Aber bestimmt glauben sie, daß der Schuster nette Plauderstündchen mit seinen alten Kameraden Jerry Coakley und Shamus Cronin hat; es ist Dinnys Vater, neben den er drüben auf dem Kirchhof zu liegen kommt — in einer halben Stunde.»

Sie lächelte heiter: «Solchen Glauben möchte ich haben!»

«Wenn Sie hier geboren wären, hätten Sie ihn!»

«Dann hätte ich auch zehn Kinder», lachte sie. «Trinken wir ein Gläschen?»

Er konnte nicht, weil er in der Inselkapelle auf den Leichenzug und den Dorfpfarrer warten mußte; er stand auf und ging hinüber. Sie begab sich allein in die Bar, goß sich einen Whisky ein und beugte sich über die Morgenzeitung. Gleich darauf kam der Kelte zu ihr und lachte, weil er nichts gefangen hatte. Um die Zeit totzuschlagen, fingen sie ein Gespräch über kinderreiche Familien und das Moralische der Geburtenkontrolle an. Er glaubte, daß «jeder es im geheimen ausübe» — eine Bemerkung, die sie in so ausgelassene Stimmung versetzte, daß sie ihn vor lauter Dankbarkeit mit der Behauptung beglückte, in zehn Jahren sei die Geburtenziffer Englands die niedrigste der Welt. Und weil er ganz unschuldig seine Genugtuung darüber zeigte, wallte so viel Sympathie für ihn in ihr auf, daß sie ihm auch erzählte, wie verhaßt den Armen in Londons Elendsvierteln die Geburtenkontrolle sei.

«Das dachte ich mir doch schon immer», rief er freudig aus. «Religion hat mit all dem nichts zu tun. Einzig die Gesetze der Natur gelten. Sie werden doch hoffentlich einsehen, daß es Naturgesetze gibt?» Und er schenkte sich und ihr noch zwei Gläser Whisky ein und wollte nun einmal richtig sein Herz ausschütten.

«Ich bin nämlich eigentlich gar kein Katholik. Ich lasse Religion nur dann gelten, weil und insofern sie auf Naturgesetzen beruht. Deshalb hat

Irland seine große Sendung in der Welt zu erfüllen. Überall, außer bei uns, hat die Zivilisation eine verkehrte Richtung eingeschlagen. Hier herrscht noch die Natur über den Menschen, und der Mensch gehorcht der Natur.»

«So wie im Londoner Elendsviertel!» warf sie ein.

Er runzelte ärgerlich die Stirn und fuhr schnell fort: «Ich bete Berge und Seen und diese einfachen gälischen Menschen hier an, denn sie allein besitzen noch . . .»

«Aber gestern abend waren Sie wütend, als ich das primitive Leben in Schutz nahm. Sie wollten Wasserflugzeuge auf unserm See hier haben, und Touristen von Manchester sollten mit ihren Luxusautos vorfahren.»

«Ich habe Ihnen doch schon erklärt», tadelte er, «daß Natürlichsein nicht gleichbedeutend ist mit Primitivsein. Das ist ein romantischer Irrtum. Was ich sagen wollte, in ganz einfachen Worten natürlich . . .», und sein dunkles Gesicht wurde wieder verschlossen und übellaunig, während er sich anstrengte, seine eigenen Widersprüche zu entwirren.

Sie wollte ihm gerade entwischen, da sah sie durch die weit offene Tür, daß eine dunkle Menschengruppe das Hügelchen im Osten krönte. Und wie nun der Himmel zwischen ihren Gestalten hindurchspielte, erkannte sie die Silhouetten von sechs Männern, die unter der Last eines Sarges schwerfällig dahinschritten. Das Messingschild auf dem Sarg fing die Sonne ein. Ein dunklerer Klumpen von Frauengestalten folgte. Danach kamen wieder Männer, und dann ritt eine doppelte Reihe von Reitern vom Himmelsrand herunter. Auf der Einsiedlerinsel hatte jemand nach ihnen ausgeschaut und begann die Glocke zu läuten.

«Ich gehe auf die Insel», sagte das schottische Mädchen. Er ging ihr nach und murmelte noch etwas von Darwin und Lamarck.

Der Priester stand unter dem runden Tonnengewölbe der kleinen romanischen Kapelle; in seinem weißen Chorhemd erschien er noch gewaltiger — eindrucksvoll wie ein Magier! Scheu gingen die beiden unter die Bäume und beobachteten den Leichenzug, der sich am Seeufer auflöste. Der Priester trat vor, um dem Dorfpfarrer entgegenzugehen.

Nun schwankte der Sarg auf den Schultern der sechs Männer heran und auf die Kapelle zu; ruckweise wurde er auf vier Stühle gesetzt. Zwischen den Bäumen sickerten die Leute herbei. Die Witfrau saß in der Mitte der Treppe; ihr zur Seite je drei Frauen. Sie war die einzige, die sprach, und die Art, wie ihre Begleiterinnen das Gesicht hinter der Hand versteckten, verriet, daß sie über jeden Neuankömmling unflätig herzog. Auch die Männer wußten es; denn sowie einer auf dem Rasenplatz auftauchte und ihre tanzenden boshaften Blicke krittelnd auf sich gerichtet sah, verdrückte er sich schnell unter die Bäume und blinzelte oder grinste seinen Nachbarn zu. Dann entstand eine längere Pause. Die Männer sahen nach dem Wetter aus oder über den See hinüber nach den Feldern. Manche schauten nach der andern Seite, wo weit weg am fernen

Ende des Sees der Amerikaner vom Boot aus rhythmisch eine unsichtbare Angelschnur auswarf. Dann kamen die beiden Priester und gingen in die Kapelle. Ihre Stimmen murmelten das De Profundis, und es klang wie Bienengesumm. Die Männer senkten die Köpfe und hielten wie immer die Mütze vors Gesicht. Der Leichenzug bildete sich aufs neue, und es wurde sehr still.

Doch auf dem Kirchhof zerrissen die wohlbekannten Stimmen der Männer, die den Toten in die Erde senkten, das Schweigen. Sonst war kein Laut zu hören, bis die erste Schaufel Erde auf die Messingplatte des Deckels aufschlug; erst dann gab die Witwe klein bei und schrie hemmungslos auf. Als die Erde weicher niederfiel, wurde ihr Jammern leiser. Zuletzt glättete der Freund des Schusters, ein hochgewachsener Mensch, die Erdkrume mit den Handflächen, als ob er die Bettdecke eines kleinen Kindes glattstreiche. Der Priester betete drei Ave-Maria. Alle antworteten gedämpft.

Sie zerstreuten sich langsam, als ob sie nur ungern zugeben wollten, daß hier etwas für sie alle Bedeutungsvolles unwiderruflich geschehen war. Als sie langsam den Pfad hinabgingen, sahen sie in der Ferne den Fischer, der unbeirrt die Angel warf. Aber sie gingen nicht nach Hause. Den ganzen Nachmittag vertrödelten sie im Hotel. Die Männer standen in der überfüllten Bar und tranken; die Frauen hörte man in der Küche und in der Spülküche gackern. Draußen vor dem Hotel ließen die Pferde die Köpfe tiefer und tiefer hängen, je mehr die Sonne sank; es wurden ihrer immer weniger, indes die Stunden verstrichen, bis schließlich nur noch ein einziger Wagen übrigblieb, und auch der rollte endlich langsam davon.

Es dämmerte schon, ehe die Hotelgäste wieder in die unordentliche Bar konnten. Sie waren müde und schlechter Laune, denn zum Mittagessen hatten sie bloß Tee und harte Eier bekommen. Jetzt versorgten sie sich selbst mit Getränken und warfen die Geldstücke in den Krug. Sie tranken und schauten ins bernsteinfarbene Licht, das über der Berglinie hing.

«Es ist merkwürdig», murmelte der Priester, «wie kommt es nur, daß ich heute und auch gestern schon den ganzen Tag dachte, es sei Herbst?»

«Ja, die Stimmung ist so ähnlich», nickte der Inspektor gemütlich.

«Unsinn», sagte die Rothaarige, «es ist ein schöner Maitag.»

«Gott sei Dank!» antwortete der Inspektor. Langsam zogen die kleinen schwarzen Kühe eine nach der andern am Ufer entlang. Sie sahen ihnen zu. Dann steckte Dinny den Kopf durch die Küchentür:

«Abendbrot, bitte!»

«Hoffentlich bekommen wir den Berglachs», lächelte der Kelte.

Niemand rührte sich.

«In Amerika sagen wir anstatt ‚Herbst' nämlich ‚Fall'», bemerkte der Soldat.

«‚Fall'?» fragte der Priester.

«Ja, das Fallen der Blätter», erklärte der Soldat, weil er dachte, der andere habe es nicht verstanden. Der Priester blickte über den dunklen See — man konnte kaum ahnen, daß ein See da war, höchstens, wenn man den dunkelbraunen Schaumstreifen sah — und schob die Unterlippe vor und nickte langsam vor sich hin.

«Ja, ja», seufzte der Inspektor, der ihn teilnahmsvoll beobachtet hatte.

«Wahrhaftig», murmelte der Priester, sah ihn an und nickte wieder, weil er spürte, da war einer, der ihn verstand. Dann wirbelte er herum, gab dem Kelten einen derben Klaps auf den Rücken und rief: «Los jetzt, wir wollen den Lachs erledigen! Marsch, marsch!»

Sie tranken ihre Gläser aus und schlenderten ins helle Eßzimmer. Während sie sich an den Tisch setzten und ihre Servietten auseinanderfalteten, sagte der Soldat: «Morgen ist bestimmt wieder so ein herrlicher Tag!»

Das rothaarige Mädchen beugte sich gegen die Fensterscheibe vor und hielt die Hand über die Augen. Sie konnte sehen, wie der Mond die Bäume auf der Insel mit geisterhafter Zartheit berührte. Über der Gebirgswand glänzte ein einziger heller Stern. In stiller Freude schlug sie die Augenlider auf und sah ihn an. «Ja», sagte sie ruhig, «morgen ist wieder so ein wunderbarer Tag!» Ihre Augenlider sanken sehr langsam wie ein fallender Vorhang.

Die Kuckucksuhr

Von
Brinsley MacNamara

Die alte Frau wandte die Blicke vom Fenster ab, das nur über hungrige Hügel sah, und schaute sehnsüchtig auf die Uhr, die auf dem hohen Bort über dem Küchenspind stand. Plötzlich kam Leben und Bewegung in sie: das einzige bißchen Freude, das sie hier oben hatte, stand ihr wieder bevor — gleich, jetzt gleich! Die Räder in der Uhr fingen an zu surren, und dann öffnete sich das Türchen über dem Zifferblatt, und der hölzerne Vogel hüpfte hervor. Drei krächzende Töne gaben die Zeit an: «Kuckuck! Kuckuck! Kukkuck!» Dann schlug das Türchen wieder zu, und sofort schien die Stille im Haus größer als vorher.

«Ach», sagte sie halb zu sich selbst und halb zu der andern Frau, die neben dem Spind stand, «ich weiß, was sie jetzt von ihm denken: daß es unhöflich ist, so schnell wegzugehen. Aber in einer Stunde kommt er ja wieder und bleibt ein bißchen länger. Und so wird er immer netter zu mir, je später es wird, und wenn es zwölf Uhr ist, glaubt man wahrhaftig, er wolle überhaupt nicht wieder in sein kleines Nest zurück. Aber ein Uhr — darauf könnt' ich nie warten! In der Nacht wäre es mir schrecklich, wenn er so eilig fortginge. Dann wäre es mir zu einsam. Hörst du, Ellen? Dann wäre es mir zu einsam!»

Ellen bewegte unschlüssig die Hand, nahm eine Tasse vom Bort auf dem Küchenspind und stellte sie wieder hin. Dann, als erinnere sie sich gar nicht mehr daran, nahm sie sie noch einmal hoch und setzte sie ein zweites Mal hin. Über ihr trauriges, nachdenkliches Gesicht huschte ein hilfloses, verwirrtes Lächeln, das kam und ging und mancherlei zu bedeuten hatte. Die Kuckucksuhr! Zuerst war es wunderbar gewesen, wieviel Freude sie in das einsame Leben ihrer Mutter hier oben gebracht hatte. Aber dann war es unheimlich geworden. Es lag etwas Schreckliches in diesem Warten — im Warten auf die kommenden Stunden. Einmal würde sie es doch sagen müssen, was sie davon hielt; jetzt gleich würde sie es sagen.

«Ich weiß, daß sie dich an etwas erinnert. Aber ich muß immer denken, daß in Magheradernon jetzt richtiger Sommer ist, Mutter!»

«Ich weiß, woran du denkst, Ellen. Du denkst an den Kuckuck in der Wiese.»

«Ich habe ihn einmal gesehen, Mutter. Da flog er gerade vor mir übers Gras!»

«Ich habe ihn oft dort gesehen, Ellen, aber er war nicht treu. Er kam und ging. Manchmal rief er ganz aus der Ferne!»

«Trotzdem — er brachte den Sommer mit. Und auf den Wiesen rings um unser Haus stand frisches Gras. Wie Wellen wehte es hin und her.»

«Es verging, Ellen, alles verging. Wie du nur so etwas sagen kannst, wo ich meinen Kuckuck hier immer habe, Winter und Sommer, bei Tag und bei Nacht, einen Bergkuckuck, der nicht übers Wasser davonfliegt.»

«Ach, Mutter, die Graswellen in Magheradernon! Und die breiten, saftigen Blätter! Das Blau am Himmel und all das Gold! Das Abendgold, Mutter!»

«Ja, und die Felder, die deinen Vater krank gemacht und getötet haben! Die Felder, die all deine Brüder und Schwestern vertrieben haben! Da ging der Sommer für immer aus Magheradernon fort!»

«Ach, Mutter, es war ein Jammer, ein Jammer war's.»

«Wieso war's ein Jammer, Ellen, wo wir den Sommer jetzt immer haben? Gold ist am Himmel und über den Bergen, wenn ich *ihn* gehört habe!»

«Ich versteh', Mutter, ich versteh' schon. Aber trotzdem ...»

Ellen sah ein, daß sie es anders anfangen mußte Doch ihre Mutter fuhr fort: «Was heißt ‚trotzdem', Ellen? Solch Frieden ist hier! Und nur, weil ich das eine kleine Ding aus Magheradernon mitgenommen habe.»

«Aber ich habe es dir gesagt, Mutter!»

«Nein, das ist nicht wahr! Komm mir nicht wieder mit dieser Geschichte! Du wolltest ihn für ein paar Schilling verkaufen, wie all die andern

Sachen auch. Und wie würde mir's da ergehen, ohne mein Vögelchen hier in den Bergen?»

Ellen rang die Hände. Sie wollte sagen: «Ich hab' dich gebeten, es mitzunehmen, bestimmt! Doch wünscht' ich, ich hätte es in tausend Stücke zerschlagen!» Aber was sie dann wirklich hervorstieß, war etwas ganz anderes:

«Heute im Laden war ein Brief für mich da, Mutter, ein Brief von Michael Looram.»

Schon nach den wenigen Worten sah sie, wie ihrer Mutter Augen hart wurden. Sie hörte sie zornig stammeln: «Gott im Himmel!»

«Aber ich habe Wort gehalten, Mutter, bestimmt hab' ich Wort gehalten und ihm nicht mehr geschrieben!»

«Nein, das hast du nicht fertig gebracht! Und nun ist er immer noch hinter dir her! Solche verdammte Wirtschaft! Will dich wohl wiederhaben, ja? Sollst nach Magheradernon?»

«Ach, Mutter, bedenke doch: es ist schwer für mich mit dem Laden! Wenn er auch nur halbtags offen ist. Ich weiß nicht, wie ich's durchhalten soll, Woche um Woche. Und noch etwas: schon seit langem bringt er nicht genug ein. Wenn nun etwas geschieht, wenn er zum Beispiel geschlossen wird, wie sollt' ich dann eine andre Stellung bekommen oder uns hier oben beide durchbringen?»

«In seinem Brief versucht er also wieder, dich zu überreden, ja? Schöne Worte, Redensarten von da unten, weiß Gott!»

«Begreifst du denn nicht, Mutter, daß ich mich gräme?»

«Du warst die Jüngste, Ellen, und die Beste — das muß ich zugeben. Gut bist du gewesen, bist hier oben immer gut zu mir gewesen.»

«Aber jetzt bin ich nicht mehr so jung, Mutter! Es ist fünfzehn Jahre her, seit wir aus Magheradernon wegzogen und hierher kamen, und damals war ich schon ein großes Mädchen.»

«Und was die da unten uns angetan haben, Ellen!»

«Damals wollte Michael Looram an mir wiedergutmachen, was seine Verwandten Schlimmes an uns getan haben. Wenn du mich nur auf ihn hättest hören lassen, Mutter, dann hätten wir nie von Magheradernon wegziehen müssen. Dann hätten wir nicht so lange hier oben leben müssen, weit fort von Magheradernon.»

Die alte Frau hob ihren Stock und deutete auf die Uhr: «Was? Auf Looram hören? Wo das kleine Geschöpf da mich an alles erinnert, an alles, als sei's gestern gewesen?»

Ellen rang die Hände, so wütend war sie auf den kleinen hölzernen Vogel.

«An alles», fuhr die Alte fort, «vom Tage an, als ich Moydrum verließ und nach Magheradernon zog, in die Hütte, wo dein Vater und ich zusammen glücklich sein wollten. Aber statt dessen hat der harte Kampf uns niedergezwungen, noch ehe dein Vater daran zugrunde ging. Und all unsre lieben Kinder, die in die weite Welt hinaus mußten!»

Nie hatte Ellen ihre Mutter so bitter gesehen. Ihr Gesicht war abwechselnd blaß und rot, so böse wurde sie, als ihr alles wieder einfiel. Und doch mußte heute etwas geschehen. Heute war es soweit, und sie mußte es ihr sagen. Sie mußte.

«Die Leute waren gemein, Mutter, das kann schon stimmen. Aber denk doch an die Wiesen, die schönen Wiesen und Felder: die haben uns nichts zuleide getan. Weißt du denn nicht, daß wir beide nie wirklich von dort weggezogen sind? Daß unsre Gedanken immer dorthin zurückkehren? Immer, wenn du den Kuckuck die Stunde rufen hörst, glaubst du doch bestimmt, daß du in Magheradernon bist?»

«Ich weiß, Ellen, ich weiß. Das ist es ja gerade!»

Die alte Frau weinte jetzt, hob den Zipfel ihrer schwarzen Schürze hoch und wischte sich verstohlen die Tränen fort. Auf einmal fiel ihr etwas ein, und sie saß wieder aufrecht in ihrem Stuhl.

«Ich habe dir so viel gesagt, Ellen, aber es ist noch lange nicht alles.»

«Oh, Mutter, kannst du's mir nicht sagen? Tu's doch, bitte! Ich wußte, daß du immer etwas vor mir verheimlicht hast, und manchmal hast du leise vor dich hingelacht.»

«Ich hab's nie erzählt, Ellen, weil du's nicht verstanden hättest. Immer ist einer da: dein Vater ist immer da, wie er an einem Maiabend neben mir saß, als wir zusammen auf den Kuckuck hörten und lachten. So ist's jedesmal, wenn ... jedesmal, wenn ...»

Sie hielt inne und blickte auf die Uhr.

Als Ellen wieder sprach, klopfte ihr das Herz, so tief verletzt fühlte sie sich von den Worten ihrer Mutter:

«Und denkst du nie an mich, wenn du mit Vater so schön zusammen bist? Und ich sehne mich die ganze Zeit und möchte den Kuckuck hören, wie du ihn damals in Magheradernon gehört hast?»

«Ellen, laß das jetzt! Ich will nichts mehr davon wissen!»

«Aber was sage ich Michael Looram?»

«Was du ihm *sagst?*»

«Ja, was sage ich ihm? Er möchte, daß du zu uns ziehst und bei uns wohnst.»

«Michael Looram hat deinen Vater von dem Streit auf unserm Land nach Hause gebracht, und einer von seiner elenden Sippe hat ihn niedergeschlagen.»

Ein Weilchen herrschte drückendes Schweigen. Ellen konnte Michael Looram sehen, wie er am Tage, als der Vater starb, neben ihr stand. Sie hörte, wie er freundlich zu ihr sprach und erklärte, daß es nie Streit gegeben hätte, wäre ihr Vater nicht solch jähzorniger, starrköpfiger Mann gewesen, und sie und ihre Mutter sollten nun in Frieden auf dem Hofe leben. Aber die Mutter, nein, die wollte ihren Willen haben. Nichts konnte sie davon abhalten. Sie wollte nicht mehr dort wohnen. Und als das kleine Gehöft verkauft und alles in Ordnung gebracht worden war, blieb nur soviel übrig, daß sie die Hütte hier bauen und sich über Wasser halten konnten, bis Ellen die Stelle im Bergdorf bekommen hatte. Eine kalte und öde Gegend war es, und von weither waren sie gekommen.

Michael Looram aber hatte die ganze Zeit auf

sie gewartet und lange Briefe geschrieben, und das fiel ihm sauer, wie sie an seiner Schrift erkennen konnte. Doch immer stand darin zu lesen, wie er sich danach sehnte, daß sie wiederkäme. Er hatte sie so oft gebeten. Aber seine Mutter versperrte ihr immer den Weg zu ihm. In den letzten Jahren waren seine Briefe kürzer und deutlicher geworden. Es war so einsam für ihn, schrieb er, jahrelang ohne Frau im Hause. Im letzten Brief stand, daß er heute den weiten Weg von Magheradernon heraufkäme, um sich die Antwort selbst zu holen. UND DIESMAL MUSS ES SICH ENTSCHEIDEN, ELLEN! hatte er am Schluß des Briefes in Blockbuchstaben hingemalt, die viel größer als der übrige Brief waren.

«Zwischen drei und vier Uhr hoffe ich oben zu sein. Ich miete mir Cullens Wagen für den einen Tag. Wie wunderbar, dich wiederzusehen, Ellen, und auch deine Mutter, die Arme! Es muß so einsam für sie sein! Aber wenn wir beide erst verheiratet sind, dann wird sie nicht länger einsam sein. Dafür werde ich sorgen . . .»

All das wollte sie ihrer Mutter erzählen und ihr zeigen, was er geschrieben hatte. Aber wie konnte sie es ihr denn erzählen? Und wie es ihr sagen, daß Michael hier vor ihr im Zimmer stehen würde, ehe die Uhr vier schlug? Die Uhr! Wieder überfiel sie Furcht, daß die Uhr sie in der letzten Minute besiegen würde. Und mit der Furcht stieg Bedauern in ihr auf: ‚Daß ich's auch selbst war, die ihr die Uhr hier aufgehängt hat, nachdem sie jahrelang nicht ging und stumm war!'

«Michael Looram! Was für dummes Zeug, Ellen! Wo ich hier so schön und ruhig sitze und immerzu an deinen Vater denken kann, als er jung war. Ich habe es dir doch gerade erklärt!»

O Himmel, Himmel, sollte man's für möglich halten, daß der hölzerne Vogel, so ein kleines, lebloses Ding, so ein angemaltes Spielzeug, solchen Schaden stiften konnte! Jetzt war es klar, daß er ihrer Mutter völlig den Kopf verdreht hatte! Und die Stunde rückte vor. Es war schon längst drei Uhr vorbei, und Michael in seinem geliehenen Wagen kam näher und immer näher. Jeden Augenblick konnte er hier sein. Seit Jahren hatte sie ihn nicht gesehen; aber er hatte ihr ein Bildchen geschickt, schon vor ziemlich langer Zeit. Da sah man deutlich, wie groß und breit er geworden war und wie weiß sein Haar war. Aber man konnte auch sehen, wie gut er war — an seinen Augen sah man's. Wie lange er auf sie gewartet hatte, ohne nach andern Mädchen zu schauen!

Doch mit dieser langen Wartezeit mußte es nun vorbei sein. Sie war fest entschlossen. Zwar wollte sie keinen Streit zwischen Michael und ihrer Mutter. In den paar Minuten, die ihr blieben, wollte sie ihr noch ein bißchen zureden. Niemand konnte die Tiefe eines Mutterherzens ermessen, und vielleicht ließ sie plötzlich von ihrer Bitterkeit ab und hieß Michael willkommen, wenn er erst vor ihr stand.

«Hier ist's immer einsam für dich, Mutter, weil ich so lange im Laden sein muß. Aber wenn ich den ganzen Tag mit dir in unserm Haus sein könnte, wäre das nicht fein?»

«Was? Hier ist's einsam für mich? Was redest du denn da?»

«Und die Uhr könntest du natürlich auch unten in Magheradernon bei dir haben.»

«Und wie, frag' ich dich, würde es dann meinem kleinen Vogel ergehen, wo all die großen, dicken Kuckucksvögel ums Haus herumfliegen und ihn verspotten?»

Ach, da war es wieder, diese Verrücktheit mit der Uhr! Und die krankhafte Vorstellung mit dem Vater!

«Ach, Mutter, so wird es ja bestimmt nie sein! Ich weiß, in jedem Sommer ist nur ein Kuckuck da, und sein Ruf schallt durch die ganze weite Welt. Hab' ich dir nicht gesagt, daß ich ihn einmal sah? Daß ich spürte, wie stark seine Flügel wehn? Da war Michael Looram bei mir.»

«Als dein Vater mir ins Haus getragen wurde, haben die Kuckucksvögel wie verrückt gerufen. Und so würden sie immer aus den Wiesen kommen und hinter mir her sein!»

«Ach Gott, wie du nur redest!» Ellen stampfte mit dem Fuß auf. Sie ging schnell auf ihre Mutter zu und beugte sich über sie: «Ich muß Michael eine Antwort geben. Heute! Er kommt hierher, hierher, hörst du? Jede Minute kann er hier sein, und ich gehe mit ihm!»

«Du gehst mit ihm, sagst du?»

«Ja, ich geh' mit ihm, hörst du's? Da kannst du machen, was du willst — ich geh' mit ihm!»

Die alte Frau war ganz blaß geworden. Sie

starrten sich beide lieblos an, als seien sie nicht länger Mutter und Tochter. Zum erstenmal in all den Jahren loderte wilder Zorn in ihnen auf.

Dann auf einmal wurde Ellen wieder ruhig. Sie hatte etwas in ihrer Mutter Gesicht erblickt: als ob sie nicht mehr lange leben würde. War es vielleicht doch nicht recht, sie von hier fortzuholen, wo sie ihr kleines, verrücktes Glück hatte? Michael war verständig und gut. Er würde es sicher für das Beste halten, wenn sie ihn bat, noch ein klein wenig zu warten. Sie versuchte, in Gedanken zu Gott um Beistand zu beten. Alles hing davon ab, wie ihre Mutter sich jetzt zu Michael stellte, wenn er ins Haus käme. In ihrer Angst mußte sie plötzlich auf die verhaßte Uhr schauen. Wie? Das war ja merkwürdig! Es mußte doch viel später sein? Auch ihre Mutter sah hin und rief:

«Sie ist stehengeblieben! Die Uhr ist stehengeblieben! Du hast sie gestern abend nicht aufgezogen, oh, du hast sie nicht aufgezogen! Du hast sie ablaufen lassen! Das hast du mir angetan! Oh, ich könnte dich schlagen!»

Ellen wurde ganz aufgebracht. Sie wollte sie schlagen? Ihre Mutter wollte sie schlagen? Nach allem, was sie für die Mutter getan hatte? Was sie um ihretwillen gelitten hatte, als sie die vielen Jahre fern von Michael Looram lebte? Doch mit Mühe hielt sie die hitzigen Worte zurück und sagte ruhig:

«Ich habe es ja nur vergessen, Mutter!»

«Vergessen konntest du es? Das mußtest du mir auch noch antun? Und nun sitzen wir da und wissen nicht, wieviel Uhr es ist! Es muß schon fast vier Uhr sein. Stelle sie auf kurz vor vier! Ich will *ihn* hören! Wenn einer von denen da kommt, muß vorher *ein andrer* sprechen!»

Ellen stand auf dem Stuhl und hob die Uhr vom Bort herunter. Sie war so schwer, eine Last, die sie schier erdrücken und vernichten wollte. Wie einfach wäre es, sie jetzt fallen zu lassen und sie für immer *kaputt* zu machen! Aber die Blicke ihrer Mutter folgten ihr, als sie die Uhr vorsichtig in die kleine Kammer trug, wo sie sie immer aufzog. Es ging so schwer, weil der alte Schlüssel vollkommen ausgeleiert war und nicht mehr richtig faßte.

«Um Gottes willen, geh vorsichtig mit ihm um, Ellen, geh vorsichtig mit ihm um!»

Ellen zitterte, als sie die Rückwand abnahm, um die Uhr aufzuziehen.

«Oh, daß auch so etwas passieren mußte! Aber du hast gestern abend an Michael Looram gedacht und nicht an mich. Du hast gewußt, daß du heute einen Brief bekommen würdest!»

Durch einen Schleier zornig zurückgehaltener Tränen sah Ellen das Ding vor sich, das ihr nun ausgeliefert war, und ein Machtgefühl überkam sie. In Stücke könnte sie es jetzt schlagen, Räder und Federn und alles, und dem kleinen Vogel könnte sie die Zunge ausreißen.

«Sei vorsichtig, Ellen, sei vorsichtig! Wenn ihm etwas zustößt! Wehe, wenn ihm etwas zustößt!»

Die Stimme ihrer Mutter klang so endgültig. War denn alles hoffnungslos? Das verdammte

Tier! Würde es sie ewig hier festhalten? Es hatte sich zwischen sie und das wirkliche schöne Magheradernon gestellt. Es hatte sie so lange von Michael ferngehalten. Und er kam näher und näher und wollte sie in die Arme nehmen und herzen und wegholen von hier. Wenn sie nur könnte! Wenn ihre Mutter jetzt nicht zu reden aufhörte, wenn sie noch ein einziges Wort gegen Michael sagte, würde sie's kaputmachen. Und der Schlüssel machte «kriek, kriek», und dazwischen klang immer noch Gestammel aus der Küche:

«Sie konnten ihn mir nicht wiederbringen, ihn, der mich aus Moydrum holte, als alle Wiesen grün waren. Und jetzt wollen sie mich von ihm wegschleppen und mich für immer unglücklich machen!»

Der Schlüssel war Ellen entglitten. Er fiel klirrend auf den harten Zement.

«Du kannst ihm das also sagen, Ellen, daß wir *seinetwegen* nicht von hier weggehen. Ich werde mich wohl hüten, dich mit einem von der gemeinen Sippschaft fortgehen zu lassen! Müßt' mich ja zu Tode grämen, wenn ich dich mit seinem Kind auf dem Fußboden spielen sähe!»

Da hob Ellen die Uhr auf und schmetterte sie zu Boden. Und so groß war ihr Zorn, daß sie sie noch einmal aufhob und wieder und wieder hinwarf. Sie nahm das Eisen vom Tisch, mit dem sie sich für Michaels Ankunft eine frische Bluse gebügelt hatte, und schlug damit zu, bis das Gehäuse zerstört war. Sie schlug auf die Trümmer, bis die Rädchen und Federn auf dem Fußboden zerstreut lagen. Zifferblatt und Zeiger waren in kleine Stücke zersprungen. Der hölzerne Vogel saß matt und einsam auf seiner Stange und streckte die winzige Zunge heraus. Sie riß ihn von der Feder ab und sah nicht das Blut an ihrer Hand, wo der Draht sie verletzt hatte. Nie mehr würde das Geschöpf die Zeit ausrufen!

Aus der Küche war ein Schrei gekommen, der jetzt in ein langes, leises Stöhnen überging. Und dann fiel der Körper aus dem Stuhl auf den Fußboden.

Ellen hatte den Wagen nicht ankommen hören. Doch nun schien die vertraute Stimme Michael Loorams, der mit dem Fahrer sprach, wie aus weiter Ferne zu ihr zu dringen. Sie taumelte hoch. Abwartend blieb sie einen Augenblick stehen, als wollte sie in die Küche gehen. Und dann stand Michael in voller Größe in der Küche, und die Mutter begrüßte ihn nicht!

«Oh, Michael, etwas Schreckliches ist passiert! Schau, Michael, was mit Mutter passiert ist!»

«Oh, lieber Himmel, wie furchtbar! Komm her, Ellen, komm! Sie ist tot! Der Herr sei ihr gnädig! Wie seltsam — sie muß den letzten Atemzug getan haben, als ich in die Küche trat!»

Ellen konnte noch immer nicht näher kommen. Sie hatte scheinbar alle Macht über ihre Glieder verloren. Aber sie mußte etwas sagen, sie mußte etwas sagen:

«Sie wollte nicht fort. Es war zuviel für sie, als ich ihr sagte, daß du kämest, und daß wir zusammen nach Magheradernon wollten.»

«Wie traurig, daß sie nun so nach Magheradernon zurückkehrt! Komm, Ellen, weine nicht, Kind! Es ist Gottes Wille. Die arme Alte! 's war ganz natürlich. Keiner von uns kann dafür — gerade wie damals, als wir neben deinem toten Vater standen.»

Ellen tat einen Schritt über die Schwelle der Kammertür. Sie starrte auf die Leiche, die Michael aufhob und in den Stuhl lehnte. Ohne daß er es sah, faßte sie mit der Hand nach rückwärts und schloß die Tür, hinter der die Uhr in Trümmern lag.

Es war noch nicht vier Uhr, und Michael war da. Es war noch nicht vier Uhr, und der kleine hölzerne Vogel war für immer stumm.

Der Schuss im Garten

Von

L. A. G. Strong

Der große Garten schlummerte im Sonnenschein eines frühen Augustnachmittags. Kein Lufthauch regte sich.

Es war so still, daß der Garten eine Welt für sich schien, entrückt und abgetrennt von allem Leben und Treiben jenseits seiner Hecken. Alle paar Minuten drang von der Dubliner Landstraße das verschlafene Rattern einer Tram herüber; aber die Straße lief an dem abgelegenen Ende des Obstgartens entlang, hinter dem auch noch ein Haus lag, so daß alle Geräusche wie durch ein enges Sieb aus Ferne und Vergangenheit durchzusickern schienen.

In der Gasse «The Dwellin's», einer Reihe schmutziger Hütten, die General Fitzgeralds hohe Gartenhecke nicht genügend den Blicken entzog, hatte vor kurzem ein Händler Fische feilgeboten; aber die Rufe waren verklungen. Die heisere Stimme hing noch in der Luft, was die Stille um so mehr betonte.

Dann begann es sich im Garten verstohlen zu rühren. Am untersten Ende der Hecke, dort, wo sie einen Winkel mit der Ahornwand und der letzten Bank bildet, raschelte und bewegte sich etwas. Eine rote Hand teilte die Blätter; ein dicker roter Arm erschien. Vorsichtig zwängte Mrs. Joe Cassidy ihren Kopf hindurch und sondierte den Garten; da das Ergebnis befriedigend war, ließ sie den Rest ihres Körpers folgen. Sie richtete sich auf, brummte erleichtert, zog den Schal, den die Hecke ihr fast abgezerrt hatte, fester um die Schultern, und steuerte gemütlich und dreist auf die Blumenbeete los.

Als Bewohnerin der «Dwellin's» war Mrs. Cassidy mit den Gewohnheiten des Generals und seiner Familie wohlvertraut. Um halb zwei wurde dort zu Mittag gegessen. Auch Mr. O'Neill, der Gärtner, saß mit der Köchin Biddy in der kühlen Steinküche beim Essen. Keiner würde Mrs. Cassidy jetzt stören. Sie summte einen Vers aus der «Donegal-Witwe» vor sich hin, um ihre Genugtuung kundzutun. Dann blickte sie sich noch einmal um und stürzte sich auf die bunten Wicken. Es war, überlegte sie, ungefähr zwanzig vor zwei. Sie konnte mit zehn bis fünfzehn Minuten Ruhe rechnen. Zeit genug, sich einen sehr, sehr hübschen Strauß zu holen. Während sie die Blumen pflückte, schweiften ihre Blicke über die andern Beete, und sie plante einen möglichst einträglichen Rückweg bis zum Loch in der Hecke.

«Juhahih und juhahoh!» sang Mrs. Cassidy mit zunehmender Freude und Zuversicht. Was für Glück sie hatte! Sie hatte es fein abgepaßt und konnte jetzt ernten, wo die Blüten am allerbesten waren. Die Gladiolen da! Ach ja, Mr. O'Neill hielt seinen Garten prima in Ordnung!

Leider aber hatte Mrs. Cassidy ihren Besuch doch nicht so gut abgepaßt, wie sie glaubte. Zwar war es nicht ihre Schuld, denn die beiden Ursachen ihres Irrtums lagen gänzlich außerhalb ihres Wissens.

Wie konnte sie ahnen, daß Cassidy gestern abend die Uhr heruntergeworfen und heute früh «auf gut Glück» gestellt hatte, so daß sie nun zehn Minuten nachging? Sie ahnte auch nicht, daß der General einen alten Busenfreund zum Essen eingeladen und infolgedessen seinen zehnjährigen Enkel aufgefordert hatte, recht bald vom Tisch aufzustehen, damit die Unterhaltung der beiden Veteranen unbehindert und ohne Mrs. Fitzgeralds leise Warnrufe «Prenez garde!» weiterplätschern konnte. Der Knabe hatte eine Verabredung mit seinem Freund, dem Fischer Paddy, aber erst um viertel vor drei. Da er sich also bis dahin die Zeit vertreiben mußte, «lieh» er sich seines Vaters 22er Winchesterbüchse und schlenderte über die Obstwiese zum Garten. Was er eigentlich wollte, war ihm selbst nicht ganz klar: wahrscheinlich würde er sich mit einem toten Ziel begnügen; denn es war ihm gründlich eingeschärft worden, nicht auf Vögel zu schießen. Aber schließlich — man konnte ja nie wissen. Vielleicht hockte eine Ratte auf dem Komposthaufen. Hin und wieder stahlen sich fremde Katzen in den Garten, und wenn er es auch kaum wagen würde, auf eine zu schießen, so machte es doch Spaß, «so zu tun, als ob». Denn laut den Geschichten in seinen Wildwestbüchern gingen *hombres* nie ohne Waffe aus. Mit dem Gewehr unter dem Arm öffnete er also die Pforte, ging leise in den Garten und bog in den Pfad ganz links ein, der am weitesten von der Hecke entfernt lag. Erst als er die große Eibe hinter sich hatte, erblickte er Mrs. Cassidy und blieb vor Erstaunen wie angewurzelt stehen. So kühl bediente sie sich, so gelassen und unbekümmert klang ihr Liedchen, daß er eine Minute lang glaubte, alles sei in Ordnung, und seine Großmama habe ihr Erlaubnis zum Blumenpflücken gegeben. Wie sollte es denn auch sonst einer wagen! Vor allem nicht eine zerlumpte Frauensperson in einem Umhängetuch. Und doch war es ganz, ganz unwahrscheinlich, daß seine Großmama irgend jemandem Erlaubnis zum Blumenpflücken geben würde. Wenn sie einmal einer armen Frau ein Sträußchen schenken wollte, dann war's eins der alten Weiblein, die etwas zu bestellen oder für sie zu arbeiten hatten, und dann nahm sie immer Schere und Körbchen und schnitt die Blumen selber ab. Nein — sein Gefühl sagte ihm ganz deutlich: hier stimmte etwas nicht!

Was sollte er tun? Ins Haus laufen und Hilfe holen? Bis dahin würde sie schon ausgerissen sein.

Er stand unschlüssig da, und dann kam ihm ein Gedanke, eine einfache Methode, um sich von der Richtigkeit seiner Ansicht zu überzeugen, eine Methode, die weit weniger unangenehm wäre, als wenn er zu der Frau hinginge und sie ansprache. Denn wenn sie auch friedlich und offenbar guter Laune schien, so sah sie doch überwältigend aus. Er fühlte instinktiv, daß sie, um mit Paddy zu reden, «ihm über war». Deshalb zielte er mit dem Gewehr mitten ins Kartoffelland — auf nichts — und schoss.

Das Ergebnis war dramatisch. Mrs. Cassidys Liedchen brach ab, als habe ihr einer den Faden abgeschnitten. Mit einem schnell unterdrückten Schrei, «Gott der Gerechte!», fuhr sie hoch und ließ ein paar Blumen fallen. Sie drehte sich jäh um und erblickte den Knaben, der sie ansah und in der Hand das Gewehr hielt. Die Schule des Lebens hatte jedoch Mrs. Cassidy gegen mancherlei Widerwärtigkeiten gewappnet. Nach dem ersten flüchtigen Blick sah sie weg und begann wieder zu singen. Sie bückte sich, hob die Blumen auf, pflückte noch einige, summte gedankenverloren weiter und bewegte sich dabei langsam, aber deutlich sichtbar auf die Hecke zu.

Der Knabe war nur einen Moment stutzig geworden. Er ließ sich nicht irreführen. Er stand ganz still, beobachtete sie und — lud von neuem. Es war ganz klar: je größer die Entfernung zwischen ihnen wurde, um so größere Schritte machte sie. Sie hatte es aufgegeben, noch mehr Blumen zu pflücken. Jetzt war sie schon an der Laube, und nun hatte sie die Hecke erreicht. Sie ging ein Stückchen die Hecke entlang, bückte sich und richtete sich wieder auf. Der Strauß war nicht mehr zu sehen.

Im gleichen Augenblick begriff er, was sie getan hatte: die gestohlenen Blumen hatte sie unter die Hecke geschoben, um sie nachher von der andern Seite aus wieder hervorzuholen. Entrüstung packte ihn. Da war sie, da entwischte sie ihm, und er war ohnmächtig und konnte sie nicht daran verhindern. Sie hatte ihn zum Narren gehabt, hatte seinen Großvater bestohlen, während *er* hilflos zusah und wie ein Kind behandelt wurde! Plötzlich war er kühl und entschlossen, hob sein Gewehr, zielte auf ihr breites, sich entfernendes Hinterteil und schoß.

Diesmal war die Wirkung noch dramatischer. Einen Augenblick stand Mrs. Cassidy ungläubig still und griff mit der Hand nach ihrer Sitzfläche. Dann begriff sie, was geschehen war, und lief schlotternd und stolpernd auf die Lücke in der Hecke zu. Der Knabe beobachtete sie halb hingerissen, halb erschrocken über seine Tat. Er sah sie davonhinken und plötzlich mit beiden Händen herumfuchteln und an der Hecke zerren und blindlings nach der Lücke tasten. Ihr Umhängetuch hing schlaff herunter, so daß sie wie ein großer, brauner, verwundeter Vogel aussah, der mit den Flügeln schlug und flatterte. Er hörte ein seltsames Wimmern und Stöhnen, und vor Entsetzen wurde ihm ganz übel. Es klang so wenig menschlich, daß er sich zuerst gar nicht vorstellen konnte, es käme von seinem Opfer.

Denn die arme Mrs. Cassidy hatte alle Selbstbeherrschung verloren. Sowie es ihr klar wurde, daß sie getroffen war, fiel ihr der erste Schuß ein, und nun schloß sie, daß auch der auf sie gezielt und nur fehlgegangen war. Der verteufelte kleine Mörder. Sicher lud er noch ein drittes Mal, und nun würde er ihr den Rest geben!

«Jesusmarandjosef!» betete und schluchzte und stammelte sie, und ihre Hände suchten krampfhaft nach dem Durchschlupf. «Jesusmarand ... Jesusmarandjos ...»

Endlich hatte sie's gefunden und zwängte sich hindurch und war in Sicherheit.

Kaum war sie verschwunden, da fielen dem Knaben die versteckten Blumen ein. Er legte sein Gewehr hin und lief auf Zehenspitzen zu der Stelle hin, wo sie sich gebückt hatte. Er mußte schnell machen und sich das Beweisstück holen, ehe sie's wegnahm. Aber Mrs. Cassidy dachte nicht länger an Blumen.

Er fand den Strauß, wo sie ihn hingeschoben hatte, zog ihn unter der Hecke hervor und ging in den Garten zurück. Dann hob er sein Gewehr auf und setzte sich ein Weilchen unter die Eibe. Er mußte sich die Sache durch den Kopf gehen lassen. Es war ihm seltsam beklommen zumute. War er denn nicht unbedingt im Recht? Ted und Jack in den Wildwestbüchern hätten es bestimmt genau so gemacht. Einen Dieb schossen sie unweigerlich an, besonders einen, der sich eingeschlichen hatte. Und weh getan hatte er ihr sicher nicht. Bei der Entfernung — und durch all die Röcke! Und wo sie so dick war! Aber der seltsame Ton ... und dann die gräßliche Art, wie sie an der Hecke herumgetastet hatte ...

Er saß noch immer da und grübelte, als sein Großvater den Garten betrat. Der alte Herr war in glänzender Laune. Sein Freund, den er ein Jahr lang nicht gesehen hatte, schien ihm sehr gealtert zu sein. Und noch dazu hatte er sich nach der Mahlzeit entschuldigt und gesagt, er brauche ein Nickerchen. Der General war auch nicht abgeneigt, hie und da mal ein Mittagsschläfchen zu halten. Doch das offene Eingeständnis seines Freundes beschwingte ihn. Befriedigt ging er in den Garten und bewies sich selbst seine Beweglichkeit und Frische, und wie spielend er «das Viertelstündchen» nach dem Essen entbehren konnte.

Als der Knabe seinen Großvater sah, stand er sofort auf und ging ihm entgegen. Er als echter Soldat würde ihn zum mindesten verstehen, wenn er auch die Tat — ein gewisses Verbot klang ihm in den Ohren — nicht gutheißen würde.

Bei seinem Anblick blieb der alte Herr plötzlich stehen.

«Daß Gott sich erbarm'», rief er, «was fehlt dir denn, Junge? Du siehst ja aus, als sei dir ein Gespenst begegnet?»

Der Knabe hielt ihm den Strauß hin: «Als ich in den Garten kam, Großvater, sah ich, wie eine Frau die Blumen hier stahl; da habe ich auf sie geschossen.»

«Da hast du *was* getan?»

«Auf sie geschossen.» Dann sah er, wie die Blicke des alten Herrn den Garten aufgeregt nach einer Leiche absuchten, und er fuhr fort: «Nicht schlimm — nur ins Hinterteil!»

Der General starrte ihn noch immer an und brachte kein Wort heraus.

«Da drüben stand sie, Großpapa. Sie sah mich nicht gleich.» Nun erzählte er die ganze Geschichte, beschönigte Mrs. Cassidys kläglichen Rückzug und zeigte ihm wieder sein Beweisstück, den Strauß.

Endlich fand der General Worte. «Beim gerechten Gott im Himmel», rief er, wurde schließlich immer zorniger und schimpfte: «Habe ich dir nicht gesagt, und hat dein Vater dir nicht gesagt, daß du niemals auf jemanden schießen sollst?»

«Ja, Großpapa. Aber ich dachte, nur im Spaß sollte ich's nicht tun.»

«Nur im Spaß nicht!» Die Augen des alten Herrn rollten gen Himmel. Er drohte fast zu ersticken.

«Ja, Großpapa, diesmal war's doch ernst: sie hatte gestohlen. Onkel Thaddäus' Wildhüter schießt auch auf Wilderer. Immer. Das weißt du doch. Ins Bein! Einer war mal lange im Hospital deswegen. Und ich habe sie bloß in den Popo geschossen, und die Kugel ist sehr klein, und sie ist so dick.»

Der alte Herr wollte gerade zu einer Standpauke ansetzen, als ein Geräusch ihn aufhorchen ließ. Jenseits der Hecke, in der Nähe der Hütten, hörte er ein verworrenes, undeutliches Gemurmel, das von Minute zu Minute anschwoll. Frauenstimmen stießen helle Schreie aus, und Männer brummten im Baß. Er sah auf seinen Enkel nieder:

«Wohin wolltest du heute nachmittag gehen?»

«Mit Paddy an den Strand!» Der Knabe

atmete befreit. Es war furchtbar anstrengend gewesen, dauernd so kühn und vernünftig auszusehen. Noch eine Minute länger, und die Tränen wären ihm gekommen und hätten alles verdorben.

«Troll' dich, los! Trödle nicht noch herum! Das Gewehr laß nur hier! Geh schnell an den Strand, und vor allem: bleibe dort!»

Hocherfreut machte der Junge sich aus dem Staub. Der General hielt das Gewehr in der Hand und sah ihm nach. Das Tor fiel zu. Der Mund des alten Herrn entspannte sich, verzog sich in grimmigem Lächeln; dann lachte er, und schließlich platzte er laut los und mußte das Gewehr hinlegen und sich unter die Eibe setzen, so schüttelte es ihn.

Endlich trocknete er sich mit einem riesengroßen gelbseidenen Taschentuch die Augen, stand auf, warf einen Blick zu der lärmenden Gasse hinüber und ging ins Haus, um die Kläger zu empfangen, die, das wußte er, nicht auf sich warten lassen würden.

Er setzte sich ans Wohnzimmerfenster, und nach einer halben Stunde sah er, wie die Führer der Deputation sich dem Tor näherten. Dort blieben sie zaudernd stehen und warteten auf die andern. Cassidy, ein stämmiger Kerl mit rotem Gesicht, winkte ihnen wild mit den Armen. Offenbar wollte ein Teil der Deputation sich lieber drücken. Als alle beieinander waren, warf Cassidy sich in die Brust, öffnete das Tor und führte sie über den kurzen, kiesbestreuten Zufahrtsweg.

Der General öffnete ihnen selbst die Haustür. Er trat vor und blieb — eine imposante Gestalt — auf der obersten Treppenstufe stehen. Er hob seine Lorgnette und musterte sie von oben bis unten.

«Was verschafft mir die Ehre?»

Als keine Antwort kam, fuhr er fort: «Was wollen Sie eigentlich, Sie und Ihre Räuberbande, daß Sie mir hier bis dicht vor die Haustür marschieren?»

Cassidy trat näher und rückte unwillig an seinem Mützenschirm.

«Herr General Fitzgerald», hub er an, «ein Spaß ist ein Spaß, das weiß jeder, und wer zu weit geht, der muß die Folgen tragen. Aber man kann's auch übertreiben, und wenn man ein Gewehr auf eine arme Frau abdrückt ...»

«Ja», riefen die andern im Chor und wie auf Kommando, «das geht wirklich zu weit!»

«Sie sind ja betrunken, Mann!» rief der General verächtlich.

«Bewahre, bin ich gar nicht!» Cassidy wurde wütend. «Es ist die heilige Wahrheit, und alle können's bezeugen. Stimmt's nicht, Jungen?»

«Ja, bei Gott, 's stimmt!»

«Verdammte Lüge!»

«Nein, es ist die Wahrheit, Herr!»

«Wenn ihr aufhört, alle auf mich einzuschreien, dann kann ich vielleicht ein vernünftiges Wort hören. — Also los, Cassidy, was ist? Was schwatzen Sie da für Unsinn?»

«Meine arme Frau ist angeschossen worden, Herr!»

«Wo?»

«In Ihrem Garten, Herr.»

«Und was hatte Ihre Frau in meinem Garten zu suchen? Wollen Sie mir das mal erklären?»

«Oh, Herr General Fitzgerald» — Cassidy trat von einem Fuß auf den andern —, «sie ging sozusagen in den Garten — womit ich nicht gesagt haben will, daß sie ein Anrecht dazu hatte. Aber sie wollte — sie wünschte —». Dann kamen ihm die Worte schneller. «Sie hat eine Nichte, Herr, und die liegt im Spital, Herr, und es geht ihr sehr schlecht, dem armen Mädchen, und sie jammert nach einem Blümchen, jammert, daß sie ein Blümchen haben möchte. ‚Ja', sagen auch die Schwestern, ‚wenn sie nur ein, zwei Blumen hätte, das wäre die Rettung für sie, das wär' die Rettung!' Und nun dachte meine Frau so bei sich, ‚der General gönnt mir gern ein, zwei Blümchen, damit ich der armen Lissy helfen kann. Ich will ihn nicht erst stören', dachte sie, ‚wo er doch gerade beim Essen ist. Ich will bloß hineinschlüpfen und vielleicht ein, zwei Stielchen pflücken . . .' »

«. . . und sie auf der Straße verkaufen und Geld für Schnaps bekommen. Gehen Sie doch ab, Mann! Sie mit Ihren Nichten! Halten Sie mich für einen solchen Dummkopf? Ich kenne Sie doch! Und Ihre Frau auch!»

«Ach, Herr General, was für'n harter Mann Sie sind!»

«Und was für'n verdammter Lügner Sie sind! Scheren Sie sich fort mitsamt Ihren Märchen und Nichten!»

«Halt, Herr! Märchen hin, Märchen her — das ist noch lange kein Grund, um meine arme Frau anzuschießen. Sie ist furchtbar aufgeregt, ganz furchtbar aufgeregt, und ihre Hüfte blutet!»

«Hüfte? Daß ich nicht lache! In den Hintern hat der Junge sie geschossen!»

«Meinetwegen, Herr, wenn Sie's so wollen, in den Hintern. Das ist grausam, Herr, sehr grausam! Wo sie doch fast nichts Schlimmes gemacht hat!»

«Ja, Herr, 's ist sehr grausam!»

«Ja, wahrhaftig, Herr!»

Im Stillen gab der General ihnen recht. Aber die vielen Stimmen, die Cassidy die Stange hielten, machten ihn wieder halsstarrig.

«Unsinn», erklärte er, «die Frau hat bekommen, was sie verdiente.»

Cassidy reckte sich. «In unserem Lande», sagte er würdevoll, «werden die Unterdrückten vom Gesetz beschützt. Das Gesetz ...»

Das Gesicht des Generals wurde himbeerrot.

«Das Gesetz?» rief er. «Das wagst du? Dich vor mich hinzustellen und von Gesetz zu reden? Da hört doch alles auf!»

Die Leute wichen scheu zurück. Gleich würde er platzen vor Wut.

«Wann habe *ich* je einem von euch Lumpenkerls mit dem Gesetz gedroht? Wann habe *ich* die Polizei geholt? Und dabei habt ihr mich tagaus, tagein von hinten und vorne bestohlen. Als Mullins kleiner Galgenstrick sich das Bein gebrochen hatte, weil er aus meinem Goldreinettenbaum gefallen war, habe ich ihn da verraten? Und du, Rathbone, sage mir mal: habe ich die Polizei auf deinen Taugenichts von Jungen gehetzt, als ich ihn beim Stachelbeerstehlen erwischte? Und Cassidy, du Saukerl, habe ich vielleicht deinen Jungen angezeigt, als ich ihn mit einem ganzen Hut voll Himbeeren hinter der Laube erwischte? Ich hab's *nicht* angezeigt, und das wißt ihr alle ganz genau. Und jetzt redet ihr von Gesetz, wo der kleine Junge weiter nichts gewollt hat, als mein Eigentum, so gut er's konnte, vor Dieben schützen!»

Er funkelte sie alle mit souveräner Verachtung an. Keiner wagte, ihm in die Augen zu sehen.

«Himmel nochmal, ihr könnt mir leid tun. Schert euch sofort nach Haus — die ganze Bande! Und macht gefälligst das Tor hinter euch zu!»

Ein paar Minuten darauf sagte Cassidy zu den andern:

«Ist er nicht ein großartiger Kerl? Wie er uns hat rechtsumkehrt machen lassen! Ja, er ist ein richtiger Prachtskerl! Habt ihr gehört, wie er gesagt hat: ‚Hüfte? Daß ich nicht lache! In den Hintern ist es gegangen!' Habt ihr das gehört? Oh, was für eine Nummer! An den kommt keiner heran! Wißt ihr, was ich mache? Ich hab' eine Handvoll frische Eier, heute erst gelegt! Die werd' ich ihm heute abend bringen und mich entschuldigen.»

Der General aber war schon dabei, einen Brief an den Arzt zu schreiben:

«Lieber O'Donovan,

Würden Sie wohl so gut sein und zu Mrs. Cassidy in den ‚Dwellin's' gehen und sie behandeln?

Sie war heute nachmittag in meinem Garten und stahl Blumen, und mein Enkel, der kleine Schlingel . . .»

Damit war der Friede wieder hergestellt, und alles war in Ordnung. Doktor O'Donovan entfernte die Kugel, und die Cassidys hoben sie sich als Andenken auf. Der Garten des Generals wurde mehrere Wochen lang nicht angerührt. Die alte Mrs. Fitzgerald, die von keinem je etwas Böses dachte, sah es als Beweis dafür an, was für gute Menschen die ‚Dwellin's-Bewohner' im Grunde ihres Herzens wären. Der General hielt aber an seiner Meinung fest, daß sie bloß Angst hätten, angeschossen zu werden. Kurz und gut, man verstand sich allerseits und war höchlich zufrieden.

Das Haus

Von
Seumas O'Kelly

Nachdem ihm Ellen Miscal den Brief aus Amerika vorgelesen hatte, begab sich Martin Cosgrave ruhig auf den Heimweg. Zu der Frau hatte er kein Wort gesagt. Nicht jeden Tag mußte er sich mit solch einem Ansturm von Gedanken herumschlagen. Er war ein stiller Landmann und verspürte jetzt nur einen mächtigen Drang, auf sein Heimwesen am Fuße des Hügels zurückzukehren. Was er tun oder denken würde, wenn er erst einmal dort war — darüber hatte er noch keinen klaren Gedanken gefaßt. Aber die Felder schienen nach ihm zu rufen, als wollten sie ihn in die alte Vertrautheit zurückholen, während doch das ganze Wunder der Auferstehung neu in sein Leben einbrach.

Martin Cosgrave schritt über seine Felder. Mit einem Pfiff jagte er seine Schafe von einer Lücke in der Hecke fort. Noch nie waren sein Heimwesen und die Dinge auf seinem Heimwesen so köstlich anzuschauen gewesen. Er ging über Feld, die Hände in den Taschen, und sein Fuß trat gelassen und fest auf den Boden. Ein neues Gefühl von Sicherheit machte ihn froh.

Dann setzte er sich auf die Grenzmauer.

Der Tag neigte sich dem Ende zu. Auf eine neue, beschützende Art schien er sich auf sein Heimwesen zu senken. Martin empfand es noch stärker, als die Schatten dunkler wurden. Ein großer Frieden kam über ihn. Der leichte Wind, der über das Gras zu seinen Füßen strich, flüsterte von dem Seltsamen, Unerwarteten, das in sein Leben gekommen war. Er fühlte die herrliche Verbundenheit zwischen seinen Feldern und ihm, dem Herrn.

Plötzlich sah Martin Cosgrave seine Hütte. Immer fester hafteten seine Blicke darauf, und dann geschah's. Er sprang von der Mauer und ging wieder über das Feld; aber diesmal klammerten sich seine Hände fest um die Rockschöße, und sein Gesicht verdüsterte sich. Mitten auf dem Feld blieb er stehen, die Augen immer noch auf die Hütte gerichtet. Was für eine erbärmlich elende, häßliche, schmutzige alte Ruine es war! An den Giebeln franste das Strohdach aus, und hinten sackte es ab. Vorn war es vor Nässe aufgequollen. Eine dunkle Regenspur zog sich bis zum Fenster hinunter und sah auf der hellgetünchten Wand wie die Klaue eines großen Vogels aus. Er hatte alles verkommen lassen. Früher hatte das nichts zu bedeuten gehabt. Aber jetzt ...

Rose könnte das nicht ertragen, dachte er. Sie ist an große, schöne Häuser gewöhnt. Er drehte der Hütte am Heckenweg den Rücken und sah auf den Halbkreis von Buchen oben auf dem Hügel, durch die der Wind ging. Wie kam's, daß er fast sein ganzes Leben lang hier gewohnt und nie gesehen hatte, daß das da oben der Platz war, den die Natur selbst für ein Haus bestimmt hatte? War es nicht der Gipfel der Dummheit, wenn man Bäume hatte, die während vieler langer Nachtstunden ihr Lied sangen, und man stellte kein Haus daneben, in dem Menschen schlafen und lauschen konnten? Innerhalb weniger Minuten hatte der Gedanke sich seiner bemächtigt. Kalkstein, prächtiger Kalkstein war ja eine Viertelmeile Wegs im Steinbruch zur Hand. In der Sandgrube hinter der alten Hütte gab es Sand, im Kalkofen jenseits der Straße war Kalk. Und er hatte seine beiden Hände! Mit den Fingern glitt er über seine Muskeln. Dann ging er auf den Hügel.

Und zum erstenmal in seinem Leben dachte Martin Cosgrave, ob es wirklich so töricht gewesen war, daß er damals als Junge aus dem Elternhaus fortgelaufen war. Bis heute hatte er das Urteil der Leute gelten lassen, daß er ein verrückter Bursche gewesen sei, «sich in fremden Gegenden herumzutreiben». Er war manche Straße zu manch fernen Städten gewandert. Dann war er auf seinen Freund, den Bauunternehmer, gestoßen und hatte sich bei einem Hausbau als brauchbarer Arbeiter erwiesen. Zuerst hatte er den Maurern Mulden voll Mörtel und Zement auf Leitern zugetragen. Die Maurerarbeit hatte er schnell begriffen. Aber immer hatte es ihn gelüstet, einen Meißel in die Hand zu nehmen, den Hammer zu halten und Steine zu bearbeiten. So war er in einen Steinbruch und von dort zu einem Steinmetz gekommen. Nach einer Weile konnte er seine Ungeduld nicht mehr bemeistern, nur Gesims zu behauen oder Grabsteine nach einem Muster zu meißeln. Doch dann sah er, wie der Mann im Steinbruch verunglückte. Er hatte dicht neben ihm gestanden. Die Kette des Krans riß, und mit dem armen Burschen war es aus. Martin Cosgrave hatte gehört, wie der Schädel unter dem Stein knirschte, und etwas Blut spritzte ihm über die Stiefel. Dafür waren seine Nerven zu empfindlich! Er zog den Rock an, verließ den Steinbruch und ging die Straße immer weiter geradeaus.

Und während er so auf der Straße dahinging, war das Heimweh in ihm aufgetaucht. Er lief über Kilbeg zu Fuß nach Hause. Sein Vater war schon lange tot, aber seiner Mutter hatte er mit seiner Rückkehr die letzten Lebenstage verschönt. Er übernahm das kleine Gehöft und machte einen Schlußstrich unter sein Wanderleben, als er sich aus dem Zimmer in der Stadt, wo er gearbeitet hatte, sein Handwerkszeug holte.

Unterdessen hatte Martin die Spitze des Hügels erreicht und war zu der Ansicht gekommen, daß es schließlich doch nicht so dumm gewesen sei, daß er in der Fremde gearbeitet hatte. Gottes Hand hat mich geführt, dachte er und richtete die Blicke auf die Buchen, die oben auf dem Hügel ihr Lied sangen.

Seine Blicke flogen schnell und prüfend über das Gelände. Dann entwarf er einen Grundriß und trieb den Hacken seines Stiefels in den grünen

Rasen. Er ging zu den Buchen hinüber und sah von dort aus auf den angedeuteten Lageplan des Gebäudes. Vor seinen geistigen Augen sah er es wachsen — zuerst einen rohen Block, eine bloße Hülse, und er war unsicher, es befriedigte ihn nicht. Dann schwand aller Zweifel; das Gebäude nahm Form an, und Zug um Zug wurde hinzugefügt. Von den Bäumen fielen lange Schatten und hüllten die Felder ein. Am Himmel sprangen die Sterne auf. All das beachtete Martin nicht. Das Haus wuchs und wuchs. Der allgemeine Plan stand fest, die Verwirklichung der Idee, die das Gebäude verkörpern sollte: eine Idee, die kein andres Gebäude je verkörpert hatte und von der es für alle Zeiten künden sollte.

Das Schwinden des Tages und das unmerkliche Heraufziehen der Nacht kann den nicht ablenken, der mit einem Traum lebt. Ein Traum formte sich in Martins Seele und schenkte ihm Schöpferfreude. Liebevoll bedachte er die Einzelheiten, und besorgt um die Wirkung jedes Steins, empfand er es nachtastend in allen Fasern. Er spürte Grad und Feinheit jeder Kurve nach und achtete darauf, daß alle Zutaten zueinander paßten und sich gegenseitig steigerten, damit alles die Bedeutung des Ganzen ausdrücke.

Als er den Hügel wieder hinunterging, war sein Schritt federnd geworden. Er schwenkte die Arme. Das Blut lief ihm geschwind durch die Adern. Seine Augen glänzten. Er mußte einen Plan von dem Gebäude zeichnen, so deutlich hatte sich ihm alles in die Seele gebrannt.

In seiner Hütte zog er die Kiste unter dem Bett

hervor. Sie war, seit er sie damals aus der fernen Stadt geholt hatte, noch nicht geöffnet worden. Er hielt den Atem an, als er den Deckel zurückschlug. Da lagen sie: halbvergessene Symbole eines früheren Lebens. Abgenutzte Hämmer und Meißel, eine zerbrochene Tragmulde, an der noch eingetrockneter Mörtel klebte, eine Maurerkelle, eine Nivellierwaage und ein Lot — alles lag lose in einer alten Lederschürze. Er nahm die Hämmer in die Hand und schlug ein paarmal flink damit zu: eine Bewegung, die ihm «lag». In seinen Armen spürte er Kraft für die neue Arbeit. Das alte ehrgeizige Streben, das er seit seiner Jünglingszeit erstorben glaubte, war wieder lebendig geworden.

Als Martin Cosgrave in der Nacht im Bett lag, gingen ihm die Worte des Briefes, den Rose Dempsey aus Amerika an ihre Tante Ellen Miscal geschickt hatte, dauernd im Kopf herum: «Sage Martin Cosgrave, daß ich im Laufe des Frühjahrs wieder daheim in Kilbeg sein werde. Wenn er an kein andres Mädchen denkt, will ich ihn wohl nehmen.» Außer der Ankündigung, daß ihre Schwester Sheela mit herüberkommen würde, standen weiter keine «Neuigkeiten» in dem Brief. Aber was für eine Neuigkeit es für Martin Cosgrave war! Die Felder wußten darum, und das neue Haus würde davon künden!

Am nächsten Morgen ging Martin Cosgrave zu Ellen Miscal, um ihr zu sagen, was sie in dem Brief schreiben solle, der als Antwort nach Amerika zu Rose Dempsey reisen würde. Martin Cosgrave trat schweren Schrittes in das Haus und lehnte sich mit dem Rücken gegen das Küchenspind. Nervös drehte er den schwarzen Filzhut in den Händen und redete wie einer, der einen frommen Spruch aufsagt:

«Schreibe ihr, daß Martin Cosgrave für niemand anders Gedanken hat als allein für sie. Schreibe ihr, sie solle nach Kilbeg zurückkommen. Schreibe ihr, sie solle nicht vor dem Spätherbst hier eintreffen.»

Ellen Miscal, die über das Blatt Schreibpapier gebückt saß, blickte schnell auf, als er also sprach. Und da wurde sie des neuen Lebens gewahr, das Martin Cosgraves Träumergesicht beseelte. Er ließ ihr jedoch keine Zeit, Fragen zu stellen.

«Ich habe meine Gründe, wenn ich sie bitte, bis zum Herbst zu warten», meinte er gereizt. Er blieb vor dem Spind stehen, bis Ellen Miscal den Brief geschrieben hatte. Er trug ihn ins Dorf hinunter und brachte ihn auf die Post, und er ging und kam so ernst, als habe er an einer weihevollen Handlung teil.

II

Und am gleichen Tage fing er mit dem Bau an. Martin Cosgrave spannte den Esel ein und holte ein paar Fuhren Kalkstein aus dem nahen Steinbruch. Nachbarn, die des Wegs kamen, fanden ihn verändert, einen schweigenden Mann mit entschlossener Miene, einen Mann, in dessen Augen ein neues Licht glomm, einen stillen Landmann, in dessen Seele sich ein bestimmtes Ziel eingenistet hatte. Mit seinem Eselkarren rackerte er sich bergauf, und seine Hand packte die Deichsel, um die Schritte des trägen Tieres anzuspornen; seine Glieder waren gegen den Hügel geneigt, und der Kopf senkte sich über die Arbeit. Gegen Ende der Woche lag auf dem Hügelkamm ein Haufen blaugrauer Steine aufgeschichtet.

Die Mauern um das Feld waren niedergerissen worden, um eine Fahrbahn zu schaffen. Bis in die Nacht hinein, wenn der Esel gefüttert und angebunden war, sahen die Nachbarn Martin Cosgrave über dem Haufen blaugrauer Steine schaffen, sie sortieren und auslesen und in verschiedene Haufen trennen, so daß er sie zur Hand hatte. «Ein Haus will er auf den Hügel setzen!» sagten sie dann und waren in Staunen versunken.

Der Frühling kam, und damit all die schwere Arbeit auf dem Felde. Aber Martin Cosgrave fuhr fort zu bauen. Die Nachbarn schüttelten den Kopf über den Verfall, der auf dem Heimwesen immer deutlicher sichtbar wurde. Sie sagten, es hieße aller Vorsehung hohnsprechen, als er eines Tages, und lange vor der Zeit, die Lämmer von den Mutterschafen absetzte und sie auf dem Markte an den ersten besten Bieter verkaufte, der des Wegs kam. So handelte Martin Cosgrave, weil er Geld brauchte und schnell zum Bau zurück wollte.

«Was treibt ihn nur, sich also zugrunde zu richten?» fragten sie sich untereinander.

Martin Cosgrave wußte, was die Nachbarn über ihn sprachen. Aber was kümmerte es ihn? Verstand auch nur einer von ihnen etwas von den Gefühlen eines Mannes, der ein Haus errichtet?

Und was konnten sie anders als den Spaten in den Boden stechen und darauf warten, daß die Jahreszeit wachsen ließ, was sie an Saat in den Boden gestreut hatten? Was ahnten sie davon, wie es war, den rohen Stein in der Hand zu spüren, ihn zu behauen, daß er sich in den Bau einfügte, in das Gebäude, das man Tag für Tag höher aus dem Boden steigen sah — und alles durch Kunst und Geschicklichkeit von Hand und Verstand? Was wußten sie in Kilbeg von dem Schiff, das im Herbst über das Meer stampfen und Rose Dempsey bringen würde? In was für ein Heim hatten sie trotz allen Pflügens und Säens ihre jungen Frauen geführt?

Mochten sie reden! Sein war die Freude des Bauenden. Die Buchen, die den ganzen Tag ihr Lied um das Haus sangen, das er errichtete, verstanden ihn besser als alle Leute in der Gemeinde.

Martin Cosgrave arbeitete ohne jegliche Hilfe. Er arbeitete unablässig von der frühesten Morgenstunde bis so spät in die Nacht hinein, daß die Leute über seine Ausdauer staunten. Aber als sein Bau fortschritt, sprachen sie auf dem Felde über sein Haus und erzählten den Fremden auf dem Markte davon. Sie sagten, daß man etwas Ähnliches noch nie in ihrer Gegend gesehen habe. Das Haus sei voll kleiner Türmchen und schön verzierter Terrassen und eine wahre Pracht von «hervorstehenden» Fenstern. Als Martin Cosgrave eines Tages einen Nachbarn von den «hervorstehenden» Fenstern sprechen hörte, lachte er halb spöttisch, halb bitter:

«Es sind Fenster mit steinernem Maßwerk, mußt du sagen, und sie passen zu den geschnitzten Türen.»

Diese Maßwerkfenster und geschnitzten Türen kosteten Martin so viel Zeit, daß es die Geduld der Leute auf die Probe stellte. Aus großen Steinblöcken hatte er sie gemeißelt, und manchmal bat er Nachbarn, ihm behilflich zu sein, wenn er die Steine fortschaffen wollte. Aber jede Einmischung nahm er sofort übel. Einmal stieg ein Steinklopfer aus dem Steinbruch auf das Gerüst, und Martin Cosgrave erblickte ihn, und seine Lippen wurden blaß, und er fluchte so bitterböse, daß die Umstehenden sich schnell davonmachten.

Als die Außenmauern standen, stellte Martin Cosgrave einen Schreiner für alle Holzarbeiten an. Das Holzwerk kostete viel Geld. Martin Cosgrave überlegte nicht lange, sondern er verkaufte einige seiner Schafe. Er verkaufte sie in Hast, und wie es allen Leuten geht, die ihre Schafe in Hast verkaufen, machte er einen schlechten Handel. Nach den Schreinerarbeiten kam das Dachdekken an die Reihe und kostete noch mehr Geld. Eines Tages entdeckten die Leute, daß alle Schafe verkauft worden waren. «Nun ist er ein Bettler», sagten sie.

Ein Bauer, der ein paar Felder entfernt die Schollen seines Ackers umbrach, arbeitete in Dunst und Feuchtigkeit allen Wachstums. Sein Herz war erfüllt vom Gedanken an berstende Samen und schwellende Scheunen. Er schüttelte den Kopf, wenn er Martin Cosgrave sah, der sich oben auf dem Hügel den ganzen Tag über harte

Steine kauerte, und immer, wenn er aufblickte, blitzte ein Mörteltrog, oder er hörte das mißtönige Nagen des Meißels. Aber Martin Cosgrave beachtete die Männer nicht, die unten auf dem Felde den Boden rüsteten. Wenn seine Augen hügelab schweiften, sah er nur den Krähenschwarm, der über den Köpfen der Grabenden hing. Die Adern im Kalkstein zu betrachten, den er in den Händen drehte, seine plumpe Gestalt zu formen, daß er sich allmählich in den ihm bestimmten Platz fügte, Rhythmus und Schwung des Hammers in seiner Faust, die Lust, mit der er den Meißel in den Stein beißen fühlte, der Klang geschmiedeten Eisens, das Gefühl, die Arbeit in seinen Händen meistern zu können — all das waren Dinge, die dem Leben eines Mannes, so schien es ihm, Ziel und Inhalt gaben. Wenn er mit der breiten Schaufel den Mörtel mischte, pfiff er oft eine alte Weise; denn ihm war's, als sei der Bau in Vergangenheit und Zukunft verankert. Ihm tat der Bauer leid, der hilflos zusehen mußte, wenn der erste Sturm, der vom Meere her kam, sein Korn zu Boden schlug. *Sein* Werk würde dem Sturm von Jahrhunderten standhalten. Beim Geruch von Kalk und Mörtel weiteten sich seine Nüstern. Ging er umher, dann klirrten die Steinsplitter unter seinen Tritten. Alles um ihn her war hart und widerspenstig; aber er war Herr über alles. Nächtlich in seinen Träumen dehnte er die Hände, den harten Stein zu fühlen, und in seiner Brust war ein brennendes Verlangen, ihn zu formen und ihm Adel zu verleihen im Rahmen des Ganzen.

Als Martin Cosgrave schon in seinem Haus umherging, kam Ellen Miscal mit dem zweiten Brief aus Amerika. Der Schreiner hämmerte. Im Brief stand, daß Rose Dempsey und ihre Schwester Sheela im Spätherbst heimkommen würden. «So viel Männer ich auch gesehen habe, seit ich aus Kilbeg fortging», schrieb Rose Dempsey, «von keinem halte ich so große Stücke wie von Martin Cosgrave.»

Nachdem Ellen Miscal gegangen war, stand Martin Cosgrave ganz still und sah durch das Maßwerkfenster. Draußen wiegten sich leise die Bäume. Ihr Lied drang ihm zu Herzen.

Dann fiel ihm ein, daß er in dem Zimmer stand, in dem er Rose Dempsey in die Arme schließen würde. Hier wollte er ihr von all der Bitterkeit erzählen, die er in seiner Brust verschlossen hatte, als sie ihn damals verlassen hatte. Und hier wollte er ihr vom Tage der Auferstehung erzählen, als all die bösen Gedanken zu Blüten wurden über den wenigen Worten, die von ihrer Rückkehr sprachen. An jenem Tage großen inneren Aufruhrs war ihm ja der Einfall gekommen, das Haus zu bauen.

Als Martin Cosgrave aus dem Zimmer trat, hörte er, wie sich am Fuße der Treppe der Schreiner und ein Bursche aus der Nachbarschaft stritten.

«Sie ist zu steil, sage ich dir!» rief der Bursche.

«Was verstehst du denn davon?»

«Ich versteh' genug davon, um zu wissen, daß ein kleines Kind fallen und sich das Genick brechen kann, wenn es die Treppe hier hinunterlaufen will.»

Die Männer gingen nach draußen und stritten weiter.

Martin Cosgrave setzte sich auf eine der Stufen. Ein Kind würde die Treppe hinunterlaufen! Sein Kind! Ein Kind, das seinen Namen trug. Hier in diesem Haus würde es plappern, hier über den Treppenabsatz tappeln und unsicher segeln. Seine kleine Stimme würde durch dies Haus klingen. Arme würden sich ihm entgegenstrecken — die weichen weißen Arme Rose Dempseys, oder vielleicht die Arme, die das Haus errichtet hatten, seine eigenen starken Arme. Oder er trug das Kind die Treppe hinunter und reichte es übers Geländer den weit offenen Armen Rose Dempseys. Sie würde nach dem Kind greifen, und in ihren Augen würde das Licht eben entflammter Mutterschaft glänzen und in ihrer rufenden Stimme alle Freude einer jungen Mutter liegen. Ein Kind mit seinem Namen, ein Kind, das aufwachsen und ein Mann werden und seinen Namen dem nächsten weitergeben würde — und so fort durch Generationen. Und mit dem Namen würde das Haus fortdauern und leben und bestehen und unsterblich sein.

War ihm das alles wie eine plötzliche Offenbarung, die ihren Ursprung im müßigen Geschwätz eines Nachbarburschen hatte, der nur den Sommer über bei ihm arbeitete? Oder steckte das gleiche hinter jenen Kräften, die ihn während des Bauens beseelt hatten? War nicht schon alles an jenem Abend in sein Leben gekommen, als er auf dem Felde stand und sein Blick auf dem Kamm des Hügels ruhte?

Das Gesicht des Träumenden, der sich seinen Gedanken überließ, wurde blaß vor fast fanatischer Bewegtheit.

Die Nachbarn waren eher bestürzt als empört über die Veränderung, die in Martin Cosgrave vor sich ging. Er wurde mager und bleich, aber seine Augen blickten schärfer und nahmen, wie die Leute sagten, die Farbe des Kalksteins an. Von seinem früheren Leben rückte er immer mehr ab. Er schritt über seine Felder, ohne die Dinge zu gewahren, die die einstige Zusammengehörigkeit ausgemacht hatten. Seine ganze Einstellung war Losgelöstheit von allem, was nicht nach knirschendem Stein und klingendem Eisen schmeckte. Vernünftig redete er nur, wenn die Nachbarn über das Haus mit ihm sprachen. Sie hatten gehört, daß er zum Geldleiher gegangen war und jeden Acker Landes verpfändet hatte.

«Das konnte man sich denken, daß es so enden würde», sagten sie untereinander.

Eines Tages fuhr ein Fremder in seinem Wagen vorüber, und als er das Gebäude sah, stieg er aus und ging hügelan und besichtigte es eingehend. Auf dem Rückweg traf er Martin Cosgrave.

«Wer hat das Haus auf dem Hügel erbaut?» fragte er.

«Ein einfacher Mann aus der Nachbarschaft», antwortete Martin Cosgrave nach kurzem Zaudern.

«Ein einfacher Mann!» rief der Fremde und sah Martin mißbilligend an. «Er hat zum mindesten etwas unternommen, und wenn es ihm auch nicht bis in jede Einzelheit geglückt sein mag, so steckt doch ein Künstler in ihm. Er hat ein — eine Art — ja, er hat ein Gedicht aus Stein geschaffen. Erstaunlich!»

Der Fremde stieg, etwas vor sich hinmurmelnd, in seinen Wagen und fuhr davon.

Martin Cosgrave hätte auf den Hügel laufen und jubeln oder alle Nachbarn zusammenrufen und ihnen von dem Fremden erzählen können, der sein Haus so gelobt hatte. Doch er tat nichts dergleichen. Die Arbeit wartete. Er hungerte danach, sein Herz im Takt mit dem Schlag von Stahl auf Stein pochen zu hören.

Von der Landstraße her baute er einen Zufahrtsweg bis zum Haus. Die Nachbarn schauten offenen Mundes zu, wie die Arbeit vorrückte. «Das gibt ihm den Rest», sagten sie.

Martin Cosgrave beschleunigte die Herstellung des Zufahrtsweges. Er nahm alle Hilfskräfte, die er bekommen konnte. Die Burschen erschienen nach Feierabend und legten mit Hand an. Während sie sich zu schaffen machten, arbeitete er mit dem Meißel an den Steinblöcken, die er zu beiden Seiten des Einfahrtstores errichtet hatte. Und wieder spürte er, wie herrlich das Leben war, wenn der Aufschlag von Stahl auf Stein seine Arme zittern ließ und der Stein nach dem Willen seiner Seele geformt wurde.

Als er die Steinsäulen am Tor fertiggestellt hatte, staunten die Leute. Das Tor sah schon prächtig genug aus, so, wie es war. Es stand indessen in so sichtlichem Zusammenhang mit dem Plan des Hauses auf dem Hügel, daß auch sie in ihrem einfachen Gemüt es erfaßten. Wenn sie es anschauten, vergaßen sie, über die gute Erde zu klagen, die so vergeudet wurde. Einer fand Worte für aller Empfinden und meinte: «Jetzt hat der Drache seinen Schwanz bekommen!»

Im Spätherbst trug Martin Cosgrave sein bißchen Hab und Gut von der Hütte hinauf und stellte es im Hause auf. Dann ließ er Ellen Mascal kommen. Die Frau blickte sich betroffen um.

«Meine Güte», rief sie, «wie es hier aussieht!»

Martin Cosgrave ärgerte sich über sie.

«Wir müssen uns behelfen», sagte er und warf einen Blick auf die Möbel. «Ich werde Rose Dempsey in der Stadt heiraten, gleich nach ihrer Ankunft.»

«Das wird Rose nicht wollen», protestierte die Tante, «das ist ihr viel zu überstürzt. Sie kann bei mir wohnen und von meinem Hause aus getraut werden.»

Ungeduldig antwortete Martin Cosgrave: «Ich habe schon mit dem Priester darüber gesprochen: Ich will meinen Willen haben, Ellen. Rose Dempsey soll als meine Frau nach Kilbeg kommen. Zusammen wollen wir durch das Tor gehen, und zusammen gehen wir ins Haus. Ich will meinen Willen haben!»

Als er von seinem Willen sprach, sah Martin Cosgrave wie ein leidenschaftlicher Fanatiker aus; aber träumerisch und visionär sprach er vom Heimführen seiner Braut.

«Du sollst deinen Willen haben, Martin», antwortete die Frau. «Du sollst deinen Willen haben!» Dann stand sie auf und sagte: «Und ich will dir ein paar Sachen mehr für dein Haus bringen.»

III

Drei Tage mußte Martin Cosgrave in der Stadt auf die Ankunft Rose Dempseys warten. Das Schiff hatte Verspätung. Ständig war er auf dem Bahnhof und musterte mit sehnsüchtigen Blicken die Reisenden, so oft ein Zug dröhnend in die Halle fuhr.

Die ganzen drei Tage brannte ihm das Blut in den Adern. Wie konnte er auch Ruhe finden, wenn er sich so danach sehnte, Rose Dempsey sein Haus zu zeigen?

Manchmal saß er auf dem Bahnsteig auf einer Bank, starrte zu Boden und lächelte vor sich hin. Was für eine Überraschung er für Rose hatte! Was würde er als erstes sagen? Würde er etwas von dem Haus sagen? Nein, er wollte gar nichts von dem Haus sagen, nicht eher, als bis sie über die Brücke und aufs Tor zufuhren. Dann würde er sagen:

«Rose? Erinnerst du dich an den Hügel? An unsern Platz unter den Buchen?»

Sicher würde sie sich noch daran erinnern. Sie waren so oft da oben gewesen. Dort hatte er zum erstenmal ihre Lippen geküßt, dort hatten sie sich gestritten. Und Rose würde hinschauen und das Haus erblicken. Was würde sie denken? Ob sie das gleiche fühlen würde wie er? Ja, bestimmt! Was für eine Miene sie wohl machen würde? Und was sollte er ihr überhaupt davon erzählen? Er würde ihr gar nichts sagen, das war das beste. Sie würden nicht sprechen, sondern durch das Tor und den Zufahrtsweg bis zum Hügel hinaufgehen, über den sie einst so oft gelaufen waren. Sie würden ganz still sein und stillschweigend ins Haus eintreten. Auch das Haus würde still sein, und schweigend würde er sie von einem Zimmer ins andre führen, und wenn sie alles gesehen hatte, würde er ihr in die Augen blicken und fragen: «Nun?» Und es würde alles wie im Märchen sein, ein zauberhafter Tag ...

Martin Cosgrave sprang von der Bank hoch und lief bis ans Ende des Bahnsteigs und blickte über die lange, gerade Strecke hin, deren zwei Schienen sich in der Ferne fast berührten. Keine Spur von einem Zuge! Würde er denn niemals kommen? War dem Schiff etwas zugestoßen? Er ging mit kräftigen Schritten auf und ab, faßte seine Rockschöße und sagte sich: «An solche Dinge will ich nicht denken! Das ist töricht! Was geschehen soll, wird geschehen, und damit Punktum! Ich bin ganz ruhig und kühl.»

Endlich fuhr der Zug schnaubend und dampfend ein. Fenster wurden heruntergelassen, Abteiltüren sprangen auf, die Leute liefen auf und ab. Martin Cosgrave stand gespannt und etwas mitgenommen beiseite, und seine Blicke flogen über die Menge. Plötzlich durchfuhr es ihn: eine bekannte Empfindung, ein vertrauter Schauer ließ sein ganzes Herz erzittern und seine Seele jauchzen, und dann kam die köstlichste Entspannung. Wie lange war es her, seit er so etwas verspürt hatte! Seine Augen hafteten auf der bekannten Gestalt, die aus einem Abteil stieg, auf einem Mädchen in dunkelblauem Mantel und Rock. Sie hatte ihm den Rücken zugekehrt und mühte sich mit ihrem Gepäck ab, und unsichtbare Hände im Abteil halfen ihr dabei. Martin Cosgrave ging über den Bahnsteig, und Freude und Eifer des Besitzenden lagen schon in seinem Schritt.

Das Mädchen hatte ihm noch immer den Rükken zugedreht. «Rose!» rief er. Unwillkürlich zitterte ihm die Stimme. Die Gestalt wandte sich heftig um.

Martin fuhr zurück. Es war nicht Rose, sondern ihre Schwester Sheela. Wie sehr sie Rose ähnlich geworden war!

«Martin!» rief sie und reichte ihm die Hand. Er drückte sie hastig und suchte dann mit brennenden Augen das Abteil ab. Es waren alles Fremde, müde Reisende. Als er sich wieder umwandte, sah er, wie Sheela Dempsey mit ihrem Gepäck in den Warteraum eilte. Er ging ihr nach. Er betrachtete sie. Wie wenig sie doch Rose glich! Keine, keine konnte Rose gleichen!

«Wo ist Rose?» fragte er.

Sheela sah auf und las auf seinem Gesicht, was sie zu sehen befürchtet hatte.

«Martin», sagte sie, «Rose kommt nicht!»

Martin Cosgrave hielt sich an der Tür des Warteraums fest. Der Zug draußen pfiff und glitt aus der Station. Er hörte, wie eine Frau fröhlich und gedankenlos «Auf Wiedersehen!» rief. Er sah ein Tüchlein flattern. Ein Handkarren wurde am Wartesaal vorbeigeschoben. Eine Peitsche knallte, Wagen ratterten über die Straße davon. Dann war es still.

Sheela Dempsey trat auf ihn zu und legte ihm

die Hand auf die Schulter. Sie sprach, und ihre Stimme war voll verstehenden fraulichen Mitgefühls.

«Sei nicht traurig deswegen, Martin», sagte sie. «Rose ist es nicht wert.» Sie sprach den Namen ihrer Schwester voll Abscheu aus.

Unsicher blickte Martin in die Augen des Mädchens. Er las darin, was sie nicht von ihrer Schwester sagen konnte.

Wie fremd alles war! Der Warteraum war leer und kalt und düster wie ein Grab. Was wußte Sheela Dempsey trotz all ihres fraulichen Mitgefühls und ihres feinen Verständnisses von den Dingen, die außer ihr geschahen? Wie konnte sie hören, daß die Pfeiler des Hauses einstürzten, das Martin Cosgrave in seiner Seele errichtet hatte? Wie konnte sie die Trümmer des Gebäudes sehen, das Generationen überdauern sollte?

Martin Cosgrave fuhr mit Sheela Dempsey vom Bahnhof nach Hause. Er saß stumm da und wurde der Umgebung nicht gewahr, indes sie Meile um Meile zurücklegten. Das Mädchen berührte ihn leise an der Schulter:

«Sieh mal, Martin!» rief sie.

Martin blickte auf. Im Mondschein auf dem Hügel stand das Haus. Er bat den Fahrer zu halten, und dann stieg er aus.

«Wem gehört das Haus?» fragte Sheela Dempsey.

«Mir. Ich habe es für Rose gebaut.»

Sie schwiegen beide. Dann fragte Sheela, und ihre Stimme klang furchtsam:

«Wie hast du es bauen können, Martin?»

«Ich habe es selbst gebaut», antwortete er, «und ich möchte wohl wissen, ob Rose ein so schönes Haus hat! In was für einem Haus schläft sie heute nacht?»

Das Mädchen zuckte zusammen. Er merkte es nicht. Sie gab keine Antwort, und der Wagen fuhr weiter, und Martin Cosgrave blieb allein am Torweg seines neuen Hauses stehen.

Vor ihm stieg in sanftem Bogen der Zufahrtsweg an. Er folgte ihm mit den Augen bis auf den Kamm des Hügels. Dort hob sich die Silhouette des Hauses gegen den Himmel ab, und jeder Umriß war klar und fein zu sehen. Die Buchen daneben bewegten sich, streckten große, unförmige Arme spukhaft verschwommen und flehend in die Nacht. Ein schwacher Hauch ihres Liedes drang ihm ins Ohr. Wie oft hatte er ihrem Lied gelauscht und den Dingen, von denen sie sangen. Sie weckten wieder alles, was er während des Bauens gefühlt und gedacht hatte.

Martin Cosgrave wandte sich um. Er ging bergab, dorthin, wo der Schatten der Mauer bleich auf die Straße fiel. Er bog in den Weg ein, den stille Hecken besäumten. Er stolperte über eine Wagenspur. Dann stand er vor der Tür seiner Hütte und sah mit glanzlosen Augen zum Himmel auf. Leben und Flamme, die sein Gesicht während des Bauens beseelt hatten, waren erstorben. Es war nicht länger das Gesicht eines Träumers und Idealisten. Er suchte den Himmel ab nach einem Zweck. Das war der Blick des Bauern, des Ackermanns, der an die Ernte denkt und dem sein Land am Herzen liegt.

In jener Nacht, als er zu bauen begann, hatte er nicht solchen letzten sorgenvollen Bauernblick gen Himmel gesandt. Nach einer kleinen Weile fiel ihm das ein. Und er fragte sich verwundert, ob sich in dieser bitteren Nacht ein leises Gefühl in seiner Brust regte, ein leises Sehnen nach der alten Vertrautheit mit den Feldern. Da lagen die Äcker, die Erde, das Land seiner Väter, ein Blutserbe. Wer war er, daß er so ein großes Haus auf den Hügel gestellt hatte? Was aber, wenn er sich für eine kurze Frist auf Schwingen über die Menge erhoben hatte?

Die Nachtluft war schwer vom Geruch reifen Spätherbstes und all dessen, was Reife für einen Bauern bedeutet, der am Fuß eines feuchten Hügels aufwuchs. In den Feldern seiner Nachbarn waren die Garben aufgerichtet. Gestern hatte er dem Haus sein Land geopfert. Morgen würde er dem Land das Haus opfern. Martin Cosgrave wußte es, und die Sterne schienen es zu wissen, daß eine Botschaft, eine Stimme, ein Befehl wie eine Woge durch Generationen seines Blutes zu ihm kommen und ihn zurückschwemmen würde zum Althergebrachten. Der Ruf, Diener seiner Erde zu sein, begann sich irgendwo tief in ihm zu regen.

Er sah zu dem neuen Gebäude hinüber, machte mit der Hand eine unbestimmte Geste, die wie ein Verzicht war, und lachte ein bitteres Lachen.

«Seht euch das Haus an», rief er, «das Martin Cosgrave auf den Hügel gestellt hat!»

Er ging auf die Tür der Hütte zu. Mit der Faust stieß er sie auf. Ächzend und zitternd wich sie etwas von der ausgetretenen steinernen Schwelle zurück. Sie ließ sich nur ein klein wenig öffnen. Drinnen war alles stumm, schwarz, naß und schrecklich wie ein Abgrund. Martin Cosgrave drängte die linke Schulter schräg hinein, trat ein und schloß sich mit der verschrobenen Tür gegen die bleiche, mondlichtbeschienene Welt ab.

Wenn die Forelle springt

Von

David Hogan

Michael Davin saß am Ende einer schmalen, ungefüge aus Steinen aufgeschichteten Mole, die in das braune Wasser des Loughs vorstieß. Er war heute Hals über Kopf aus Dublin hergekommen, und die Stille tat ihm wohl. Nach der mühseligen Fahrt auf gewundenen Bergstraßen, die so selten benutzt wurden, daß er an jeder Wegbiegung Scharen von Kaninchen aufschreckte, die sich wie ein weißer Wirbelwind in ihre Höhlen flüchteten — nach all dem Stoßen und Stuckern auf holprigem Boden, nach der Nervenprobe, mit drei an der Querstange befestigten Gewehren an einem halben Dutzend Polizeistationen vorbeizufahren, nach solch einem Tag waren die Stille und der unendliche Frieden des Sees eine köstliche Zuflucht.

Es war ein Abend anfangs Juni. Die glatte Fläche des Sees wurde dann und wann von einer plötzlichen Brise aufgestört, die ihre Hand aufs Wasser legte und lange Finger vorschickte. Wenn die Finger sich hoben, war der See wieder ein glatter Spiegel, der das Abbild der Hügel und Bäume und die Helle des Abendhimmels wundersam einschloß. Von seinem Steinthron aus konnte Michael durch das braune Wasser bis auf den Grund des Sees blicken. Nicht weit von ihm tanzten Insekten, und er sah ihnen andächtig zu. Manchmal ließen sich einige aufs Wasser nieder, segelten ein wenig, hoben sich in die Lüfte und tanzten weiter. Während er ihnen träumerisch zuschaute, hörte er ganz nahebei eine Forelle aus dem Wasser schnellen. Er hatte geglaubt, es sei in der Nähe, aber dann sah er, daß die Ringe sich ziemlich in der Mitte des Sees vergrößerten. Es war so unendlich still.

Wieder erklang das «plop» eines springenden Fisches, und Michael bemerkte, wie sich mehrere Ringe auf der Spiegelfläche bildeten. Die Forellen schnappten sich ihre Abendmahlzeit. Immer, wenn er das «plop» hörte, klang es ihm wie ein Liebesruf, und halb verträumt machte er das Boot los, das an der einfachen Mole vertäut lag, und trieb leise auf den stillen See hinaus. Wenn er auch ein Fischer war, wollte er jetzt doch nicht fischen, sondern auf dem Wasser treiben, rücklings im Boot liegen, nichts als den Himmel sehen, nichts als die fernen Geräusche vom Ufer hören und der Musik der jagenden Forellen lauschen.

Als er ein besonders lautes Aufplatschen hörte, dachte er: Das muß aber eine ganz dicke gewesen sein! und richtete sich ein wenig auf, um den nächsten Sprung zu beobachten. Er sah, wie die Kreise wuchsen und wuchsen.

Dann machte es wieder «plop» — und Wasser spritzte hoch. Da wußte Michael Davin, daß es ein Stein gewesen war. Und im gleichen Augenblick überfiel ihn all die Unrast seines Rebellenlebens. Er wurde wieder nervös, hellhörig, wachsam, unruhig. Er drückte sich ins Boot hinein und wunderte sich, von wo der Stein hergekommen sein mochte, wer ihn geworfen haben konnte, was er zu bedeuten hatte. Warum rief man ihn nicht einfach?

Er legte die Ruder zurecht, so daß er sie im Notfall schnell benutzen konnte, und musterte das Ufer, in dessen Nähe ihn das treibende Boot getragen hatte. Er sah nichts und niemanden. Angst, daß feindliche Augen ihn beobachten konnten, packte ihn. Er glaubte die Blicke förmlich zu spüren. Doch auf dem schattendunklen Ufer war nichts zu sehen als Gruppen windschiefer Bäume, die am Rande des Wassers standen. Seine Blicke wanderten zu einer dieser Gruppen: auf einer kleinen Halbinsel wuchsen vier krumme Stämme und spiegelten sich matt im Wasser, denn die Nacht zog herauf. Aber außer den vier Stämmen konnte er nichts erkennen. In der atemlosen Stille rings um ihn her hörte er mitten auf dem See eine Forelle springen — und dann kam von der ihn faszinierenden Baumgruppe ein schwaches metallisches «klick».

Schneller als der Blitz waren die Ruder im Wasser, und Michael ruderte wild vom Ufer fort. Mit jeder Faser seines Körpers wartete er auf einen andern Ton, der von Hügel zu Hügel, von Ufer zu Ufer peitschen würde und mancher wartenden Kolonne talaufwärts oder auf den waldigen Anhöhen eine Nachricht — welche? — bringen würde.

Während Michael Davin auf den Ton wartete, hatte er ein seltsames Erlebnis. Es war ihm, als stünde er vor einer großen Kirche, deren Pfeiler sich langsam vorneigten und in kleine Stückchen zerbröckelten — Vorboten eines mächtigen Einsturzes. Wie in einer Vision sah er die große Bronzekuppel mit dem darüberschwebenden goldenen Kreuz sich allmählich auf ihn zuneigen. Er dachte, daß die Welt über dem Fall aus den Fugen geraten müsse und ihn unter sich begraben würde, wenn er nicht ganz schnell wegrudere.

Wie wahnsinnig jagte er über den dunkler werdenden See, fort von dem Ton, den er nur zu gut kannte, fort von dem Ton hinter den verkrüppelten Bäumen, von dem «klick» des Magazins, wenn das Gewehr neu geladen wird. Er hatte es gehört. Es konnte nichts anderes gewesen sein. Zwei Jahre lang hatte er in der Ost-Wicklow-Kolonne der Irisch-Republikanischen Armee Drill und Kampf und Märsche mitgemacht und kannte jeden Laut, der von einem Gewehr herrührt.

Wer den Stein geworfen hatte, der hatte ihn aus dem Boot hochlocken wollen, um ihn aufs Ziel zu nehmen und zu erschießen. Das «klick» hinter den Bäumen bedeutete, daß der Besitzer des Gewehres fest entschlossen war, sich seine Beute nicht entgehen zu lassen. Er wollte sich nicht auf *einen* Schuß verlassen; er hatte das Magazin neu gefüllt, um ganz sicher zu gehen. Aber geschossen — hatte er nicht. Und das konnte Michael nicht verstehen. Er hatte geladen, um zu schießen. Während Michael sein leichtes Boot über den See fliegen ließ, dachte er über das geheimnisvolle Gewehr nach, das stumm blieb.

Die Nacht sank nun schnell. Michael schaute wieder nach den Bäumen aus; aber die schwarzen Höhen, die den See einschlossen, hatten sie verschluckt. Ein Gedanke kam ihm, und er steuerte absichtlich auf die Helle zu, die noch in der Mitte des Sees blinkte. Er ruderte aus dem Schatten des einen Ufers durch die Helle und hinüber in die jenseitigen Schatten und wartete auf einen Schuß. Doch er kam nicht. Bald mußte sein Boot den Blicken des stummen Beobachters auf dem fernen Ufer entzogen sein.

Um das Geheimnis herauszubekommen, zog Michael das Boot an die Mole, rasselte mit dem Eisenring, als ob er es vertaue, und schritt geräuschvoll über die Steine, denn er wußte, daß all diese Laute übers Wasser zu dem unsichtbaren Schützen hinüberwandern würden. Dann kroch er lautlos wie eine Katze wieder ins Boot, stieß es auf den See hinaus, legte sich in den Bug und ruderte leise mit den Händen. Wie eine Entenmutter, wenn sie ihre Kleinen zum erstenmal zum Schwimmen ausführt, den Blick des lauernden Habichts fürchtet und deshalb die baumbestandenen Ufer sucht, so stahl Michael sich von Schatten zu Schatten am Seeufer entlang bis zu jener Stelle, von der der verräterische Ton gekommen war. Langsam glitt er auf die kleine Halbinsel zu. Als er nur noch zweihundert Meter davon entfernt war, zog er das Boot leise auf den Strand und ging zu Fuß weiter.

Durch den ovalen Einschnitt zwischen den Bergen fiel der letzte schwache Schimmer des Tageslichts; aber einzelne Sterne hatten es schon durchlöchert, und der junge Mond leuchtete über dem Mullaghcleevan-Gebirge wie der Schmuck einer Feenkönigin, die über seine Gipfel wandert.

Doch das Licht der Sterne und des Sichelmonds konnte nicht durch die Schatten des Seeufers dringen. Michael hatte es gelernt, lautlos zu gehen. Mehr als einmal hatte er sich selbst im hellen Tageslicht bis dicht unter die Nase einer kampierenden Kolonne vorgeschlichen und ihre Zahl und Stellung erkundet. Keiner, der an dem stillen See saß, konnte das leiseste Geräusch von dem von Baum zu Baum gleitenden Etwas vernehmen. Endlich sah Michael die vier verkrüppelten Stämme. Während er hinstarrte, klopfte ihm das Herz. Nach einiger Zeit glaubte er, in der Dunkelheit den sehr schwachen Schimmer eines Silberscheibchens zu erkennen. Er war nicht ganz sicher; aber was er erblickte, glich dem Abzeichen an der Mütze eines Polizisten. Er wartete, aber das Silberscheibchen rührte sich nicht. Und Michael ging darauf zu.

Was für ein sechster Sinn ist es, der uns das Unsichtbare sehen, das Unfaßbare fühlen läßt? Welch geheimnisvolle Kraft beherrscht jene Augenblicke, da wir um die Gedanken unserer Freunde wissen, die Nähe des Todes ahnen und in der Welt um uns eine Gegenwart spüren, die unser Auge nicht sieht und unser Ohr nicht hört?

Was es auch sein mag — das seltsame Wissen aus einer andern Welt überfiel Michael, als er aus dem schützenden Gebüsch hervortreten und auf die Silberscheibe zugehen wollte, die mitten zwischen den krummen Stämmen schimmerte. So stark war die Botschaft, daß sie seinen Fuß plötzlich innehalten und umkehren hieß. Er duckte sich wieder unter die Schatten. Die vier verkrüppelten Bäume standen dicht vor ihm, und das Geheimnis, das sie bargen, mußte er lösen. Trotzdem blickte er jetzt nicht dorthin.

Etwas vom Ufer entfernt und unmittelbar unter der schwarzen Felsklippe, die den See gürtete, war ein Ginstergestrüpp. Der Ginster war nicht zu erkennen; er war nur ein Schattenfleck vor dem dunkleren Schatten der Höhen. Michael starrte voller Erwartung und Angst darauf hin. Kein Geräusch war von dort hergedrungen. Die Stille über dem großen See war überwältigend. Das Wasser leuchtete matt im zitternden Licht; die schwarzen Hügel neigten sich rings im Kreis darüber. Wasser und Hügel waren so stumm, wie der Tod stumm ist. Und Michael wußte, daß das Ginstergestrüpp wichtiger für ihn war als die Silberscheibe, die zwischen den Bäumen schimmerte. Denn dort war etwas Lebendiges. Er wartete, staunend und angstvoll.

Ein Zweig brach, und das Blut dröhnte Michael in den Ohren. Einen Augenblick danach war er nicht ganz sicher, ob er wirklich etwas gesehen hatte, das sich vor der Klippe bewegte. Es hatte weder Form noch Farbe. Doch es war nicht so schwarz wie die Hügel. Ja, es bewegte sich. Es kam näher, ganz langsam, bereit zu fliehen und voller Zaudern. Michael zog sich tiefer ins Dunkel zurück, die Blicke immer auf die Geistererscheinung geheftet, die bis jetzt nur wie der Schatten einer Wolke war, die nachts über den See gleitet. Er hörte, wie trockene Blätter vom vergangenen Herbst unter einem Schritt raschelten. Die Form nahm Farbe und Gestalt an. Er sah das Weiße eines Gesichts, das schwächere Grau eines Kleides... es war ein Mädchen! Mit vorsichtigen, furchtsamen Schritten ging sie auf die vier krummen Baumstämme zu.

Überschlug sich seine Phantasie, oder sah er jetzt wirklich einen Mann, der sich gegen einen der Stämme lehnte — ein großer, kräftiger Mann, dessen Kopf als Silhouette vor dem vorübergehend erhellten Seespiegel vornüber zu hängen schien, als sei er eingeschlafen — oder betrunken — oder tot. Eine Bewegung lenkte seine Blicke auf die andere Person im Spiel. Sie war noch immer wie ein Schatten, aber er konnte erkennen, daß sie zwischen die vier Stämme schaute. Sie war nur ein paar Meter entfernt und mußte bestimmt das Geheimnis erspäht haben. Aber sie ließ sich nichts anmerken. Sie stahl sich noch einen Schritt vor, wie ein Tier, das seine Beute beschleicht. Dann plötzlich fuhr sie zurück, erstarrte und verhielt sich ganz still. Er hörte, daß sie heftig atmete und sah, daß sie in der Hockstellung blieb, in der sie vorwärtsgekrochen war — gerade als sei sie von dem Anblick, der sich ihr bot, versteinert.

Es schien eine Ewigkeit, bis sie sich wieder

rührte. Sie sank auf die Knie und barg das Gesicht in den Händen. Michael hörte sie weinen. Er überlegte, wie er sich, ohne ihr noch mehr Furcht einzujagen, bemerkbar machen könne. Er mußte sich bewegt haben, denn sie ließ die Hände sinken; das Schluchzen endete mit einem kleinen Schrei, und sie sprang hoch. Ehe Michael nachdenken konnte, was zu tun sei, floh sie in blindem Schrecken hinter das Ginstergestrüpp und stürzte dabei zwei-, dreimal hin. So sehr rannte sie, daß sie nicht hörte, wie er «Mary! Mary!» rief.

Als die große Stille das letze Echo ihrer flüchtenden Schritte verschluckt hatte, kroch Michael auf die vier Stämme zu: die Leiche Sergeant Edward Haydens von der Polizeistation in Laragh lehnte gegen die Bäume. Michael kannte ihn gut. Er wußte, daß der Sergeant ihm schon seit Monaten auf den Fersen war, um ihn zu fangen oder zu erschießen, weil er dafür von der Regierung Belohnung und Beförderung erwartete.

Michael legte sich auf die Erde. Er fand den Karabiner des Sergeanten, der ihm aus der Hand gefallen war. Das Magazin war voll. Die Mündung des Gewehrs deutete auf den See, dorthin, wo das Aufklatschen eines Steins ihn aus seinen Träumen geschreckt hatte. Der Tod — ein Tod, dessen Flügel niemand gehört hatte — mußte sich unhörbar auf den Sergeanten gestürzt haben. Michael lag vor dem Gewehr auf den Knien, als ihm die Mütze einfiel, deren silbernes Abzeichen ihn zuerst aus dem Dunkel angelockt hatte. Er fand sie auf einem Zweig hängend, und als er die Hand danach ausstreckte, sah er zwischen den Schultern des Sergeanten einen großen Pfeil stecken.

Michael bekämpfte seinen Widerwillen und zog den Pfeil heraus. Selbst im schwachen Sternenschimmer konnte er das Rot auf der Metallspitze erkennen. Lange starrte er den Pfeil an; dann wusch er das Blut im braunen Wasser des Sees ab und zerbrach den Schaft sorgfältig in viele Stückchen. Er entfernte sich einige Meter von der Leiche, beugte sich über das Ufer und grub ein Loch in den Seegrund. Er legte die Pfeilstücke hinein und bedeckte sie mit einem Stein. Ohne sich noch einmal nach dem toten Sergeanten umzudrehen, der über den See starrte, ging er auf das Ginstergestrüpp zu.

Er konnte sich jetzt die Geschichte zusammenreimen. Er wußte, woher der Pfeil stammte. Nur ein Haus im Tal hatte eine solche Waffe: Tim O'Dowds Haus. Tim war in seinen jungen Jahren Grubenarbeiter in Afrika gewesen, und oft hatte er Michael von dem Zulu-Häuptling erzählt, der ihm einen großen Bogen und einen Köcher voller Pfeile mit bronzenen Spitzen geschenkt hatte. Es war eine Dankesgabe gewesen. Seit die Unruhen in Irland ausgebrochen waren, hatte der alte Tim Bogen und Pfeile versteckt. Michael war überzeugt, daß die Polizei nichts davon ahnte. Und sie würden auch nicht wissen, wie Sergeant Hayden umgekommen war — wenn nicht jemand die Stücke fand, die er im See vergraben hatte.

All das und noch manches andere ging Michael durch den Kopf, als er den Pfad hinanstieg, der über die Hügel zu Tim O'Dowds Hütte führte. Das und noch manches andere. Denn er dachte an das Mädchen, das er wie ein verwundetes Reh hatte davonstürzen und hinfallen sehen.

Irgendwie mußte sie erfahren haben, daß er auf dem See war. Vielleicht wollte sie zu ihm kommen, vielleicht ihm eine Botschaft bringen? Oder sie hatte Pfeil und Bogen nur bei sich gehabt, damit sie sich beide die Zeit vertrieben? Vielleicht auch hatte sie Sergeant Hayden gesehen und geahnt, was er beabsichtigte? Dann war sie ihm wohl gefolgt, denn Michael hatte ihr beigebracht, Rehe anzupirschen und zu beschleichen. Vielleicht hatte sie hinter dem Ginstergestrüpp gelegen und beobachtet, wie der Sergeant Steine nach Michaels Boot warf und wie er dann das Gewehr mit dem Schuß lud, der ihn zum Oberwachtmeister gemacht hätte. Und als das Magazin klickte und der Kopf sich vorbeugte, um zu zielen, da schwirrte eine Sehne, ein feines Geräusch wie von einer Harfe, und das Trauerspiel endete anders als es geplant war.

Der alte Tim O'Dowd trat vor die Tür seiner Hütte, denn er hörte Schritte den Steinpfad hinaufkommen. Als er sah, daß es Michael Davin war, rief er seiner Tochter zu, daß *er* da sei

Neun Jahre sind eine lange Zeit

Von
Norah Hoult

Der Oktober war schon ziemlich weit vorgerückt, ehe sie sich darüber zu wundern begann, daß sie nichts mehr von ihm gehört hatte. Selbst dann machte sie sich noch keine Gedanken. Er war sicher auf einer Geschäftsreise. Herren in solch feiner Stellung, wie er sie hatte, gingen oft auf Reisen und mußten sich um ihr Geschäft bekümmern. Vielleicht war er nach London gefahren. Dort war er Mitglied in einem schicken Klub. Das wußte sie, denn einmal hatte er etwas von einem wichtigen Anruf gesagt, der von seinem Klub in der Stadt käme, und dann hatte er früher als erwartet nach Rotherfield zurückkehren müssen.

Aber sie ertappte sich dabei, daß sie auf den Briefträger wartete und nach dem Telegraphenboten Ausschau hielt. Gewöhnlich schickte er ein Telegramm. Die ganze Zeit wartete sie. Wenn sie im Vorderzimmer Staub wischte oder etwas aus dem Schrank holte, stand sie auf einmal am Fenster und spähte die Straße entlang.

Gegen Ende des Monats mußte sie zugeben, daß er schon ein gutes Stück länger als sonst weg war.

Ihr Mann fand es auch komisch. Sie sprachen eines Abends darüber, als ihre Tochter Irene im Stenokurs war.

Sie hatte davon angefangen. Sie fragte: «Was findest *du* eigentlich, Harry — was hältst du von der Sache? Du kannst mir ganz offen sagen, was du denkst!»

Sie saßen in der Küche vor dem Feuer. Er nahm das Schüreisen und stocherte damit in den Kohlen herum, ehe er antwortete. Dann sagte er sehr bedächtig: «Er kann natürlich gestorben sein.»

Sie nickte. «Daran hab' ich auch schon gedacht!»

Und das stimmte. Aber als er es nun so deutlich aussprach, schien es erst richtig wahr zu werden. Gerade, wie wenn man den ersten Donnerschlag hört, nachdem man sich vorher nur gefragt hat, ob's wohl Gewitter geben wird.

Er lehnte sich in den Stuhl zurück, und seine kleinen Augen blinzelten aus zufriedenen Fältchen zu ihr hinüber. «Er kann plötzlich sterben, und du hast keine Ahnung — wo du ja nicht mal seinen Namen oder seine Adresse oder sonst etwas von ihm weißt.»

«Ich will dir mal was sagen», antwortete sie ziemlich heftig, «wenn er gestorben wäre, dann stünde wahrscheinlich mindestens eine halbe Spalte über ihn im *Rotherfield Telegraph*. Er ist dort einer der angesehensten Bürger, das ist mal sicher. Ja, ich könnte ruhig wetten, daß er Direktor von mehreren Firmen ist.»

«Na, und? Da wärst du genau so gescheit wie vorher, wo du doch nicht seinen Namen kennst. In der letzten Zeit sind verschiedene führende Geschäftsleute in Rotherfield gestorben, auch ungefähr im gleichen Alter wie er. Ich glaube, es würde dir nicht viel helfen, wenn du nach Rotherfield gingest und die Zeitungen durchblätterst. Du kannst's doch nicht herausbekommen, nicht wahr?»

Sie sah ins Feuer. «Ja, ich glaub's auch.» Sie dachte ein wenig nach und meinte dann: «Weißt du was? Ich wäre gar nicht überrascht, wenn sein Name mit ‚Mac' anfinge. Er hatte einen richtigen schottischen Akzent. Aber geizig war er nicht.»

Nein, geizig war er nicht. Die drei Pfund waren jedesmal eine sehr willkommene Beihilfe. Wenn das aufhörte, würden sie ihr sehr fehlen. Auch Irene und Mr. Scott würden es spüren. In Gedanken nannte sie ihren Mann immer Mr. Scott.

Diesmal gab er ihr recht. «O nein, geizig ist er nicht, das muß man ihm lassen. Aber reserviert. Schotten sind natürlich so. Darum hat er nie was über sich selbst oder seinen Beruf gesagt.»

Die Glut fing an, ihr die Beine zu sengen. Sie rieb sie sich mit den Händen, immer auf und ab. Dann schlug sie ein Bein übers andere und sagte: «Ich hab' oft gedacht, ob er vielleicht beim Schiffsbau war? Was hätte er sonst so oft hier in Merseyhead zu tun gehabt? Denn er kam ja schon her, bevor er mich getroffen hatte.»

«Leicht möglich», sagte Mr. Scott. «Ja, 's ist

sehr gut möglich.» Er nahm Pfeife und Tabaksbeutel hervor und stopfte sich Tabak in den Pfeifenkopf.

Sie beobachtete sein vornübergeneigtes Gesicht mit etwas feindseligen Blicken. Er würde es schon spüren, wenn ihr Rotherfield-Freund nicht bald käme. Dann könnte er zusehen, wo er Tabak herbekäme. Alles, was sie jetzt hatte, war das eine Pfund wöchentlich von Irene und ungefähr ein Pfund Verdienst an Miss Halpin, ihrer Pensionärin, die eine gute Stelle als Directrice bei Baileys hatte, in dem großen Stoffgeschäft. Zwei Pfund die Woche, das war sehr knapp, wenn sie alle gutes Essen und ein warmes Feuer haben wollten. Und da Mr. Scott nun mal derjenige war, der keine Stelle hatte und nichts beisteuerte, so war's nur recht und billig, wenn er ein Opfer bringen mußte.

«So — das denkst du also, daß er tot ist?» fragte sie und nahm die Unterhaltung wieder auf; doch es klang, als ob sie Streit suchte.

Er zog an der Pfeife, ehe er antwortete. So war er immer gewesen, einer, der sich Zeit läßt. Wenn man ihn nicht kannte, konnt's einen ärgern. Und wenn man ihn kannte — ärgerte man sich auch.

«Ich hab' nicht gesagt, daß er tot ist, denn das weiß ich nicht. Ich hab' nur gesagt, daß er tot sein könnte, wenn man bedenkt, wie wenig du weißt und ich weiß und wir überhaupt je wissen werden.»

Er machte eine Pause und sah sie an, als hoffe er, es ihr jetzt endlich klargemacht zu haben.

Da er aber ganz sicher sein wollte, fügte er noch geduldig hinzu: «Weil du nämlich seinen Namen und seine Adresse nicht kennst und nichts von ihm weißt, außer, daß er in Rotherfield lebt — oder lebte. Du kannst ihn also nie finden und nie etwas über ihn herausbekommen.»

«Weiß ich. Brauchst du mir gar nicht erst zu sagen.»

«Na, dann . . .»

«Und eins will ich dir mal sagen: du wirst's verdammt unangenehm finden, wenn wir ein paar Scheinchen weniger die Woche haben.»

«Das weiß ich!» Seine Lippen preßten sich in bitterer Resignation zusammen. «Möcht' mal wissen, wie lange das noch so weitergehen soll!»

Er meinte: ehe sein Alter ins Gras beißen würde. Vor beider Augen stand das Bild eines alten, gelähmten Mannes. Saß im Sessel und klammerte sich ans Leben. Wenn er starb, würde Mr. Scott als sein einziger Sohn Geld erben. *Wenn* er starb. In der ganzen Welt schienen die Leute darauf zu warten, daß andere Leute starben und dadurch ihre finanziellen Nöte in Ordnung kamen. Und anscheinend war's so: je mehr man wartete, um so länger mußte man warten.

Mr. Scott sprach aus, was sie beide schon oftmals gesagt hatten:

«Man sollte meinen, wenn einer nichts zu tun hat und für niemanden lebt, müßt' er froh und gern sterben. Mir würde es jedenfalls so gehen.»

Sie nickte. Aber dieser Gesprächsstoff war schon zu abgedroschen. Ihre Gedanken wanderten zu ihrem eigenen Problem zurück. Warum depeschierte ihr Rotherfield-Freund nicht? Ob sie ihn überhaupt nie wiedersähe?

Nun wurde die Glut auch für ihr linkes Bein zu heiß. Also wechselte sie die Stellung und streckte beide Beine aus. Sie hatte immer schöne Beine gehabt! Jetzt waren sie nicht mehr so ganz schlank zu nennen. Im letzten Jahr hatte sie acht Pfund zugenommen. Sie wog hundertneunundvierzig Pfund.

«Findest du, daß ich in der letzten Zeit dicker geworden bin?» fragte sie ihn.

Mr. Scott betrachtete sie gleichgültig: «Ich weiß es nicht. Ja, vielleicht.»

«Meine Beine sind dicker geworden, nicht?»

«Du hast immer ganz tüchtige Waden gehabt.»

«Ja, aber meine Knöchel waren schlank. Früher konnte ich die Hand herumlegen und stieß mit Daumen und Mittelfinger zusammen. Das ist jetzt vorbei.»

Sie zeigte es ihm. Mehr als zwei Zentimeter Strumpf schauten noch von dem zusammengepreßten Fleisch hervor.

«Hm!» Er sah es sich an. Dann fragte er: «Willst wohl abmagern?»

«Die Ärzte sagen, daß es schadet. Außerdem esse ich ja nicht sehr viel. Und ich hab' auch weiß Gott genug Bewegung bei all der Hausarbeit.»

«Ich würd's nicht tun. Ich finde, es kommt nicht darauf an. Die Natur hat nun einmal zwei Sorten Frauen geschaffen, dicke und dünne. Ich für mein Teil bin mehr für die schlanke Linie.»

Das hatte sie schon bis zum Überdruß von ihm gehört. Immer, wenn er aus dem Kino kam, redete er von irgendeinem hübschen, schlanken Mädchen. Stundenlang. Der alte Narr! Er wurde eben schon kindisch. Nagelte sich in seinem Schlafzimmer Bilder von jungen Mädchen an die Wände. Mit sechzig Jahren! Da war er doch ein alter Mann! Sie konnte ihn ja fragen, warum er sie dann überhaupt geheiratet habe. Natürlich war sie damals schlanker gewesen. Aber Figur hatte sie immer gehabt.

Sie sagte: «Mein Rotherfield-Freund sagt, er habe immer gern Frauen mit Figur gehabt.»

«Manche Männer sind so», nickte er und senkte den Kopf, so daß man sehen konnte, wie sorgfältig er sich das dünne Haar nach oben gekämmt hatte. «Ich kann mich noch gut an die Zeit erinnern, wo die meisten Männer dicke Frauen gern hatten. Die Mode wechselt bei den Frauen genau so wie bei allem andern. Ich glaube, Eduard war mehr fürs Üppige. Aber der Prinz von Wales ist mehr für Haut und Knochen.»

«Geh doch ab! Was weißt denn du, was für Frauen der Prinz von Wales gern hat!»

«Soviel wie jeder andre auch — vermutlich. Bin ja neulich erst mit einem von der Bibliothek nach Haus gegangen, der einen kannte, der gehört hatte . . .»

«Das hast du mir schon mal erzählt. Jeder kann behaupten, daß er das und das gehört hat — oder? Na, ich will jetzt lieber das Abendbrot für Irene zurechtmachen.»

Sie sprang auf. Das ganze Grübeln nützte ja

doch nichts. Vielleicht bekam sie morgen Nachricht von ihm.

Aber es kam keine Nachricht. Auch am nächsten Tag nicht. Und auch am übernächsten nicht . . .

Allmählich bemächtigte sich ständige Niedergeschlagenheit ihres Gemüts. Im Garten war nicht viel los, da konnte man nichts machen, höchstens die Chrysanthemen fester binden, wegen des ewigen Windes. Bedrückend waren auch die täglichen Arbeiten im Haushalt, Mahlzeiten kochen, Kleider waschen, bügeln, Staub wischen, die Besorgungsliste für Mr. Scott machen, wenn er morgens einkaufen ging; zur Abwechslung mal mit Miss Halpin sprechen — aber die war so langweilig wie drei Tage Regenwetter. Wenn sie sich mittags nach dem Geschirrabwaschen hinlegte, konnte sie nicht einschlafen, weil ihre Gedanken und Fragen sich stumpfsinnig traurig im Kreis bewegten. Es war auch jeden Tag regnerisch, so daß sie gar keine Lust verspürte, ein bißchen spazierenzugehen oder sich Schaufenster anzusehen. Das war wirklich schade, denn es hieß ja immer, daß ein Spaziergang oder sonst eine Abwechslung einen am besten auf andre Gedanken brachte. Außerdem nahm man vom Spazierengehen ab.

Was sie am meisten vermißte, fand sie, war die Abwechslung, die ihr Rotherfield-Freund ihr immer gebracht hatte. Es war so eine Art Feiertag gewesen, wenn sein Telegramm oder sein Brief eintraf. Und Mr. Scott wußte, daß er dann zusehen konnte, wie er mit allem allein zurechtkam. Denn sie verbrachte den Rest des Vormittags im Badezimmer und zog sich nach dem Bad besonders sorgfältig an. Die Krönung vom Ganzen waren ein bis zwei Tropfen Chypre von Coty, das sie nur bei ganz besonderen Gelegenheiten benutzte, sonst war es zu teuer. Zu Mittag aß sie etwas Leichtes, nicht Beefsteak mit Zwiebeln — und dann ging sie zu Queens, wo sie sich stets trafen. Das mochte sie gern: dort in der Halle sitzen, um sie herum gut angezogene Leute, etwas zu trinken, ein bißchen plaudern, und dann noch ein Gläschen, ehe sie ins Hotel gingen. Sie konnten fast immer das gleiche Schlafzimmer bekommen — das mit den roten Vorhängen und den Alabastervasen auf dem Kamin —, so daß es ihnen ganz vertraut geworden war und sie sich heimisch fühlten. Mrs. Weston sorgte dafür, daß das Gasöfchen schon brannte.

Eigentlich war sie nicht so besonders verliebt in ihren Rotherfield-Freund, nicht so, wie sie in ein, zwei andre Männer — nein, im Grunde nur in einen in ihrem ganzen Leben — verliebt gewesen war. Aber schließlich wollte man ab und zu mal mit jemand schlafen. Das war doch ganz natürlich. Sie hatte sich danach immer bedeutend wohler gefühlt. Mrs. Weston schickte ihnen Tee aufs Zimmer, oder sie konnten ihn auch unten in der Halle trinken, wenn sie wollten. Man sah erstaunlich nette Leute dort Tee trinken. Wirklich erstaunlich. Mrs. Weston kannte ein paar ganz berühmte Leute vom Theater, noch von der Zeit her, als Daisy Allan bei ihr gewohnt hatte. Es war eben bequem. Und so zentral gelegen! Na, Mrs. Weston würde sich schön wundern, was wohl mit ihr passiert sei.

Fast jeden Monat — manchmal hatte er natürlich nicht kommen können —, so regelmäßig wie ein Uhrwerk!

Ja, es war eine Abwechslung gewesen. Er ging immer ziemlich bald. Meistens sagte er, er habe eine Verabredung zum Abendessen. Und sie holte dann Irene vom Bureau ab, und sie gingen zusammen ins Kino und aßen hinterher irgendwo eine Kleinigkeit. Es kam ihr oft so vor, als ob ihr die Männer, wenn sie mit Irene zu Spinetti essen ging, besonders auffällig nachsahen. Wahrhaftig, ihr sahen sie viel mehr nach als Irene, obwohl die ja hübsch und schlank und jung war. Na, jedenfalls war sie sehr mit sich zufrieden: es war ihr innerlich so schön warm und wohl zumute.

Aber wenn er nun nie mehr wiederkam und sie ihn nie wiedersehen würde, dann würde das Leben ewig so weiterschleichen wie ein nasser Novembertag.

Sie verbrachte jetzt mehr Zeit vor dem Spiegel. Eines Morgens ging sie fort und kaufte sich leichtsinnigerweise eine besondere Mischung einer sehr teuren Hautnahrung. Irene sah die Büchse stehen, als sie aus dem Bureau kam.

«Was hast du denn da? Ist das deine Creme?»

«Ja. Ich wollte mir auch mal was Gutes antun. Mrs. Rosenbaum sagt, sie ist phantastisch gut für die Haut — sie wirkt Wunder. Sollte sie ja auch — bei dem Preis!»

«Na, ich hoffe bloß, daß du dich nicht so anmalst wie Mrs. Rosenbaum, Mutter! Das finde ich ekelhaft. Solch alte Frau!»

«Sie ist nicht alt! Erst fünfzig.»

«Ich finde, nichts ist so widerlich, wie wenn eine Frau in dem Alter versucht, jung auszusehen. Es gelingt ihr ja doch nicht. Sie sieht dann um so lächerlicher und scheußlicher aus. Warum müssen denn Frauen, wenn sie über vierzig sind, noch solch Theater machen?»

«Du möchtest wohl, daß ich weder Puder noch Lippenstift nehme, ja?»

«Na, ein bißchen Puder, da will ich ja nichts sagen, aber . . .»

Sie brach ab und zuckte die Achseln. Mit ihrer glatten Haut und den harten Augen hatte sie so verächtlich und jung dagestanden. Immer hatte sie jetzt etwas an ihr auszusetzen. Letztes Mal, als sie zusammen ausgehen wollten, hatte sie gesagt: «Mutter, du hast zuviel Rouge und Lippenstift», und hatte es ihr abgewischt. Und dann ließ sie sie auch nicht rauchen in der Tram. Einmal, als sie sich eine Zigarette anzünden wollte, hatte sie gesagt: «Bitte nicht, Mutter — wenn eine Kollegin käme und dich sähe!»

Es war einfach so, daß sie anfing, sich etwas einzubilden und vornehm zu tun. Aber Irene war gar nicht wie andre junge Mädchen — so wie *sie* zum Beispiel mit achtzehn Jahren gewesen war. Sie sagte, daß sie Männer nicht ausstehen könne. Da hatte sie's ihr aber rundheraus gesagt: «Na, wenn nicht meine Freunde gewesen wären, dann hättest du als Kind ein Hungerleben gehabt, will ich dir nur sagen. Mußt nicht denken, daß dein Vater uns durch den Krieg gebracht hat.» Es tat ihr gut, wenn sie das mal offen gesagt bekam.

Junge Leute sind natürlich so — nicht tolerant. Immer denken sie, nur sie selbst sähen gut aus. Sie war ärgerlich geworden, neulich, und hatte entgegnet: «Na, wenn du denkst, ich will dir zuliebe liederlich aussehen . . .»

«Ich will gar nicht, daß du liederlich aussiehst. Aber wenn du dir so viel Zeug ins Gesicht schmierst, mit deinem roten Haar noch dazu — wirklich, Mutter, etwas weniger knallrote Haare würden dir besser stehen —, wenn du dich so schminkst bei deinem Haar und bei deiner vollen Figur, dann siehst du einfach aufdringlich aus, *das* mein' ich.»

«Du bist eben eifersüchtig; denn wenn wir zusammen ausgehen, sehen mir die Männer viel mehr nach als dir.»

«Ich bin überhaupt nicht eifersüchtig.» Irene sah ihre Mutter an, als wolle sie etwas Schlimmes sagen. Dann preßte sie die Lippen zusammen und ging aus dem Zimmer.

Mrs. Scott setzte sich vor den Kamin und hielt die Hautnahrung in der Hand. Es war ihr so wehmütig ums Herz. Solche Gefühle wollte sie verscheuchen. Sie erhob sich schnell und legte eine Grammophonplatte auf:

«*In London ist ein schöner See . . .*
pom-pom-pom, pom-pom-pom»,

summte sie trotzig — aber die Gedanken ließen sich nicht so leicht vertreiben. Irene dachte also, sie sei zu alt, um sich noch zu pflegen, und daß sie gewöhnlich aussähe, wenn sie sich ein bißchen nett zurechtmachte. Aber sie war nicht zu alt! Sie wollte sich mit einer Geschichte trösten, die ihr Rotherfield-Freund ihr erzählt hatte — doch das Lächeln wich von ihrem Gesicht, weil die Gedanken schon wieder zu ihm gewandert waren. Warum *hatte* sie auch nichts von ihm gehört?

Sie konnte nicht finden, daß sie so alt aussah. Ihr Gesicht war anziehend und schelmisch, besonders, wenn sie mit den Augen lachte. Voller Erfahrung natürlich. Na ja, warum auch nicht?

Natürlich war sie etwas rundlich. Vor allem oben herum. Aber ihre Hüften waren noch schlank, Gott sei Dank, und von hinten sah sie auch gut aus. Ihr Freund hatte immer gesagt . . .

Sie hörte Irenes Schritte im Vorflur und legte schnell den Spiegel weg. Die Haustür flog zu. Jetzt war sie weggegangen, ohne «Auf Wiedersehn» gesagt zu haben! Schlechter Laune! Konnt's nicht vertragen, daß sie sich mal was geleistet hatte. Aber nun würde sie sofort nach oben gehen und sich eine tüchtige Massage mit der neuen Hautnahrung machen.

Als sie zum Tee kam, war sie glänzender Laune. Ihre Haut fühlte sich so weich wie Samt an, und die Falten von der Nase zu den Mundwinkeln hinunter waren bedeutend weniger zu sehen. Selbst Mr. Scott bemerkte es. Er sagte: «Du siehst aber gut aus!»

Er sagte es natürlich auch, weil sie ihre beste

Satinbluse angezogen hatte, und Satin hatten alle Männer gern. Satin und Samt. Doch wenn sie sich nicht ihr Gesicht massiert hätte, würde er nichts gesagt haben. Sie plauderten ganz vergnügt, und als er fragte: «Weißt du, daß Bessy Morris im Palace singt? Ich hätte Lust, hinzugehen», hatte sie geantwortet — und war über sich selbst erstaunt dabei —: «Laß uns hingehen!»

«Aber wie steht's mit dem Essen für das gnädige Fräulein?»

«Ach, die kann auch mal kalt essen! Ich werde ihr einen schönen Salat machen und den Kaffee so hinstellen, daß er nur aufgewärmt zu werden braucht.»

«Und Irene?»

«Dem Mädchen schadet es gar nichts, wenn sie sich mal selbst was zusammensucht. Sie trägt mir die Nase zu hoch!»

«Hab' ich dir nicht gesagt, sie wird immer eingebildeter? Seit sie in das Bureau geht, ist sie vollkommen verändert. Und du hältst ihr noch die Stange.»

«Das ist vorbei! Du hast wirklich recht: sie denkt, in der ganzen Welt ist keine so wie sie!»

«Hab' ich ja immer gesagt!»

«Ich weiß schon, und ich geb' dir jetzt recht. Zufrieden?»

Froher Laune brachen sie auf. Sie ging fast nie mit ihrem Mann aus. Ihr genügte es, wenn sie ihm Geld fürs Kino geben konnte. Aber er sah gar nicht so übel aus, wenn er ordentlich angezogen war, den Hut gebürstet hatte usw.

Irene würde denken, sie sei verrückt, weil sie mit ihm ausging. Geschah ihr recht, der Miss Scott. Da sah sie, daß es noch andre gab.

Sie war großzügig und steckte ihm in der Pause einen halben Dollar zu. Sie gingen in die Bar und tranken Whisky-Soda. Er gab ihr das Kleingeld wieder. Es wärmte einen auf, und man hatte an der zweiten Hälfte der Vorführung mehr Spaß.

War es nicht komisch — sogar hier im Palace, wo er bestimmt nie hingehen würde, außer, wenn er geschäftlich verpflichtet war —, sogar hier hielt sie nach ihrem Rotherfield-Freund Ausschau. Einmal dachte sie wirklich, er wäre es: jemand sah ihm von hinten ein bißchen ähnlich, und sie hob schon die Hand und wollte Mr. Scott am Arm ziehen. Aber als der Mann sich umdrehte, sah er ihm überhaupt nicht ähnlich.

Bessy Morris sang eines ihrer bekannten Lieder. Sie sang:

«*Alt will ich nicht werden, alt will ich nicht sein,*
Bleib' lieber so, wie ich jetzt bin»,

und rannte wie toll auf der Bühne umher, daß die Leute sich bogen vor Lachen.

«*Ich geh' gerne aus und vertreib' mir die Zeit,*
Und wenn auch die Nachbarn platzen vor Neid!»

Sie lachte tüchtig, und sie mußte auch über die Witze des Komikers lachen, der danach auftrat. Gott sei Dank hatte sie Humor, und eine kräftige Geschichte machte ihr Spaß. Ein Mann in der Reihe vor ihnen, gut aussehend, nett angezogen, sah sich dauernd nach ihr um und warf ihr Blicke zu. Sie beachtete ihn nicht. Schließlich machte man einem Mann nicht Avancen, wenn man mit einem andern ausging — selbst wenn der Betreffende zufällig bloß ihr Mann war und sie für ihn bezahlte.

Doch es war trotzdem ein Beweis, daß sie noch nicht so ganz zum alten Eisen gehörte, oder was Irene sonst noch denken mochte. Als sie aufstanden, um die Königshymne zu singen, starrte er sie unentwegt an. Sogar Mr. Scott fiel es auf. Er flüsterte leise: «Soll ich mich verziehen?» Aber sie schüttelte den Kopf. Nein, es war ihr nicht danach zumute, und außerdem tat sie so etwas schon lange nicht mehr.

Als sie in der Tram saßen, holte sie den Spiegel aus ihrer Handtasche und war befriedigt: in ihren grauen Augen stand ein grünes, lockendes Licht. Sie steckte ihn wieder weg und summte: «Alt will ich nicht werden, alt will ich nicht sein . . .»

Der nächste Morgen war weniger schön. Sie war felsenfest überzeugt gewesen, daß sie heute von ihrem Freund hören würde, und als bis zwölf Uhr keine Nachricht gekommen war — er war so rücksichtsvoll und hatte ihr immer vor zwölf Bescheid gegeben —, da ging's mit ihrer guten Laune — plumps — bergab. Nun war sie genau so felsenfest überzeugt, daß es aus sei und daß sie sich mit der Tatsache abfinden müsse. Sie stand am Fenster und sagte sich's in dürren Worten. Dann spähte sie die Straße entlang. Es war einer von jenen ziemlich häufigen Tagen, wo es nicht richtig regnet, aber dauernd so aussieht, als ob es gleich losgehen könnte, wenn das Wetter nicht viel zu gelangweilt und gleichgültig für ein so positives Unternehmen wäre. Eigentlich sollte es regnen. Ein Gemüsewagen fuhr vorbei. Die Frau von nebenan ging einkaufen. Mrs. Scott sandte ihr kritische Blicke nach. Daß sie *so* ausging, mit schmutzigen Schuhen und einem alten Regenmantel! Ach, es war ja egal. Ein Ausläufer fuhr auf dem Fahrrad vorüber und pfiff vergnügt. Mochte er. Was der schon vom Leben wußte!

Ja, er war wohl tot. Und wenn er tot war, dann war es eben so, und sie konnte nichts daran ändern. Oder er hatte eine andere Freundin gefunden, die jünger und hübscher war. Aber das war unwahrscheinlich. Schließlich war er ihr neun Jahre lang treu gewesen. Reich, wie er war, hätte er sich jedes andre Mädchen nehmen können. Warum sollte er sich also ausgerechnet jetzt eine andre nehmen?

Oder vielleicht hatte er sich mit seiner Frau wieder vertragen? Er mußte wohl eine Frau haben, sie ahnte das, auch wenn er kein Wort darüber verloren hatte. Vielleicht war sie in einer Irrenanstalt gewesen und als geheilt entlassen worden? Und nun blieb er bei der. So war's nun mal mit verheirateten Männern. Sie konnten noch so verbittert über ihre Frauen sein und sagen, sie hätten ihnen ihr Leben verdorben und all solche Redensarten. Und bei der ersten besten Gelegenheit ließen sie einen fallen, als ob man nicht aus Fleisch und Blut sei — wegen ihrer Kinder oder wegen ihres Familienlebens oder ihrer elenden Stellung oder ihres elenden Gewissens.

Immerhin, neun Jahre sind eine lange Zeit, und es hatte keinen Zweck, den Kopf hängen zu lassen. Einmal müssen sich auch die besten Freunde trennen, heißt's im Sprichwort. Sie war ja nicht richtig verliebt in ihn gewesen. Aber man gewöhnt sich doch an einen Mann.

Ach, es hatte keinen Sinn, hier herumzustehen. Mr. Scott würde sich wohl schon wundern, wann er etwas zu essen bekäme. Damit verbrachte *er* den Morgen, daß er sich aufs Mittagessen freute. Der verdammte Egoist der! Aber so war er nun einmal.

Als Irene schon wieder ins Bureau gegangen war und sie noch über ihrem Kaffee saßen, sagte Mr. Scott plötzlich:

«Heute früh, als ich zurückkam, sah ich einen Telegraphenboten unsre Straße hinauffahren. Ich dachte bestimmt, er würde zu uns gehen. Aber er bog ein paar Häuser weiter oben ein, ging zu Tilsons, scheint's.»

«Wer zum Kuckuck soll uns schon ein Telegramm schicken? Die Ziehung ist gewesen. Oder dachtest du, dein Vater sei plötzlich gestorben?»

«Sehr unwahrscheinlich!» Mr. Scott schnaufte verächtlich durch die Nase. «Nein, der stirbt nie. Ich dachte natürlich, es sei Nachricht von deinem Freund.»

«Darauf brauchst du nicht mehr zu rechnen. Es ist schon über drei Monate her.» Sie setzte die

Tasse heftig ab und rief: «Ich werde nie wieder was von ihm hören! Nie und nie mehr! Begreifst du's jetzt?»

«Na, ich weiß nicht ... Bald ist doch Weihnachten. Da hörst du vielleicht etwas. Warum glaubst du denn das auf einmal?»

«Ich glaub's eben — weiß auch nicht, warum. Seit heute früh weiß ich's und spür's in den Knochen. Jemand hat vielleicht geklatscht und gesagt, daß ich eine verheiratete Frau bin, und nicht eine Witwe, wie ich's ihm erzählt hatte. Mein Freund ist so anständig, mit einer verheirateten Frau geht er nicht. Er hat mir das mal gesagt, und jetzt fällt's mir wieder ein. Ist gut möglich, daß jemand uns zusammen bei Queens gesehen und erkannt hat. Oder er ist gestorben. Oder — ach, jedenfalls weiß ich ganz genau, daß es aus ist. Und nun hör auf damit!»

Mr. Scott sah sie an. Sie hatte sich in eine ordentliche Aufregung hineingeredet. Er suchte nach einem freundlichen Wort für sie: «Kein Wunder, daß es dich mitnimmt. Es muß ja jetzt, hab' ich mir gestern abend im Bett ausgerechnet, gute neun Jahre her sein, seit du das erstemal auf ihn gestoßen bist, bei den Arkaden damals, nicht? Und dann hat sich alles so nett gemacht mit ihm. Na, es hat ja keinen Zweck, darüber zu jammern. Vorbei ist vorbei.» Er wartete, ob sie etwas sagen würde. Aber da sie nicht antwortete, fuhr er vorsichtig fort: «Ich glaube, wenn du wolltest, könntest du leicht einen andern finden!»

Sie sah ihn kalt an: «Glaubst du? Ich könnte schon, wenn ich wollte. Du weißt ganz genau, daß ich nicht so kann, wie ich möchte — wegen Irene. Und dann auch, wenn man immer den einen hatte . . .» Plötzlich brach sie ab, und ihr Mund zitterte. In blitzartigem Erkennen begriff sie entsetzt, daß sie sich's angewöhnt hatte, treu zu sein. Ja, wenn der Mann da von gestern abend sie angesprochen hätte und sie allein gewesen wäre, sie hätte sich wahrhaftig wie ein dummes Baby benommen und wäre weggerannt. Sie hatte sich all das abgewöhnt! Es war ja nicht auszudenken, daß sie, Sally Scott, für den Rest ihrer Tage eine Zimperliese geworden war. Kein Mann mehr in ihrem Leben! Denn ihr eigener, der zählte ja nicht — konnte nicht mehr arbeiten und gar nichts. Sie hätte beinahe losgeheult. Das hatte sie ihrem Rotherfield-Freund zu verdanken! Das hatte man davon, wenn man so verdammt treu war. Sie zog ihr Taschentuch hervor.

«Nimm dir's nicht zu Herzen», sagte Mr. Scott und stand auf. Es war ihm unbehaglich. «Ich kann natürlich verstehen, wie's dir zumute ist. Neun Jahre sind eine lange Zeit.»

«Oh, hör doch auf, ja? Mußt du immerzu dasselbe sagen? Halt den Mund, ja?»

Die Tränen kamen ihr. Sie konnte sie nicht mehr zurückhalten. Entsetzt über sich selbst stand sie auf, wandte sich ab und versuchte, die Beherrschung wiederzuerlangen.

Mr. Scott stand ein Weilchen da und betrachtete ihren Rücken und den gesenkten Kopf. Das Haar sah hübsch aus, wenn sich die Sonne drin fing. Es sah Mrs. Scott nicht ähnlich, weich zu werden. Bei Irene wär's etwas anderes gewesen. Was Mrs. Scott auch für Fehler haben mochte, sie war immer eine vernünftige, heitere Frau. Warum sah sie nicht ein, daß es schon ein Glück war, wenn ihr Freund so lange treu geblieben war? Ob er ihr die Schultern tätscheln sollte? Lieber nicht, sie würde ihn vielleicht bloß anschnauzen.

Mrs. Scott befreite ihn aus seinem Zwiespalt. «Setz' doch lieber den Kessel fürs Spülwasser auf!»

«Ja, richtig!» sagte Mr. Scott und schlurrte schnell in die Spülküche.

Mrs. Scott steckte ihr Taschentuch wieder weg und holte die Puderquaste hervor. Sie tupfte sich Puder auf die Nase und sagte leise: «Fertig!» Dann drehte sie sich energisch um, räumte die Teller ab und trug sie in die Spülküche.

ENTWURZELT

Von

Frank O'Connor

Der Frühling fing kaum erst an, und doch hatte Ned es schon sterbenssatt: die Stadt war ihm ebenso verleidet wie sein Amt. Was für Wunder hatte er verrichten wollen, als er vom Lande in die Stadt kam; aber er war weiter denn je davon entfernt. Er mußte noch glücklich sein, wenn er's überhaupt durchhalten konnte: jeden Morgen um halb zehn in der Schule sein und es dem Dummbart von Rektor rechtmachen!

Er wohnte in einem kleinen roten Backsteinhaus in Rathmines, das einem ältlichen Geschwisterpaar gehörte. Sie hatten etwas Geld geerbt und wollten nun ihre Tage vergnüglich in der Stadt beschließen. Aber es war nicht vergnüglich — sie hätten viel lieber ihren kleinen Hof in Kerry wiedergehabt und waren froh, daß sie mit Ned Keating über alles sprechen konnten, was sie liebten und kannten.

Ned war ein schwerfälliger, langsamer junger Mann mit dunklen Augen. Eine dunkle Schmachtlocke fiel ihm ständig ins Gesicht. Er stotterte ein klein wenig und fuhr sich aus lauter Schüchternheit oft mit der Hand durch das lange, glatte Haar. Immer war er verträumt und ernst gewesen. An den Markttagen konnte man ihn oft stundenlang bei Nolan im Laden stehen sehn, wie er in Schulbüchern blätterte. Wenn sie ihm zu teuer waren, stellte er sie seufzend zurück, lächelte Jack Nolan ein bißchen mit den Augen zu und ging auf die Suche nach seinem alten Vater, der in irgendeinem Wirtshaus saß. Seit sein älterer Bruder Tom hatte Priester werden dürfen, hatte er dauernd Streit mit seinem Vater: Ned wollte durchaus Lehrer werden. Hatte er denn jetzt nicht alles, was er brauchte, fragte sein Vater. Hatte er nicht den Hof ganz für sich allein? Warum wollte er noch Lehrer werden? Aber Ned war dickköpfig. Mit zäher, fast verzweifelter Anstrengung arbeitete er sich durchs Seminar, bis er eine Anstellung in der Stadt bekam. Die Stadt — das war immer sein Traum gewesen. Und jetzt hatte sie ihn im Stich gelassen. Abends konnte man ihn noch öfters in Antiquariaten am Kai herumstöbern sehen; doch seine Augen suchten nicht mehr so eifrig. Es war ihm alles so selbstverständlich vorgekommen; aber er hatte nicht mit seinem Charakter gerechnet. Wegen seines stillen Wesens war er beliebt; aber wieviel Konzessionen mußte er machen! Er war unentschlossen und gutmütig. Es dauerte lange, bis er widersprach, und lange, bis er falsche Menschen durchschaute. Es bedrückte ihn, daß er nicht genug Geistesgegenwart besaß. Er trank nicht, rauchte wenig und witterte überall Nachteile und Gefahren. Er hielt sich für geizig und feige. Wie gut gefiel ihm die Geschichte von dem Bauernjungen, der seinen Brief in eine Briefkastensäule einwerfen sollte: «Ihr müßt mich ja für schön dumm halten! Denkt, ich stecke meinen Brief in eine Pumpe!»

Er, Ned, würde seinen Brief bestimmt auch nie einer Pumpe oder einem andern fragwürdigen Kasten anvertrauen.

Seine einzige Freundin war Krankenschwester im Sankt-Vinzent-Spital, ein wildes, lebenslustiges, leichtsinniges Ding. Er hatte sie sehr gern und würde sie wahrscheinlich, sowie er genug Geld hatte, fragen, ob sie seine Frau werden wolle; aber jetzt noch nicht. Scheu und Vorsicht hinderten ihn, sich zu sehr festzulegen. Manchmal schlug er einen größeren Ausflug vor, nicht bloß den üblichen Spaziergang oder Kinobesuch; aber irgendwie wurde nie etwas daraus.

Er war sich nicht mehr im klaren, warum er überhaupt in die Stadt gewollt hatte. Es war nicht wegen des Wohnschlafzimmers, das er in Rathmines hatte; auch nicht wegen des verstaubten Gartenvierecks vor seinem Fenster oder wegen der Straßenbahnen, die hin- und herrasselten; auch nicht wegen des Borts mit altgekauften Büchern oder der Kinobesuche wegen. Halb verzweifelt und halb über sich selbst spottend vergrub er den Kopf in die Hände und sah ein, daß er nicht die leiseste Ahnung hatte, was er eigentlich wollte. Am liebsten hätte er alles aufgegeben und wäre als Arbeiter nach New York oder Glasgow gegangen, nicht etwa, weil er romantisch war, sondern weil er dachte, nur wenn er sich mit seiner Hände Arbeit ernähren müsse und nicht wüßte, wo schlafen, würde er seine Sehnsüchte und Gefühle verstehen und sein Leben danach einrichten können.

Aber wenn er dann am nächsten Morgen zur Schule ging, langsam den Rand des Kanals entlangschlenderte und sah, wie die Bäume grün wurden und wie sich die hohen rotweinfarbenen Häuser in der stillen Wasserfläche malten, dann flogen all seine Träume auf und davon. Den Brief in die Pumpe werfen, haha! Er würde weiter unterwürfig sein und sein Gehalt einstecken und ausrechnen, wieviel er sparen und wann er wohl ein Häuschen für seine zukünftige Frau würde kaufen können. Es war nett, an einem Frühlingsmorgen an solche Sachen zu denken. Ein eigenes Haus und sein Frauchen neben sich im Bett. Und seine Natur würde immer enger werden; jede Sehnsucht und jeder Schwung war nur eine neue Schlinge, die ihm den Kopf tiefer nach unten ziehen würde, bis er in zehn Jahren an Händen und Füßen gefesselt war.

II

Tom war Hilfspfarrer in Wicklow. In einem Brief schlug er vor, ob sie nicht über das Wochenende zusammen nach Hause gehen wollten — und am Samstagmorgen fuhren sie mit Toms altem Ford los. Es war klares, kühles Osterwetter. Sie machten mehrfach in Wirtshäusern halt, und

Tom bestellte Whisky. Ned war ganz aufgeschlossen und hielt mit. Sein Bruder war ihm immer etwas fremd gewesen; zum Teil ging das auf früher zurück, als Tom die Ausbildung bekam, die er selber gern gehabt hätte, und zum Teil war's auch, weil die Priesterweihe ihn etwas von der Familie ausschloß. Jetzt schien es, als ob Tom das durch betont gutmütiges und lustiges Wesen überbrücken wollte. Er war wie einer, der seinen Kameraden etwas aus weiter Ferne zuruft. Mit Ned hatte er nicht viel Ähnlichkeit; seine Haare und seine Haut waren heller. Er hatte einen dicken Kopf, frische Farben und eine tiefe Stimme und war selbstherrlich aufbrausend. Seine Vorgesetzten mochten den humorvollen, freundlichen Mann gut leiden. Der schüchterne Ned, der nicht aus sich heraus konnte, beneidete ihn um seine Art, mit den Leuten in der Garage oder den Servierfräuleins im Restaurant zu sprechen.

Es dunkelte schon, als sie zu Hause anlangten. Der Vater stand in Hemdsärmeln am Tor und erwartete sie, und sogleich kam auch ihre Mutter herbeigeeilt. Die Lampe stand im Fenster und warf ihren Lichtschein bis zu den weißgestrichenen Torpfosten. Die kleine Brigid vom Berg oben, die der Mutter, seit sie alt wurde, zur Hand ging, stand seitlich in der Tür. Als ihre Augen sich trafen, senkte sie verwirrt den Kopf.

In der hohen, kahlen, weißgestrichenen Küche war alles unverändert. Das Pferdegeschirr hing an seinem alten Platz an der Wand und der Rosenkranz am gleichen Nagel am Kamin, bei dem Schemel, wo ihre Mutter immer saß. Der Tisch vor dem Fenster, das Butterfaß neben der Hoftür, die Treppe, die ohne Geländer gerade bis zu der in der Decke klaffenden Bodenluke führte — alles schien so unveränderlich wie die See draußen. Ihre Mutter saß auf dem Schemel, die Hände im Schoß, einen bunten Schal fest um den Kopf gebunden; mit ihrem verwitterten gelben Gesicht und ihrer lauten Stimme hatte sie etwas von einer Zigeunerin. Der Vater hatte frische Farben und sah Tom ähnlich. Untersetzt und mit steifem Kreuz schaute er aus der Tür; die eine Hand hatte er wie in Rednerpose auf das Küchenspind gestützt.

«Ich hab's ja gleich gesagt, daß ihr zu spät kommen würdet!» verkündete er triumphierend und zwirbelte seinen Schnurrbart. «Nicht wahr, Frau, hab' ich's nicht gesagt?»

«Ja, ja, er hat's gesagt», bestätigte die Mutter, «'s ist die reine Wahrheit, er hat's wirklich gesagt!»

«Ich hab' mir doch gedacht, daß ihr unterwegs einkehren würdet. Aber trotzdem hab' ich mich von Thade Lahys Wagen irreführen lassen, der auch aus der Stadt kam.»

«Ja, war es denn überhaupt Thade Lahys Wagen?» fragte die Mutter aufgeregt.

«Ich habe euch doch gesagt, 's war Thade Lahys Wagen», piepste Brigid, die in ihrem langen Friesrock barfuß herumpatschte.

«Natürlich, Alte, ich hätt's wissen sollen», sagte Vater Thomas bekümmert. «Wir haben es anscheinend nicht gemerkt, als er hinwärts fuhr.»

«Aber hört mal, wie kann denn das angehen?» verwunderte sich die Mutter.

«Jetzt laß mich in Ruhe damit», rief Tomas unwirsch, «ich kann's doch nicht wissen.»

«Lieber Himmel, ich habe ganz bestimmt geglaubt, daß es Toms Wagen war», brummelte die Mutter immer noch erstaunt und zupfte gedankenverloren an den Fransen ihres Schals.

Die kleine Brigid sagte voll Stolz: «Ich kann Thade Lahys Wagen überall heraushören!» Aber niemand achtete auf sie.

Ned kam es vor, als ob ihre Ankunft ein Gespräch unterbrochen hatte, das schon seit seinem letzten Besuch in Gang war, und daß die Straße vor der Tür und das Meer dahinter und jedes vorbeikommende Geschöpf zu einer Pantomime gehörten, die von der dunklen kleinen Hütte aus unaufhörlich und eifrig verfolgt wurde.

«Herrjeh, ich hab' ja noch gar nicht gefragt, ob ihr ein Tröpfchen trinken wollt», rief ihr Vater plötzlich aufgeregt.

«Hast du Whisky?» fragte Tom mit seiner dröhnenden Stimme.

«Wieso? Möchtet ihr gern Whisky?»

«Gieß doch erst ein und frag hinterher», brummte Tom.

«Whisky also?»

«Bewahre! Bin doch nicht den ganzen Weg hierhergekommen wegen etwas, das ich zu Hause am besten bekommen kann», lachte er. «Stell nur gleich eine Flasche auf die Seite, damit ich sie morgen mitnehme.»

«Coleen wird sicher noch eine haben. Gestern

abend, zum Teufel noch eins, hab' ich zu Coleen gesagt, daß du wohl gern eine Flasche haben möchtest. Hat mir ja geschwant, aber er wird sie schon haben, nur keine Angst!»

«Haben sie denn den armen Mann noch nicht erwischt?» fragte Tom und hob den Becher zum Mund.

«Ach, Grundgütiger, da müßte man schon ein Windhund sein, wenn man den erwischte! Beim Allmächtigen, fünfzig Polizisten hatten sie ihm im letzten November auf die Spur gehetzt und die Berge von einem Ende zum andern durchstöbert — doch alles, was sie sahen, war ein Zipfel von seinem Hintern. Aber der Priester ließ eine schreckliche Predigt gegen ihn los und nannte ihn beim Namen, Tom, denk mal, bei seinem Namen!»

«Der alte Fahy putzt also die Leute noch immer so herunter?» knurrte Tom.

Der alte Tomas warf die Hände hoch: «Das weiß der Teufel!» Vor Aufregung ging er auf und ab, wobei sein ausgebeulter Hosenboden wackelte. Ned hatte zu seinem Leidwesen erfahren müssen, wie listig, verschwiegen und berechnend sein Vater sein konnte. Nur zu gut erinnerte er sich, wie der Vater den Kopf aufwarf und die Augen zu engen Schlitzen verkniff. Aber der Alte konnte sich auch wie ein Kind an harmlosem Theater ergötzen und erging sich dann mit der wildesten Leidenschaft um rein gar nichts in Szenen. Dann wurde er ein Schauspieler, der alles dramatisierte: «So etwas von Schimpferei hat man in der ganzen Welt noch nicht gehört! Daß Coleen danach überhaupt gewagt hat, sich noch einmal zu zeigen! Und wo der Mann wohl all die Wörter hernimmt! Tom, mein Herzblatt, mein Söhnchen, so weit wirst du's nie bringen!»

Tom entgegnete ironisch: «Ich spar' meinen Atem und blas' mir lieber meine Hafergrütze kühl! — Dann hast du selber also das Whiskybrennen* aufgesteckt?»

«Bewahre, Tom — wozu denn? Das Tröpfchen, das *ich* brenne, schadet keiner Fliege. Nur so ein Tröpfchen für Weihnachten oder Ostern.»

Die Lampe hing auf ihrem alten Platz an der Rückwand und warf einen hellen Kreis auf die neue weiße Tünche. Die Mutter lehnte sich mit verschränkten Händen gegen das Herdfeuer; sie war in ihre Gedanken versunken. Die Haustür stand offen. Draußen senkte sich die Nacht hernieder; aber es war das purpurne Helldunkel der Westküste.

Während sie aßen, ging der Vater mit großen, schweren Schritten auf und ab. Er machte jedesmal an der Tür halt, um die Straße hinunterzuspähen, und am Herdfeuer, um sein lahmes Kreuz zu lupfen und zu wärmen. Ned hörte Schritte die Straße entlangkommen. Sein Vater hörte es auch, trat an die Tür und stützte sich mit der Hand auf den Pfosten. Ned bedeckte die Augen. Ihm war's, als sei alles so, wie es immer gewesen war. Das Geräusch, das vom Strand herdrang, war Begleitmusik für die Stimmen.

«Grüß dich Gott, Tomas!» sagte jemand.

«Gott und Maria zum Gruß, Teig!» Sie sprachen Irisch. «Wie geht's denn?»

* das heißt das illegale Brennen.

«Oh, Gott sei Lob und Dank! — Ein schöner Abend.»

«Ja, ja, hast recht, was für ein schöner Abend! Gott sei gelobt und gepriesen!»

«Hör mal, wer ist denn das?» fragte die Mutter und blickte auf.

«Der junge Teig», antwortete der Vater und sah ihm nach.

«Shemus' Teig?» fragte sie.

«Ja, der.»

«Aber wohin geht denn der junge Teig so spät am Abend? Er will doch wohl nicht mehr in den Laden?»

«Ach wo, Frau! Vielleicht zu seinem Onkel.»

«Zu Ned Willie?»

«Er übernachtet bei Ned Willie», piepste Brigid mit ihrer hohen Stimme schüchtern und doch triumphierend dazwischen. «Es ist wegen der jungen Lehrerin, die jetzt bei ihnen wohnt.»

Das also war's! Damit war alles erklärt, und Ned lächelte. Die einzige unbekannte Stimme hier — die der kleinen Brigid — klang am vertrautesten.

III

Am andern Morgen zelebrierte Tom die Frühmesse, und die ganze Familie außer Brigid war anwesend. Sie fuhren mit dem Wagen hin, und der alte Tomas saß aufgekratzt vorne neben Tom, winkte und rief allen Leuten «Guten Morgen!» zu. Vor lauter Freude war er wie ein kleiner Junge. Die Kapelle schwebte hoch über der Landstraße. Es war ein grauer Morgen, und jenseits der zugigen Felsklippe war das Meer. Von dorther blies ein starker Wind und ließ die Mäntel und Röcke fliegen.

Nach dem Essen, als die Brüder von Besuchen in der Nachbarschaft zurückkamen, eilte ihr Vater ihnen schon auf der Straße entgegen, schüttelte ihnen mit Nachdruck die Hand und fragte, wie's denn ginge. Als sie dann zu Hause in der Küche saßen, rückte er mit der Ursache seiner Aufregung heraus.

«Für morgen habe ich mir also mit Gottes Hilfe einen großartigen kleinen Ausflug für euch ausgedacht», sagte er, und um noch deutlicher auf den Ursprung seiner Inspiration hinzuweisen, tastete er auf dem Hinterkopf nach dem Schirm seiner Mütze und lüftete sie feierlich.

«Meine Güte, von was für einem Ausflug redest du denn da?» fragte die Mutter ärgerlich.

«Ich habe alles vorbereitet, damit wir zu deinem Bruder auf die andere Seite der Bucht hinüberfahren können.»

«Kannst du die armen Kinder nicht in Frieden lassen?» schalt seine Frau. «Sie haben doch bloß den einen Tag! Sie sind ja zum Ausruhen hergekommen!»

«Und wenn schon, und wenn schon», antwortete der alte Tomas und erhitzte sich nun auch. «Dürfen ihre Vettern sie denn nicht mal zu Gesicht bekommen?»

«Ich war letzten Sommer eine ganze Woche in Carriganassa», sagte Tom.

«Ja, aber ich nicht, und Ned auch nicht. Es schickt sich eben einfach.»

«Was sich schickt, macht dir gar keine Sorgen, sondern ob du was zu trinken bekommst», knurrte Tom.

«Nein, so etwas!» stieß der Vater hervor und fischte wieder nach dem Mützenschirm, um zu schwören: «Daß mich der Schlag ...»

«Sei still, du alter Heide», krähte seine Frau. «Du hast ganz recht, Tom, mein Herzblatt. Viel zu trinken will er haben, und ich soll nicht dabei sein. Bleibt nur schön zu Hause!»

«Ich kann nicht zu Hause bleiben, Frau», schrie Tomas. «Warum mußt du immer auf mir herumhacken? Ich muß gehen, ob sie mitkommen oder nicht. Ich muß unbedingt gehen, und damit fertig!»

«Warum *mußt* du?» fragte seine Frau.

«Weil ich's Dempsey und dem Roten Pat schon gesagt habe», stieß er wütend hervor. «Und die Frau von der Insel fährt auch mit, weil sie ihre Tochter besuchen will, die drüben verheiratet ist. Und vor allem habe ich mir Cassidys Boot geborgt, und er hat's nur mit Mühe so einrichten können, und es würde sehr unschicklich sein, wenn ich seine Freundlichkeit jetzt nicht annähme. Ich muß fahren!»

«Ach, wir können ja ruhig alle fahren», sagte Tom.

Die ganze Nacht wehte es tüchtig, und Tomas war bereits bei Tagesanbruch draußen und betrachtete voll Sorge die weißen Mützen auf den Wellen. Als die Söhne beim Frühstück saßen, kam er wieder, legte die Arme auf den Tisch und faltete die Hände wie zum Beten. Mit einschmeichelnder Stimme verkündete er, daß es Gott sei Dank ein herrlicher Tag wäre, ein auserlesen schöner Tag mit einem feuchten, sanften, ganz leichten Windchen, das gerade recht wäre, um sie nach drüben zu blasen. Mit seiner Stimme hätte er ein Kind in Schlaf wiegen können, aber seine Frau hörte nicht auf, zu nörgeln und zu schelten. Wütend stapfte Tomas wieder hinaus, setzte sich mit übereinandergeschlagenen Beinen auf die Mauer, drehte dem Haus den Rücken und biß auf seiner Pfeife herum. Er trug seine allerbesten Sachen: einen ehrwürdigen blauen Bratenrock und helle Frieshosen, die nur einen einzigen Flicken auf dem Gesäß hatten. Seine Mütze hatte er so weit nach rechts herumgedreht, daß der Schirm ihm schief übers Ohr ragte.

Als er im Boot war, sprang er wie ein Junge darin umher. Dempsey, der hager, pockennarbig und melancholisch war und eine erstaunlich helle, durchdringende Stimme hatte, übernahm das Steuer, und der Rote Patrick bediente das Segel. Tomas kletterte in den Bug und stand dort, vorgebeugt und ein Knie aufgestützt, wie eine Galionsfigur. Die Bucht kannte er wie seine Westentasche. Oben auf dem Ballast thronte die Frau von der Insel; in der Hand hielt sie den Rosenkranz, und den Schal hatte sie sich tief ins Gesicht gezogen, damit sie die Wellen nicht zu sehen brauchte. Das schwerfällige alte Boot ging leicht unter Segel, und Ned lehnte sich mit dem Ellbogen gegen das Dollbord und genoß alles.

«Wie es lacht!» rief der Vater begeistert, als das Wasser am Bug weiß aufschäumte. «Wessen Boot ist das da drüben?» fragte er und kniff die Augen zusammen. Ein anderes braunes Segel schoß an ihnen vorbei.

«'s ist das Inselboot!» krähte Dempsey vergnügt.

«Bewahre, Dempsey, da irrst du dich, mein Bester! Das ist nicht das Inselboot!»

«Wessen Boot ist es denn?»

«Es wird ein Boot von Carriganassa sein, Dempsey!»

«Ich sage dir, 's ist das Inselboot!»

«Ach, Dempsey, mein Goldjunge, was willst du mir so widersprechen? Es ist nicht das Inselboot. Das Inselboot hat ein dunkelbraunes Segel; erst letzten Monat ist es geteert worden, und das Segel dort wurde schon vor langer Zeit geteert — aber, Dempsey, was der beste Beweis ist: das Segel vom Inselboot hat einen Flicken in der Ecke!»

Er lehnte sich weit über den Bug und schaute nach Felsklippen aus, die dunkelpurpurn unter ihm dahinglitten; den Ellbogen hatte er auf das aufgestützte Knie gestemmt und sah ihnen nach. Sein braunes Gesicht war übersprüht vom Gischt und ganz hell vom Widerschein des aufblinkenden Wasserschwalls; das Fleisch schien wie aufgelöst und durchsichtig, während die blauen Augen in außergewöhnlichem Glanze aufleuchteten.

Ned kniff die Augen zusammen und sah Meer und Himmel hinter dem braunroten, sonnenprallen Segel und der eifrigen, standfesten Gestalt seines Vaters langsam steigen und sinken.

«Tom!» rief der Alte, und sein verwittertes Gesicht spähte unter dem bauchigen Segel hervor, mit dem es an Farbe fast übereinstimmte, und das silbrige Licht machte es ganz lebendig.

«Ja?» dröhnte Toms Stimme zurück.

«Hast recht gehabt gestern abend, Tom, mein Junge. Hast ganz recht gehabt, mein Herzenskind! Ich fahre, weil ich etwas zu trinken haben will!»

«Ach, was du nicht sagst!» rief Tom ironisch.

«Ja, ja, ja», sagte der alte Mann reuig. «Ich wollte etwas zu trinken haben. Es waren immer anständige Leute in Mutters Sippschaft, und weil sie das weiß, bekam sie's mit der Angst. Eine gute Frau, eine prächtige Frau, eure arme Mutter, und der Allmächtige soll sie segnen und erhalten und über ihr wachen!»

«Aaaahaaahaaamen!» sang Tom pietätlos, während der Vater fromm die Mütze gen Himmel schwenkte.

«Aber Tom — Tom, hörst du auch zu?»

«Ja, was denn noch?»

«Ich hatte noch einen andern Grund!»

«So, so», machte Tom, und es klang nicht sehr einladend.

«Ja, ja, tatsächlich, bei Gott! Und Gott soll mich für die Lüge strafen!»

«Mit euch beiden dicketun wollte er», quietschte Dempsey vom Heck her, und der Wind peitschte ihm die schrillen Worte von den Lippen und zerfetzte sie wirbelnd wie Papierschnitzel.

«Das war's, Dempsey, das war's. Hast ganz recht, Dempsey. Hast ja immer recht. Gottes Segen mit dir, Dempsey, denn du hast den Nagel auf den Kopf getroffen.»

Das lachende Hutzelmännchengesicht des alten Tomas blinkte unter dem sich bauschenden, schokoladebraunen, schwankenden Segel hervor, und seine mächtige Stimme überschrie Dempsey: «Und willst du mich deshalb tadeln, Dempsey?»

«Die O'Donnells können nicht an sie heran!» schrie Dempsey gellend.

«Ja, gelobt sei Gott für all seine Gnade und Güte!» brüllte Tomas und wedelte wieder mit seiner Mütze zu der Stelle hin, wo seiner Ansicht nach der Allmächtige war und zuhörte. «Sie können es nicht! Und dabei haben sie Glück gehabt. Die O'Donnells sind eine gute Familie, eine alte Familie, eine freundliche Familie; aber so etwas wie meine beiden Jungen, das haben sie nicht, Dempsey!»

«Und als du damals wegen der Tochter kamst, waren sie reichlich zugeknöpft», erinnerte Dempsey ihn mit seiner schrillen Stimme.

«Ja, Dempsey, das waren sie! Sie waren steif. Und wie! Das kann man ihnen nicht übelnehmen, Dempsey. Es ist eine alte Familie, und ich hatte nicht mal einen Hof.»

Mit wildem Schwung riß sich der alte Mann die Mütze noch weiter übers Ohr, spuckte aus, zog am Schnurrbart und beugte sich immer waghalsiger über den Bug. Seine blauen Augen tanzten triumphierend. «Aber ich hatte Grütze im Kopf, Dempsey, mein Lieber. Grütze, jawohl!»

Die Inseln glitten flink vorbei. Die Bucht wurde enger und stiller. Man konnte die kleinen weißen Häuser sehen, die sich um die hohe, unschöne Kirche scharten. Es war eine wilde, zerklüftete Küste, und dabei war hohe Flut. Sie mußten, so gut sie konnten, zwischen den Felsen hindurchmanövrieren. Der Rote Pat sprang hinaus und zog das Boot aufs Ufer zu. Die andern stiegen auch aus und standen bis an die Knöchel im Wasser. Der Rote Pat, der selbst fast das Gleichgewicht verloren hätte, hielt sie, damit sie nicht ausglitten. Ned und Tom saßen noch im Boot und zogen sich etwas beschämt ihre Schuhe aus.

«Aber warum denn?» rief ihr Vater, «laßt das doch, wir tragen euch schon. Heilige Mutter Gottes, eure armen Füße!»

«Willst du deine alte Gosche halten!» sagte Tom ärgerlich.

Einen Augenblick blieben sie an Caheraghs Zaun stehen. Der alte Caheragh hatte einen roten Bart und ein breites, lachendes Gesicht. Dann gingen sie zu den O'Donnells, die zwei Häuser hatten, ein altes und ein neues. Beide waren durch einen Hof voneinander getrennt. In einem lebte Onkel Maurice und seine Familie, und im andern Maurices verheirateter Sohn Sean. Ned und Tom blieben bei Sean und dessen Frau. Tom und Sean waren alte Freunde. Wenn Sean sprach, sah er Tom selten an; meistens warf er ihm nur einen Seitenblick zu, der gerade noch Toms Kinn traf, und dann ließ er die Augen wieder sinken und lächelte merkwürdig schüchtern.

Ned hörte, wie er «Ja, ja» sagte, und dann «Das war's» oder «Nein, nicht». Seine Frau, Shuvraun, war aufgeregt, groß und besorgt. Übereifrig umklammerte sie ihre Hände, als ob sie sie nie wieder loslassen könne, und stieß allerlei zärtliche, entzückte, erstaunte, mitleidige oder bewundernde kleine Schreie aus. Ihre Sprache bestand aus Diminutiven, wie «Händchen», «Kindchen», «Schiffchen». Drei kleine Kinder krabbelten auf dem Fußboden herum und waren so in ihr Spiel versunken, daß sie die Besucher kaum beachteten. Shuvraun ging zwischen ihnen hin und her, setzte Teewasser auf, schnitt Brot ab und haschte dann wieder nach Toms Hand, als ob sie ihn vernachlässigt hätte. Durch ihre fieberhafte Aufmerksamkeit brachte sie sich selbst völlig aus dem Geleise und schien schließlich kein Wort mehr zu verstehen. Aber in drei Tagen würde es sich alles in ihrem Kopf gesetzt haben, und dann würde sie unablässig wiederholen, was die Gäste gesagt hatten.

Der junge Niall O'Donnell brachte seine Liebste mit, eine Deignan vom Berg oben. Sie war rundlich und keck. Sie war schon in der Stadt in Stellung gewesen. Niall war ein gutgewachsener Bursche mit weichem, offenem Gesicht, feurigen Augen und einer tiefen, warmen, kräftigen Stimme. Ned sah die beiden durchs offene Hoffenster, während er mit den andern im ungemütlich kahlen Wohnzimmer, in dem ein paar Familienphotos an der Wand prangten, vor seiner Tasse Tee saß. Da standen sie auf dem Abhang hinter dem Haus, hinter ihnen der Frühlingshimmel, und ihre Gesichter waren ganz voll Licht. Niall fragte das Mädchen etwas; aber sie schüttelte den Kopf: das Wohnzimmerfenster schien sie mehr zu interessieren.

Als sie zum Mittagessen ins andere Haus hinübergingen, sagte ihr Onkel Maurice: «Ihr habt euren Vater verpaßt!» Maurice war ein kleiner Mann mit schmalem Mund, hohem, kahlem Schädel und einer trockenen, barschen Stimme. «Er ist gerade in dieser Minute zu Owney Pat gegangen.»

«Der Teufelskerl!» sagte Tom. «Ich hab's ja geahnt, daß er mir entwischen würde. Habt ihr ihm Whisky gegeben?»

«Was zum Kuckuck konnte ich ihm sonst geben? Dachtest du, daß das alte Sumpfhuhn auf Tee erpicht war?»

Bei Tisch bekam Tom den Ehrenplatz. Alle verwöhnten ihn. Durch die Türe konnte man ins Schlafzimmer sehen, wo in einem großen Himmelbett auf einem erhöhten schlohweißen Kissen ein mumienhaftes Gesicht lag. Über einem Heiligenschein von rauchgrauen Haaren thronte ein Ding, das einer lila Teemütze verdächtig ähnlich sah. Manchmal bewegte sich der bleiche Kopf; dann verstummten alle, und Niall, der Liebling des Alten, gab weiter, was der Greis kaum hörbar geflüstert hatte. Manchmal ging Niall mit seinem steifen, schwerfälligen Gang auch zu ihm hinüber und erzählte ihm mit tiefer, schleppender Baßstimme einen von Toms Witzen. Die Hühner trippelten ihnen zwischen den Füßen herum, verdrehten fürwitzig die Hälse und stürzten mit wildem Gegacker und Geflatter aus der Türe, wenn eines der Mädchen sie fortscheuchte. Etwas zeitlos Friedliches und Patriarchalisches lag über allem. Ned war ganz erfüllt davon. Es kam ihm vor, als sähe er das Heim seiner Mutter zum erstenmal.

«Sag mir doch», rief Tom dröhnend und mit geheuchelter Besorgnis, indem er sich vertraulich seinem Onkel zuneigte und unter den Augenbrauen zum jungen Niall hinüberspähte, «als Priester und der Familie wegen möchte ich etwas wissen: hat dein Sohn Absichten auf Delia Deignan?»

«Was? Hat der junge Strick wieder mit ihr zusammengesteckt?» kläffte Maurice vergnügt.

«Ich kann mich ja geirrt haben», sagte Tom unsicher.

«Als ob du nicht die Deignans kennst!» rief Sean.

«Ist noch keine von ihnen verheiratet?» fragte Tom.

«Nein, zum Kuckuck, nein!» antwortete Maurice. «Ist es nicht erstaunlich?»

Tom fuhr mit der gleichen ernsthaften Stimme fort: «Ich brauche nämlich jemanden, der sich um meinen kleinen Bruder hier bekümmert. Dublin ist ein übles Nest, voller Versuchungen. Ihr kennt wohl kein nettes Mädchen, das ich fragen könnte?»

«Cait, Cait», riefen sie wie aus einem Munde, und Nialls Stimme klang am allerlautesten.

«Aber eigentlich», meinte Tom, «scheint auch Delia ein schmuckes kleines Ding zu sein.»

«Nein, nein — Cait! — Delia ist nicht mehr die

alte, seit sie in der Stadt war. Sie bildet sich zuviel ein. Laß ihn Cait heiraten!» Niall stand vergnügt auf und schlurfte zu dem alten Mann hinüber.

Tom zwinkerte allen mutwillig zu und flüsterte: «Ist sie auch sanft? Ich möchte nicht, daß er eine Derbe bekommt!»

«Ja, ja», riefen sie, «ein prächtiges Mädchen!»

Sean hatte den Kopf gesenkt und sagte mit ruhiger Stimme: «Wenn's sonst niemand weiß, Gott weiß es, wie derb er die Sanfte ihr Leben lang angepackt hat!»

Vor lauter geheuchelter Entrüstung richtete Tom sich kerzengerade auf, indes sich alle am Tisch vor Lachen bogen. Niall brüllte seinem Großvater den Witz ins Ohr. Die lila Teemütze wackelte; es war das einzige Anzeichen, wie sehr es den alten Mann ergötzte.

IV

Die Deignans wohnten auf einem kleinen Berg hoch über der Straße; sie konnten meilenweit ins Land hineinschauen. Die beiden Brüder, Sean und die O'Donnell-Mädchen gingen auf einem langen, sich windenden Heckenweg zu ihnen hinauf; der Pfad schlängelte sich unschlüssig zwischen kleinen, grauen Feldern und lose aufgeschichteten Steinmauern, die sich, wo sie über die Hügel liefen, wie zarte Spitzen gegen den Himmel abhoben. Unterwegs begegnete ihnen eine andere Gruppe, die bergab pilgerte: voran ihr Vater, Arm in Arm mit der Frau von der Insel, hinter ihnen zwei Einheimische mit Dempsey und dem Roten Pat. Die ganze Gesellschaft, außer der Frau von der Insel, war schon ordentlich angeheitert. Das merkten sie, als ihr Vater auf sie zustürzte, ihnen allen die Hand schüttelte und sich nach ihrem Befinden erkundigte.

So ehrenwerte Leute wie die in Carriganassa, sagte er, könne man — verdammt noch eins — in der ganzen Welt nicht finden, und von ihnen wieder käme keiner an die O'Donnells heran: Könige und Königssöhne, wie man ja auf den ersten Blick sehen könne. Er hatte nur noch einen Besuch zu machen und versprach, in einer Viertelstunde bei den Caherags zu sein.

Sie schauten bei Deignans über die Halbtür. Die Küche war leer. Die Mädchen begannen zu kichern. Sie wußten, daß die Deignans sie schon von weitem hatten kommen sehn. Die Küche war ein schöner Raum: Holzwerk und Möbel waren hübsch, handgemacht und glänzend rotbraun angestrichen. Das gemalte Küchenspind prunkte mit schönem Geschirr. Sie traten ein und sahen sich um. Nichts als das Ticken der billigen Weckeruhr auf dem Spind war zu hören. Eins der Mädchen fing haltlos an zu kichern. Sean erhob die Stimme: «Seid ihr da oder nicht, verwünscht nochmal?»

Einen Augenblick war alles still. Dann hörte man schnelle Schritte im oberen Stock, und ein Mädchen rannte die Treppe hinunter und zog sich dabei den schwarzen, gestrickten Schal fester um die Schultern. Sie war vielleicht achtundzwanzig oder dreißig Jahre alt. In einem schmalen Gesicht, das scharf geschnitten war wie bei einem Wiesel, standen zwei blaue, furchtsame Augen. Verlegen, mit halb abgewandtem Gesicht, kam sie in die Küche und begrüßte alle mit den üblichen Worten:

«Tausendmal willkommen! Wie geht's euch? Ein schöner Tag!»

Die O'Donnell-Mädchen kicherten wieder. Nora Deignan blickte sie erstaunt an und biß nervös in die Fransen ihres Schals. Sie hatte winzige, scharfe weiße Zähne.

«Was ist denn, hm?» fragte sie.

«Hör mal, willst du endlich dein altes Getue lassen», rief Tom geräuschvoll, «und uns sagen, wo Cait steckt? Du glaubst doch wohl nicht, daß wir herkamen, um dich häßliches Kätzchen anzuschauen?»

«Cait!» rief Nora leise.

«Was ist?» antwortete eine Stimme von oben.

«Du weißt doch zum Kuckuck, was ist!» dröhnte Tom heraus, «und seit heute früh hast du schon nach uns ausgeschielt. Wirst du jetzt endlich kommen, oder soll ich dich holen?»

Wieder waren hastige Schritte zu hören, und noch ein Mädchen kam die Treppe hinunter. Erst viel später wurde es Ned ganz klar, wie wunderschön sie war. Sie hatte dasselbe schmale, ovale Gesicht wie ihre Schwester, die gleichen schmächtigen, von einer Art tierhaftem Instinkt belebten Züge, dieselben blauen Augen, die so furchtsam aufglänzten. Aber alles schien ganz anders zusammengesetzt, und ihre Haut war von einer Durchsichtigkeit, als ob ihr innerstes Wesen hervorschimmerte. «Kind des Lichtes, deine Glieder leuchten brennend durch den Schleier, der sie zu verhüllen scheint», fuhr es Ned durch den Kopf. Auch sie kam ihnen voller Abwehr entgegen und errötete über und über. Toms Augen blickten sie an: sanfte, trübe, gefühlvolle Augen, die den ihren so unähnlich wie nur möglich waren.

«Willst du mich gar nicht begrüßen, Cait?» rief Tom, und Ned fand, daß seine Stimme auf einmal ganz sanft und verschleiert klang.

«Oh — tausendmal willkommen!» Ihre blauen Augen hafteten, wie es Ned schien, einen Augenblick auf ihm — leidenschaftlich, durchdringend und offen —, dann huschten sie an ihm vorbei zur Türe.

Draußen begann es sanft zu regnen; schwere Wolken drückten auf die graue Landschaft, die heller wurde, je mehr sie zu einer einzigen weiten Fläche verschwamm. Die buckligen grauen Felder mit ihren Steinmäuerchen schienen auf sie zu- und vorbeizuziehen wie Flugsand. Die weißgetünchten Bauernhäuser verblaßten vor der in graubraunen Hügeln versinkenden Sonne.

«Ist das alles, mein Kind?» grollte Tom.

«Wie geht es euch?»

«Du erstickst ja vor lauter Höflichkeit. Wo ist Delia?»

«Hier!» sagte Delia, die unmittelbar hinter ihm in der halboffenen Tür stand. In ihrer verstohlenen Art hatte sie sich ums Haus herumgeschlichen. Alle lachten über ihren Streich.

Tom räusperte sich und sagte: «Wir kamen nämlich meines Bruders wegen her, der eine Frau sucht.»

Wieder lachten sie. Ned wußte wohl, daß ein Spaß um so beliebter war, je öfter er wiederholt wurde; doch er für sein Teil fand, daß gerade dieser Scherz schon etwas abgenutzt war.

«Bitte laßt ihn mir!» sagte Delia und guckte schelmisch auf Ned, der lächelte und auf den Boden schaute.

«Stille, du Nichtsnutz, deine beiden Schwestern sind vor dir an der Reihe!»

«Wenn auch, ich möchte nach Dublin! — Wollen Sie mir eine Limonade spendieren, Mister?» fragte sie Ned mit ihrem kecken Lächeln. «Das hier ist ein verlorenes Nest. Wenn ich dürfte, ginge ich nach Amerika!»

«Da hast du gerade noch gefehlt!» knurrte Tom. «Und jetzt, meine Damen — ich will sie ja nicht hetzen, aber mein Alter erwartet uns bei Johnny Kit.»

«Wir kommen mit!» rief Nora, und die drei Mädchen holten sich ihre schwarzen Umschlagtücher vom Türhaken. Sie lachten und scherzten dabei. «Ihr werdet naß werden», sagte Sean zu den beiden Brüdern. «Cait wird mich schon unter ihr Tuch lassen», neckte Tom.

«Das werde ich gewiß nicht!» schrie sie und fuhr lachend zurück.

«Wie schüchtern du bist», sagte Sean und grinste gutmütig.

«Das ist überhaupt nicht der wahre Grund», sagte Delia, «sondern sie will lieber den jungen Mann.»

«Alles Neue ist wunderbar!» meinte Nora.

Cait biß ihre winzigen Vorderzähne in die Unterlippe und sah böse auf ihre Schwestern und Sean; dann lachte sie auch. Sie blickte Ned an und öffnete ihm lächelnd und einladend ihr Tuch, obwohl gleichzeitig noch eine Zornröte nach der andern über ihre Stirne flog, wie Sturmböen über einen Seespiegel.

Es regnete in sanftem, gleichmäßigem Nieseln; der Wind wehte. Alles war dunkel und einsam geworden, und wie Ned so mit dem Kopf in den schützenden Falten von Caits Tuch steckte, das nach Torffeuer roch, und den Arm um ihre Hüfte gelegt hatte, war es ihm, als sei er der Zeit aus der Tasche entfallen.

In Caheraghs Küche warteten sie. Der bärtige, alte Mann saß in einer Kaminecke, ein kleiner, barfüßiger Knabe in der andern. Das matte blaue Licht troff wie ein Regen den breiten Kamin hinunter und auf ihre Köpfe, zart wie der Schimmer auf altem Porzellan, und hob Flächen hervor, die man sonst nicht sah. Und zwischen ihnen brannte das Feuer strahlend goldgelb in dem großen weißgetünchten Kamin mit seinen schwarzen Topfhaken und Stangen. Draußen hinter der Halbtür fiel der Regen leise, fast lautlos nieder.

Delia lehnte in der Tür wie der Rufer in einem griechischen Drama. Tomas' fünfzehn Minuten hatten sich bereits zu einer vollen Stunde ausgewachsen. Zwei kleine, barfüßige Jungen waren fortgeschickt worden, um ihn aufzutreiben.

«Wo sind sie jetzt, Delia?» fragte einer der O'Donnells von Zeit zu Zeit.

«Sie kommen von Patsy Kit her quer übers Feld.»

«Da war er also nicht.»

«Scheint so», sagte der alte Mann. «Jetzt werden sie wohl zu Ned Kit gehen.»

«Ja, sie gehen darauf zu», sagte Delia, «bergauf, an der andern Seite vom Fort entlang.»

«Da finden sie ihn», meinte der alte Mann zuversichtlich.

Ned war es zumute, als ob er immer noch in die Falten des torfduftenden Schals eingehüllt sei. Es schien etwas über ihn gekommen zu sein, das ihn mit einer wilden Melancholie erfüllte. Er konnte die Augen kaum von Cait abwenden. Sie und Nora saßen auf der Bank vor der weißen Wand, ein Bild in Schwarzweiß. Den schwarzen Schal hatte sie fest unterm Kinn zusammengezogen, die Kapuze überschnitt ihren dunklen Haaransatz. Ihr Schattenbild fiel auf die leuchtende Wand. Sie sprach nur, wenn sie Tom auf Fragen über ihren Bruder antwortete; aber manchmal ertappte Ned sie dabei, wie sie ihn unverhüllt ansah. Dann lächelte sie schnell und heimlich und schaute wieder gedankenverloren auf die Tür.

Gedankenverloren oder gedankenleer? dachte er bei sich. Während er ihr Gesicht anstarrte, das mit seinen überzarten Zügen so tierhaft-naturverbunden dreinsah, schienen der fallende Regen, die Felsen und Hügel und das unruhige Meer sich darin widerzuspiegeln.

Der erste, den Delia ankündigte, war der Rote Pat. Nach ihm kam die Frau von der

Insel. Jeder hatte den Vater anderswo getroffen. Ned lachte in sich hinein, als er sich vorstellte, wie sein vom Trinken entflammter, begeisterter und aufgeregter Vater mit seinem lahmen Kreuz durch den strömenden Regen über endlose Felder stampfte, und eine ganze Prozession hinter ihm drein. Schließlich kam Dempsey noch. Er bezweifelte, ob der alte Tomas überhaupt fähig sein würde, ins Boot zu steigen.

«Und was macht's, he?» fragte Delia. «Wir haben schon noch Platz für den jungen Mann.»

«Wo sollen wir ihn denn unterbringen?» staunte Nora mit offenem Munde.

«Er kann Caits Bett haben», antwortete Delia mit Unschuldsmiene.

«Na, hör mal, und wo soll Cait schlafen?» fragte Nora, und dann erschrak sie und versteckte ihr Gesicht im Tuch.

Delia spöttelte. Die Männer lachten. Cait biß sich wütend auf die Unterlippe und sah zu Boden. Wieder fing Ned ihren Blick auf, und wieder lachte sie und wandte sich ab.

Unvermutet wie der Seewind überfiel sie der alte Tomas und wirbelte alle durcheinander. Er quetschte Toms Hand und fragte ihn, wie's ihm denn ginge. Das gleiche wiederholte er bei Ned. Ernsthaft erwiderte Ned, es ginge ihm sehr gut.

«Aber in Gottes und aller Heiligen Namen, worauf wartet ihr denn?» schrie der Vater und wehte mit seinen Armen wie mit Windmühlenflügeln.

Es war Ebbe. Tomas packte ein Ruder und schob das Boot auf einen Felsen. Dann wollte er das Segel hissen und fiel dabei unter das Segel und mußte unter den naßen Falten hervorgezogen werden, wobei er Cassidys altes Boot verfluchte und verwünschte.

Auf einer kahlen Klippe gegen den grauen Hintergrund der Regenfahnen stand eine kleine Schar. Noch lange Zeit winkte Ned dem schwarzen Tuch zu, das ihm nachwinkte. Ein seltsames Gefühl von Frohlocken und Trauer überfiel ihn. In seinen Mantel eingewickelt, saß er neben Dempsey im Heck und schwieg.

«Was für ein herrlicher Tag!» sagte der Vater voller Überzeugung, schaukelte hin und her, zupfte an seinem Wikingerschnurrbart und zog den Mützenschirm tiefer übers Ohr. Seine Gesten verrieten einen gewissen Mangel an rhythmischem Einklang; unvermittelt begannen und endeten sie. «Dempsey, mein Schatz, war's nicht ein herrlicher Tag?»

«Für dich — für dich war's ein herrlicher Tag!» schrillte Dempsey, als sollte es ihm die Kehle zersprengen.

«Ja, mein Kleiner, ein schöner Tag! Ich bin ehrenvoll aufgenommen worden. Es war der schönste Tag meines Lebens. Und meine Söhne sind auch ehrenvoll aufgenommen worden. Porter und Whisky und Poteen habe ich bekommen. Ja, ja, Tom, mein Kälbchen, und Ned, mein Stern: in sieben Häusern kehrte ich ein, und in jedem bekam ich siebenerlei Getränke vorgesetzt und bei jedem Getränk sieben Willkommenssprüche. Und die Sippschaft von eurer Mutter, die ist Trumpf! Sie haben mich nicht über die Achsel angesehen, auch wenn ich mal ein Mann ohne Hof war... Nein, nicht über die Achsel haben sie mich angesehen, Tom!»

Die Dunkelheit brach herein, der Regen hörte auf. Sterne erschienen am pechschwarzen Himmel, unter dem das bockende kleine Boot wie verloren war. In der weiten Wasserwüste war nichts zu hören als das Planschen der Bootswände und ihres Vaters Stimme, der angetrunken sang:

«*Der Abend war klar, und die Sonne wie Gold,*
Ich blieb stehn, denn ich sah ein Mägdelein hold,
Die kam zu mir her wohl über die Höhn,
Ihre Wangen waren wie Rosen schön.»

V

Ned wachte zuerst auf. Er fand ein Streichholz und zündete die Kerze an. Es war Zeit zum Aufbruch. Gerade hatte sich die Morgendämmerung verzogen, und um halb zehn mußte er auf seinem alten Platz im Klassenzimmer vor all den Reihen magerer kleiner Stadtgesichter stehen. Er zündete sich eine Zigarette an und schloß die Augen. In seinem Blut spürte er immer noch das Überholen des Bootes; in seinen Gedanken war immer noch Caits Gesicht, und wie aus weiter Ferne hörte er einen Vers aus dem wilden Liebeslied, das sein Vater gesungen hatte:

«... und wenn's dämmert, gehn wir auf Wildentenjagd.»

Er hörte, wie sein Bruder etwas brummelte und stupfte ihn an. Tom sah groß und dick und hilflos aus; sein blonder Kopf war auf die Seite gerollt, und der volle Mund näßte den Pyjamaärmel. Ned schlüpfte leise aus dem Bett, zog die Hosen an und ging ans Fenster. Er machte die Vorhänge auf und ließ das dünne, kalte Tageslicht herein. Die Wasserfläche war gerade eben zu erkennen und lag vollkommen glatt da. Tom fing wieder an zu sprechen; seine Stimme klang ängstlich, und Ned schüttelte ihn wach. Mit einem Angstschrei fuhr er aus dem Schlaf und packte seine Bettdecke. Er sah erst auf Ned, dann ins Licht, und rieb sich verschlafen die Augen.

«Hast du's auch gehört?» fragte er.

«Was?»

«Das Ding hier im Zimmer?»

«Es war nichts im Zimmer», antwortete Ned. «Du hast geträumt, und darum habe ich dich aufgeweckt.»

«Ach, was habe ich denn gesagt?»

«Keine Geheimnisse», lachte Ned still.

«Teufelnocheins», seufzte Tom angewidert und faßte nach einer Zigarette. Er zündete sie an der Kerzenflamme an. Sein verschlafenes rotes Gesicht war ganz runzelig und verstört. «Ich habe scheußlich geschlafen!»

«O je», sagte Tom ruhig und hob die Augenbrauen. In *dem* Ton sprach Tom nicht oft zu ihm. Er setzte sich auf die Bettkante, faltete die Hände, lehnte sich vor und sah Tom mit großen, guten Augen an. «Ist etwas nicht in Ordnung?»

«Ja», antwortete Tom.

«Du bist doch nicht in Schwierigkeiten?» fragte Ned weiter, ohne die Stimme zu heben.

«Nicht so, wie du denkst. Das Schwierige ist hier in mir drinnen.»

Ned warf ihm einen Blick tiefen Mitgefühls und Verständnisses zu. Toms weiche, tiefe braune Augen begehrten ein Urteil. Doch Ned war es noch nie so wenig nach Urteilen zumute gewesen. «Ja», sagte er leise und unbestimmt, und seine Augen wanderten nach der andern Seite des Zimmers, indes seine Stimme ins übliche Gestammel verfiel, «das Schwierige ist immer in uns drinnen. Wenn wir mit uns selber im reinen wären, würde es auf alles andere gar nicht ankommen. Ich glaube, wir müssen es der Zeit überlassen. Mit der Zeit wird alles zurechtkommen.»

«Nicht bei mir», rief Tom verzweifelt. «Du kannst noch auf etwas hoffen, ich auf nichts. Was einen umbringt in solchem Beruf, ist die Einsamkeit. Darüber sprechen wäre schon eine Erleichterung. Aber zu wem kann man denn sprechen? Die Leute kommen mit ihren Sorgen zu einem, aber mit seinem eigenen Kummer kann man zu niemandem gehen.»

Wieder stand das wilde Fragen in den braunen Augen, und Ned wurde voll unendlichen Mitleids inne, daß Tom schon jahrelang in diesem Zustand von Unruhe und Furcht lebte, ein Mensch, der durch sein eigenes Wesen niedergehetzt wurde und der vielleicht Jahre und Jahre so würde leben müssen, sich aber nie wieder so preisgeben würde wie heute.

«'s ist schade, daß du überhaupt herkamst», stotterte er niedergeschlagen. «Schade, daß wir nach Carriganassa gingen. Es wäre für uns beide besser gewesen, wenn wir woanders hingegangen wären.»

«Warum heiratest du sie nicht, Ned?» fragte Tom eindringlich.

«Wen?»

«Cait!»

«Gestern hätte ich beinah gewünscht, ich könnte es tun», sagte Ned mit dem scheuen Lächeln, das er immer hatte, wenn ihm etwas aus der Seele kam.

«Aber du kannst sie doch heiraten, Mensch», rief Tom eifrig und stützte sich auf den Ellbogen. Wie alle, die für sich selbst keinen Ausweg wissen, steckte er voller Pläne für andre. «Du kannst sie doch heiraten und hier die Schule bekommen. Das würde ich tun, wenn ich an deiner Stelle wäre!»

«Nein», erwiderte Ned ernst. «Wir haben uns schon vor langer Zeit entschieden. Wir können nicht mehr zurück.»

Dann steckte er die Hände in die Hosentaschen und ging mit gesenktem Kopf in die Küche. Die Mutter hatte den bunten Schal um den Kopf gelegt und blies das Feuer an. Die Schlafstubentür stand offen. Er konnte seinen Vater in Hemdsärmeln sehen; er kniete neben dem Bett, das Gesicht andächtig zu einem Heiligenbild aufgehoben. Hinten hingen ihm die Hosenträger herunter.

Ned schob den Riegel an der Halbtür zurück und ging durch den Garten und auf die Straße.

Ein zaubrisches Licht lag auf allen Dingen. Ein Knabe auf einem Pferd hob sich plötzlich — welch seltsames Bild! — gegen den Himmel ab. Durch die mandelgrüne Helle über Carriganassa liefen lange Streifen Rot, bewegungslos wie Email. Zaubrisch — ja, zaubrisch! Er sah alles so, wie ihm in der Kinderzeit die Bilderbücher erschienen waren: jede Farbe in unerträglichem Glanze. Es war eine Welt, der er entwachsen war, wohin er nie wieder zurückkonnte. Doch die Welt, der er nachlief, war genau so fern und unerreichbar wie in verzweiflungsvollen Jugendtagen.

Es war ihm, als ob er heute zum erstenmal von daheim wegginge, zum erstenmal und für immer von allem Abschied nahm.

Feiglinge?

Von
Daniel Corkery

Rossadoon ist ein Vorgebirge an der Küste von Kerry. Es läuft in zwei stumpfen Zipfeln aus, die den ungeschlachten Fingern eines Riesen aus einer skandinavischen Geschichte gleichen, nur daß einer von den beiden, der nördliche, in jeder Beziehung größer als der andere ist, aus mächtigeren Felsklippen sich aufbaut und höher und freier in Wind und Wolken hineinragt. Trotzdem war es diese nördliche Spitze, die die unerschrockenen Alten wählten, als das Christentum noch jung in unserem Lande war, um Gott dort zu ehren, ihr Steinkirchlein mit seinen vier einfachen Mauern darauf zu errichten und ihre Toten zwischen dem Kirchlein und dem steil abfallenden Felshang zu begraben. Von dieser frühen Kirche stehen nur noch Reste niedergerissener Mauern. Hunderte von Jahren müssen vergangen sein, seit droben über der See zum letztenmal die Messe gelesen wurde. Aber die Fülle der Grabsteine, die zum Teil zu hell und zu neu sind, zeugt davon, daß die Leute von

Rossadoon noch heutigentags ihre Toten zu denen legen, die vor über tausend Jahren starben. Zu hell und zu neu sind sie, diese Steine, und wenig passen die her, auf denen geschrieben steht:

Dem Andenken John O'Riordans aus New Inn gewidmet. Errichtet von seinem Sohne Michael J. O'Riordan aus Portland, Maine, USA.

Und doch wird dort, zwischen der Fülle der Gräber, bald ein Monument errichtet werden, das weit größer und schöner ist als alle, die mit amerikanischen Dollars bezahlt wurden. Es wird über dem Grabe Tomas O'Miodhachains stehen, und die rein gälische Inschrift wird besagen, wie er im Mountjoy-Gefängnis für sein Heimatland starb, für das zu allen Zeiten manch anderer gleich ihm sein Leben gegeben hat.

Ja, Tomas O'Miodhachain ist für immer nach Rossadoon heimgekehrt und liegt auf Nord-Point, nur zehn Acker vom Ort seiner Geburt.

Auch Oberst Hastings ist, scheint es, für immer heimgekehrt in sein altes, graues, verwittertes Haus auf Süd-Point. Und es war an genau dem gleichen Tag, daß diese zwei Männer aus Rossadoon heimkehrten — der Rebell und der Oberst. Doch vor den beiden war noch ein anderer heimgegangen, ein helläugiger Knabe, Edward Pendrift Hastings, des Obersten einziger Sohn — aber nicht heim nach Süd-Point mit seinem Vater, noch nach Nord-Point mit dem Rebellen: in einem Soldatengrab ruht er, nicht weit von Arras.

II

Es war an einem Tag, den Nebelschleier noch heller machten — jene Nebel, hinter denen sich nicht eine, sondern viele Sonnen zu verbergen scheinen —, als die Eisenbahn den armen ausgemergelten Körper des Rebellen wie irgendein x-beliebiges totes Ding nach Cappaban brachte. Dort übergab ihn die Ehrenwache aus jungen Dubliner Freiwilligen* der Obhut der Freiwilligen von Rossadoon. Der Leichenzug bog bald nach Westen in die sich launenhaft auf und ab schlängelnde Bergstraße aus Fels und Schiefer ein, die während einer Strecke von sieben Meilen immer schmaler und schmaler wird und endlich als einfacher Heideweg zwischen zerfallenden Mauern auf den Kirchhof von Nord-Point ausmündet. Im Anfang schienen es eher drei Leichenzüge als einer zu sein: in der Mitte marschierten geschlossen und gleichmäßig sämtliche Freiwilligen-Kompagnien der ganzen Umgegend, wilden Herzens und viel zu zahlreich, um sich irgendwie aufhalten zu lassen von den Trupps schweigender, schwerbewaffneter Polizei, die sich an jeder Wegbiegung aufgestellt hatte. Sie marschierten mit Pfeifen und Trommeln und verhängten Fahnen, und der Sarg in ihrer Mitte war in die leuchtenden Farben der Republik gehüllt und sah vor den blassen, nebelgrauen Bergen wie ein emailgeschmücktes Juwelenkästchen aus. Zu beiden Seiten des gleichmäßig

* «Republican Volunteers» bildeten die Anfänge der späteren Irischen Republikanischen Armee.

und disziplinierte marschierenden Zuges der Freiwilligen strömte eine wirre Menge von Leuten aus der Umgegend, jung und alt, Männer, Frauen und Kinder, und hie und da zu Pferde ein alter Bauer aus den Bergen, der das Herz voll heisser Erinnerungen an andere Kämpfe, andern heroischen Tod, andere denkwürdige Beerdigungen hatte. Allmählich würden sich die Reiter, ja, die ganze Menge, von selbst in den Zug eingliedern und ihren Platz hinter den Freiwilligen einnehmen. Doch zu Anfang zogen noch drei Gruppen die Straße entlang, und ihr Schweigen war so erfüllt von verborgenen, glühenden Gedanken, wie der Nebel von verborgenen Sonnen.

Die Freiwilligen von Cappaban und Rossbuiddhe und Rossadoon, so sehr sie sich auch Mühe gaben, konnten nicht wie die blassen Männer aus Dublin marschieren, die die Leiche hergebracht hatten. Denn seit Tom O'Miodhachain sie vor zweieinhalb Jahren verlassen hatte, war es mit ihrem Exerzieren nicht mehr so weit her. Manch einer, der jetzt unbeholfen in Reih und Glied schritt, dachte bei sich, daß der Tote in ihrer Mitte ihnen wohl diesen Mangel an Drill anmerke und sie deshalb irgendwie tadeln müsse. Ja, die Dubliner marschierten besser; aber nicht nur das unterschied sie, nicht nur das. Denn ungleich den Leuten im entlegenen Kerry hatten die Dubliner gespürt, was Hungertod in einer Zelle im Mountjoy-Gefängnis bedeutet. Sie hatten diesen Tod abgewogen gegen andern Rebellentod — Tod in der heißen Schlacht, Tod in der Morgenfrühe vor dem Exekutionstrupp, Tod auf dem Schafott — und hatten begriffen, daß Hungertod mehr als alle andern den Geist auf die Probe stellte, den Geist, der allein und ohne Beistand war. Und während sie nun ohne den kleinsten Blick nach rechts oder links in ungestörtem Schweigen marschierten, schienen ihre Lippen alle gleich schmal und aufeinandergepreßt, ihre Stirnen gleich blaß und gesenkt und eisern; denn jeder marschierte in stummer Einsamkeit. Und wie der Zug stetig vorrückte und den Hügel erklomm, ohne an Stetigkeit oder Geschwindigkeit abzunehmen, begann diese Einsicht, was Tod im Gefängnis eigentlich bedeutet und für ihres Nachbarn Sohn bedeutet hatte, plötzlich genau wie bei den Männern aus Dublin den Geist der ganzen Menge zu beeinflussen und sie in Unbeugsamkeit und Schweigen zu einen. Selbst aus der Ferne schien man es zu spüren und ihm nachzugeben wie etwas Strengem, Schrecklichem und Drohendem. Und hätte nicht die Musik der Pfeifer wie Befreiung und Erlösung gewirkt, man hätte schreien müssen.

III

Oberst Hastings thronte auf seinem kleinen Jagdwagen und spürte nichts, schrie nicht, hörte nicht einmal die wilde Musik, die von Meer zu Meer schrillte. Ein oder zwei Wochen war er von zu Hause fort gewesen, war nach London ins Kriegsministerium gegangen und fuhr nun in frostigem Schweigen heim. Er wäre immer weiter geradeaus und direkt in den Zug hineingefahren, da seine Straße die andere kreuzte, hätte nicht der alte Diener seinen Arm berührt:

«Das ist der Leichenzug, die Menschen dort alle!»

«Was für ein Leichenzug?» Der Oberst starrte finster auf die Menge, die so ernst vorüberzog.

«Der Trauerzug für den Sinnfeiner*», antwortete der Diener scheu. «Tom ist's, der Bursche, der in Dublin im Gefängnis starb. Es würde ihnen nicht recht sein, wenn wir jetzt mitten hindurchführen.»

Da erst mochte dem Obersten die seltsame Unbeugsamkeit und Strenge der Marschierenden auffallen.

«Warum sollte ich wohl?» flüsterte er, und seine Stimme klang so fremd, so erstickt, daß der Diener ihn von der Seite her ansah.

Und so saßen sie beide auf dem Wagen — der Oberst zwei Kissen höher als sein Diener, und unten auf der Straße zog der Trauerzug an ihnen vorüber. Von den farblosen Blättern an den Bäumen fielen Nebeltropfen geräuschvoll nieder.

Wenn er ein halbes Lebensalter jünger gewesen wäre, hätte der Oberst in die Reihen der blassen Männer treten und mit ihnen marschieren können. Auch seine Stirn war gesenkt, auch seine Lippen schmal und aufeinandergepreßt, und seine Augen hart wie Stahl. Und die Stimme, die so fremd geflüstert hatte, paßte gut zu der versteinerten Miene, die ganz neu an ihm war.

* Sinn-fein = wir für uns selbst. Anhänger der irischen Unabhängigkeitsbewegung.

Dieser sternkalte Glanz und die Abgesondertheit von allem warmen Leben machte ihn den jungen Männern aus Dublin verwandt.

Der alte Diener, der kaum gewagt hatte, seinen Ärmel zu berühren, hatte einen Zornausbruch oder mindestens ein ärgerliches Wort erwartet. Denn vor seiner Seele stand noch deutlich die letzte Begegnung zwischen den Rebellen und dem Obersten. Es war bei der einen, ersten und letzten Rekrutenaushebung gewesen, die je in Rossadoon stattgefunden hatte. Der Oberst hatte seine Rede gehalten, hatte verkündet, daß er seinen einzigen Sohn ins englische Heer schicke, und hatte die jungen Burschen aus der Gegend aufgefordert, wie Männer vorzutreten und sich anzuschließen. Keiner war vorgetreten. Wie da die Augen des Obersten aufloderten, wie er vor Zorn bebte, wie er den Kopf in die Luft warf!

«Wollt ihr hören, was ihr seid? Ihr seid Feiglinge, Feiglinge seid ihr!»

Und da war Tom in einem Satz auf den Zaun neben dem Obersten gesprungen:

«Ein Feigling, wer geht!»
«Ein Feigling, wer bleibt!»
«Ein Feigling, wer geht!»
«Ein Feigling, wer — zu Hause bleibt bei Mutter!»

Doch Tom war zu aufgeregt, um auf die Worte oder ihren Sinn zu achten. Mit der linken Hand packte er den Obersten bei der Schulter, mit der rechten deutete er auf den bleich und stumm daneben stehenden Sohn:

«Der da ist ein Feigling, weil er geht!»

«Du bist ein Feigling, weil du bleibst — du und ihr alle!» Der Oberst machte sich frei und hob die Peitsche.

«Schlagen Sie nur zu!» schrie Tom. Da traten viele Männer zwischen sie, und der Polizeiinspektor geleitete den Obersten an seinen Wagen (den gleichen wie heute); seine Anhänger stellten sich geschlossen um ihn, und die Loyalisten marschierten ab.

Die ganze Versammlung junger Burschen blieb ungestört zurück, behauptete siegreich das Feld und sang einstimmig:

«Hüllt mich in die grüne Fahne,
Dann ist Sterben gut,
Gebt mir Erins edle Fahne*
Als mein Leichentuch!»

Daß Tomas danach nicht mehr in Rossadoon blieb, war vernünftig. Er ging nach Dublin.

All das fiel dem alten Diener wieder ein, als er den Obersten am Ärmel gezupft hatte. Aber als er seines Herrn Stimme hörte, dachte er: er muß etwas Schreckliches in London erfahren haben, und sah scheu von unten herauf in das erstarrte Gesicht.

Der Oberst war nach London gefahren, um etwas über den Tod seines Sohnes in Frankreich zu hören. Es hieß, er wollte sogar nach Frankreich gehen. Und nun war er hier, viel eher als erwartet, und kalt und stumm und fremd.

* Erin = Irland.

IV

Ehe sie angehalten hatten, um die Menge vorüberzulassen, hatte der Oberst kein Wort gesprochen und weder nach rechts noch nach links geschaut. Er hatte nicht einmal den Blick erhoben, als nach der langen Fahrt — zwar noch drei Meilen entfernt — sein Haus auftauchte, ein altes, graues Schloß am Rande der grauen See. Er hatte nur starr geradeaus geblickt, und trotzdem wäre er beinahe mitten in die Menge auf der Straße gefahren, hätte sein alter Diener ihn nicht gewarnt. Der alte Mann — er hieß Maurice Dineen — empfand für seinen Herrn das aufrichtige Mitleid des treuen Dieners. Er hatte sich sehr beherrschen müssen, um stille zu sein. Wie gern wäre er in lautes Klagen um den toten Sohn des Obersten ausgebrochen. Er hatte den Knaben gekannt und geliebt und liebte ihn jetzt noch mehr um seines schweren Schicksals willen, über das er seine eigene Meinung hatte, die er nie äußern durfte.

Ganz unberechenbar pflegte in jeder Generation der Hastings plötzlich ein winziger Tropfen irisches Rebellenblut an die Oberfläche zu quellen. Ihre Erinnerungen sind, wie bei vielen andern anglo-irischen Familien auch, von zweierlei Farbe*. Da ist die Geschichte von einem, der kämpfte für König Jakob am Boyne, und ein anderer starb bei Fontenoy, mit den «Wildgänsen» gegen die Engländer kämpfend, und einer verwaltete Papistenland, was damals ein

* Rot für England. Grün für Irland.

Staatsverbrechen war, und einer stimmte gegen die Union. Und der Zufall sorgt schon dafür, daß alles, was romantisch ist an diesen Erinnerungen, sich gerade dem wilden jungen Blut aufdrängt, das den sicheren Pfad verschmäht.

Als der junge Erbe aufs Trinity-College ging, mußte er nicht ausgerechnet Irisch lernen und von Aufruhr flüstern? Die alten Leute zu Hause schüttelten den Kopf und lächelten: «Ein echter Hastings!»

Dann kam der Krieg, und der junge Mann mußte die Universität verlassen und wurde ins Heer gesteckt. Und wenn er keine Lust dazu hatte, so weigerte er sich auch nicht. In allen anglo-irischen Häusern geschah das gleiche. Es war eben Tradition. Und als er erst einmal beim Heere war, absolvierte er die Tretmühle des Exerzierplatzes so glänzend und großartig, daß der alte Oberst vor lauter Freude seinen Besuchern die Briefe des Sohnes vorzulesen pflegte und mit der Hand auf das Briefpapier klatschte und rief: «Ein echter Hastings!»

Aber als die *Erhebung* kam und die sechzehn Anführer — die der junge Mann in literarischen Kreisen in Dublin kennengelernt hatte — einer nach dem andern von den Engländern hingerichtet wurden, da las der Oberst seinen Besuchern nicht mehr die Briefe vor, die er nun aus Frankreich erhielt, denn sie waren kritisch und beißend geworden, und manchmal rahmten sie kleine Lieder und Sonette auf Irland ein: ein echter Hastings!

V

Fast der ganze Trauerzug war vorübergezogen. Gruppen von Frauen in schwarzen Schals und Umschlagtüchern drängten eifrig vorwärts, oft fünf oder sechs in einer Reihe, denn sie wollten noch zurechtkommen für die letzten Gebete und die Schüsse über dem Grab. Sie hatten es zu eilig, um etwas zu sagen. Doch nur fing ein wüster Kerl an, zusammenhanglos und undeutlich zu rufen. Es war schwer, seine Worte zu verstehen: «Ich bin's genau so wert wie ihr, mitzulaufen im Zuge. Tom würde mich nicht abweisen; Gott sei seiner Seele gnädig! Ich bin genau solch guter Ire wie ihr, und Tom würde mir recht geben!» Danach brummelte er verworren vor sich hin, und dann schrie er wilder als zuvor: «Stoßt euch nicht an meinem Rock, bittschön! Bessere Männer als ich haben ihn getragen, mußten ihn tragen! Stoßt euch nicht dran, bittschön!»

Wieder trat Stille ein, und nun kam das Ende des ganzen Zuges — alte Männer, die an Stöcken humpelten, und kleine Mädchen, die sie weiterzerrten, und alle waren zu ernst, um das Schreien des betrunkenen Soldaten zu beachten. «Ich bin genau so bereit wie ihr, für mein Heimatland zu sterben! Aber nein, sie wollen mich nicht. Ich werde abgewiesen. Die kleinen Bürschchen wollen mich nicht. Ich könnte ihnen Schande machen. Der alte Soldat könnte ihnen Schande machen!» Staunen und wilde Empörung klangen aus seinen Worten.

Das Pferd des Obersten ging nun langsam mit ängstlich tastenden Schritten die steile Straße hinunter. Einen Augenblick dehnte sich die leere Landstraße offen vor dem Obersten; doch plötzlich trat ihm eine riesige, liederliche Gestalt in Khakiuniform mit rotem, gedunsenem, nassem Gesicht in den Weg. Der Soldat starrte der Menge nach, die die Straße hinanzog, fort von ihm; er warf die Arme hoch und sah wie ein Blinder auf ihm nicht vertrautem Gelände aus, so tappte und schwankte er umher. Immer wieder leierte er seine Klage herunter: «Stoßt euch nicht an meinem Rock, bittschön! Bessere Männer als ich mußten ihn tragen!»

Doch die Menschenmenge war jetzt schon zu weit weg. Er drehte sich um, torkelte auf die Straßenkreuzung zu und wollte sich daneben ins weiche Gras werfen, als er auf einmal den Obersten sah. Er richtete sich auf und riß sich zusammen. Ein seltsam unruhiger Ausdruck kämpfte in seinem Gesicht, und seine armseligen, geifernden Lippen bewegten sich. Er salutierte. Doch als sei das nicht genug, zog er schnell noch die Mütze vom Kopf und hielt sie mit beiden Händen vor die Brust, wie es die Menschen angesichts einer Prozession tun. Der grauhaarige Oberst blickte noch immer kühl und mit starren Augen drein und fuhr weiter, als habe er nichts gesehen oder gehört. Aber die betrunkene Stimme begann von neuem, diesmal jedoch voller Wärme und zitternd von Mitgefühl: «Kümmern Sie sich nicht drum, Herr! Er war kein Feigling, ganz bestimmt nicht. Er war ebensowenig ein Feigling wie der Bursche, den sie da oben auf dem Hügel begraben. Er war ein feiner Mensch, und zu seinen Leuten war er gut. Und wenn er für Irland hätte kämpfen können, dann wär' er, weiß Gott, nicht wegen Feigheit erschossen worden!»

Der Oberst sprang kerzengerade hoch und gebärdete sich wie toll. Er umklammerte die Peitsche, hieb auf das Pferd ein und wollte ihm etwas zurufen. Es bäumte sich in der Deichsel und warf den Kopf auf. Endlich stieß der Oberst heiser und fast lautlos hervor: «Nach Haus! Nach Haus!» Das Pferd preschte vorwärts und flog wie der Wind.

Und nun liegt der Oberst auf Süd-Point begraben, und fast ebenso tief, scheint es, wie Tom Miodhachain auf Nord-Point oder des Obersten ehrloser Sohn in seiner Ruhestätte in Frankreich, die weder Schild noch Namen trägt. Gott sei seiner Seele gnädig!

Das Dreieck

Von

James Stephens

Keine Wahrheit gilt ewig. Tatsachen altern genau so wie Menschen und taumeln in die gleiche Grube; denn Wahrheit ist sterblich wie der Mensch, und länger als beide leben die Schildkröte und die Krähe.

Wenn das Sprichwort also sagt: «Nur zu zwei'n glücklich sein — denn zu drei'n wird's gereu'n», so ist das eine durchaus zeitgebundene Behauptung. Zwischen «die Zwei» schleichen sich schon sehr bald Gewohnheit, Alltag und Überdruß und trennen sie.

Wenn es im Garten Eden keine Schlange gegeben hätte, so würde Langeweile die Bewohner des Paradieses veranlaßt haben, aus der Wildnis jenseits der Tore eine Schlange zu importieren und so in das öde Einerlei eines zu lange anhaltenden Duetts etwas Abwechslung zu bringen.

Es müßte ein Gesetz geben, das Mann und Frau nach einjähriger Ehe zwingt, für die Dauer des zweiten Jahres getrennt zu leben. Da es nun aber noch nicht so weit ist, weil unsre Gesetzgeber zu unvernünftig sind, so müssen wir immer wieder von neuem die Schlange importieren.

Mrs. Mary Morrissy war schon seit einer Reihe von Jahren mit einem Manne verheiratet, der klug und wohlhabend war und reichlich Zeit hatte. Was für ein Glück! Oder nicht? Wir würden es gern bejahen, aber wir wagen es nicht. Denn wir werden langsam älter und allem äußeren Schein gegenüber etwas mißtrauisch. Und was gut oder schlecht ist, vermögen wir nicht mehr so leicht zu erkennen.

Dauer ist in unserer unbeständigen Welt etwas Schreckliches. Wie langweilig ist es, ewig ein und denselben Gatten zu haben! Wir wissen nicht, was wir mit ihm anfangen sollen! Wir können ihn nicht auf ein Regal stellen. Auch an einen Nagel können wir ihn nicht hängen. Das Haus verlassen will er nicht. Entfliehen können wir ihm nicht. Und er bleibt sich ständig gleich! Sein Lächeln ist — genau wie sein Schnurrbart — von bestimmten Ausmaßen. Hände bewegen sich — so typisch, als liefe ein Uhrwerk ab. Auf diese Art trinkt er, auf jene Art ißt er, und ewig wird er es auch weiterhin so tun, bis die letzte Ruhe ihn still und steif macht. Er schnarcht auf diese Tonart, lacht auf jene: mißtönend, unentrinnbar, unveränderlich. So geht er, und rennen kann er überhaupt nicht. Wirklich, eine Kreatur ohne jegliche Überraschungen! Wir kennen ihn in- und auswendig; wir katalogisieren und etikettieren ihn — aber ihn in ein Schubfach packen, das können wir nicht.

Mrs. Morrissy hatte sich all das noch nicht

eingestanden; aber wenn ihr Kummer auch keinen Namen hatte, bekannt war er ihr deshalb doch. Wie jedes Haus, hat auch der Verstandskasten ein Hintertürchen, und obwohl sie der Erkenntnis ihres Kummers Unterkunft verweigerte, saß er trotzdem auf dem häuslichen Herde und pfiff, um sich bemerkbar zu machen.

Sie konnte tatsächlich nirgends hinschauen, ohne ihren Gatten zu erblicken. Er prangte in jeder Landschaft. Sein Schnurrbart und die Sonne erhoben sich zu gleicher Stunde. Sein Pyjama ging gleichzeitig mit dem Monde zu Bett. Wenn das Meer tobte, so tat er desgleichen. Wenn der Fluß und der Wind flüsterten, er tat es auch. Er war im Bilde, aber er war verzeichnet. Er war im Liede, aber verstimmt. Dumpf, verstohlen und unaufhörlich beunruhigte er sie.

Leise hauchte sie ihre Frage in die Welt: «Sind wir denn zusammengekittet?» Sie vertraute sich einer Biene an, einem groben Rüpel, der in einer Blüte saß, sich's in seinem duftenden, farbenprächtigen Palaste wohlsein ließ und sich um nichts Sorgen machte:

«Wenn mein Mann», sagte sie zur Biene, «nicht endlich den Mund hält, gebe ich ihm einen Tritt! Wenn er nicht endlich allein spazierengeht, steche ich ihm eine Nadel ins Fleisch!»

Sie wurde gräßlich nervös und bekam Angst, sie würde ihn in seiner wahren Gestalt erblicken, wenn sie ihn noch lange vor Augen hätte. Morgen, dachte sie, könnte es mir plötzlich auffallen, daß er klein und dick und kurzsichtig ist, und das wäre der Anfang vom Ende!

Aber der Anfang vom Ende ist immerhin ein Anfang, und so schwebte sie zwischen Furcht und Hoffnung.

Sie hatte sich schon eine nette Theorie zurechtgemacht, daß der Mann erschaffen wurde, um zu arbeiten. Männliche Faultiere seien eine Beleidigung der Vorsehung und sollten verboten werden. Gewisse Urteile einer erfahrenen Tante, der Hüterin ihrer Jugend, brannten ihr manchmal auf der bis jetzt noch stummen Zunge: nämlich, daß ein fauler Mann für sich und seine Umgebung eine Plage sei. Schließlich hüllte sie diesen Ausspruch in das Mäntelchen einer Anekdote und servierte sie freundlicherweise ihrem Gatten.

Er nahm die Sache kalt auf, sann ungnädig nach und ging darüber hinweg, indem er behauptete, die Tante hätte einen Schnurrbart gehabt, eine bärtige Frau sei eine Mißgeburt, und die Behauptungen einer Mißgeburt — er hob Augenbrauen und Schultern.

Die Zeit schlich immer träger dahin. Die intellektuellen Possen eines unbeschäftigten Mannes wirken zu guter Letzt ermüdend. Seine Art zu denken kennt man so genau, daß sie geschmacklos erscheint. Endlich kommt eine Zeit, wo alle Gesprächsgegenstände ausgeschöpft sind, wo nichts mehr hinzugefügt werden kann und Langeweile nicht länger die Hand vor den Mund hält, sondern frei heraus gähnt und gähnt und gähnt. Dann ist es vorbei mit der glücklichen Zweisamkeit, und man würde selbst eine Schlange als heiteren und hochwillkommenen Besuch begrüßen.

Ja, solche Zeit ist wirklich trübe, und die Aussichten für die Zukunft sind nichts als ein endlos langes, langweiliges Gähnen, das sich bis zum Horizont, bis zum Grabe erstreckt. Sollte es je zu einer Umwertung aller Werte kommen, laßt es uns niederschreiben: wer uns gähnen macht, ist ein verbrecherischer Schurke. Und danach laßt uns die Ehe abschaffen und zurückkehren zu Plato.

Infolge von Mrs. Morrissys inständigem Drängen stellte sich denn auch pünktlich eines Morgens die Schlange ein! Sie hatte drei große Koffer, ein Schoßhündchen und einen Band Gedichte. Die Koffer waren voller Kleider, der Hund voller Flöhe und das Buch voller Gefühl — ein sattsam erfrischender Dreiklang! Miss Sarah O'Malley führte in exaltiertem Wirbel ihre Kleider vor; Mr. Morrissy las mit großer Begeisterung die gefühlvollen Gedichte; Mrs. Morrissy schloß Freundschaft mit dem Hunde, und sogleich ward das Leben fröhlich und kompliziert. Ein menschlich durchaus begreiflicher Instinkt trieb den zufolge der gefühlvollen Gedichte gut aufgelegten Mr. Morrissy immer mehr in die Richtung der Base seiner Frau. Miss O'Malley mit ihrem Sinn für Komik beobachtete, wie Mr. Morrissy ein wahres Gebirge von Worten geschickt, behende und eitel auf und ab tänzelte: auf gut deutsch: er erging sich in Wortspielen. Und beide wurden in eine noch engere Vertrautheit gedrängt durch die zeitweise unumgängliche Abwesenheit Mrs. Morrissys, wenn sie dem Hunde zuviel Aufmerksamkeit geschenkt hatte und er ihr auf den Schoß gesprungen war, um sich dort mit ärgerlicher Schnauze der flinken Mitbewohner seines Pelzes vorübergehend zu entledigen. Es dauerte nicht lange, und Mrs. Morrissy begann, das Schoßhündchen nachdenklichen Auges zu betrachten.

Nach einer solchen, bald zur Regel gewordenen Absentierung gewahrte Mrs. Morrissy zum erstenmal den verzückten Gesichtsausdruck ihres Gatten, und sofort wurde das Leben für sie springlebendig, vielseitig und interessant.

Das zu besitzen, was keiner begehrt, ist nicht reizvoll. Unser Silberzeug ist trübes, zweitklassiges Metall — so lange, bis jemand neidvoll davon spricht. Mit unseren Ehemännern ist es kaum auszuhalten — so lange, bis eine Freundin sich bemüht, die verhaßte Anhänglichkeit in andere Bahnen zu lenken. Dann erst begreifen wir, daß unsere Besitztümer einzig-schön und wohl wert sind, sorglich behütet zu werden.

Bis jetzt hat noch niemand darauf hingewiesen, daß es einen sechsten Sinn gibt. Und doch ist dieser sechste Sinn — der Sinn für das Privateigentum — wertvoller und scheußlicher als alle fünf andern Sinne zusammengenommen. Wer etwas besitzt, ist ein zivilisiertes Wesen. Besitz bedeutet, daß der Mensch dem Wolfs- und Affenzustand entwachsen ist. Individualität ist endlich erreicht worden (oder wenigstens die Anwartschaft darauf), während die andern, die Besitzlosen, entweder Raubtiere oder Lastesel bleiben, wirkungslos die Zähne blecken oder den dummen Kopf unter der Last ihrer Herren beugen.

Unter einer scheinbar gelassenen Außenseite

pulsierte Mrs. Morrissys Blut mit größerer Geschwindigkeit denn je. Es raste und jagte! Zeitweise dröhnte es ihr in Wellen durch den Kopf, donnerte in den Ohren und stieg in wilden Wogen in die Augen. Die Pfade ihres Denkens wurden so verwickelt, daß sie, hätte sie es nur bemerken können, selbst überrascht gewesen wäre. List und Gegenlist! Sie spann Netze, die heimtückisch waren wie das der Spinne. Ohne es zu ahnen, wurde sie Meisterin der Seelenforschung. Sie sezierte Worte und Motive. Ihre Theorien baute sie auf den schwanken Boden eines zitternden Augenlides auf. Sie erwog und ermaß das Wenden der Köpfe und das Zureichen der Zuckerdose. Aus jedem Lächeln las sie Verrat, aus einem Lied heimliches Einverständnis, aus einem neuen Kleid berechnete Niedertracht. Tiefe, lasterhafte Abgründe! Und so unentwegt blickte sie in diese Klüfte und Finsternisse, daß sie schließlich alles sah, was sie sehen wollte. Und jedesmal, wenn es besonders kritisch wurde, wenn unbeschreibliche Gemeinheiten auf bestem Wege waren, sich vor ihr zu enthüllen, dann mußte sie ihren Wachtposten verlassen und hinausgehen, um den Feinden eines Hundes nachzujagen, den sie immer häufiger mit nachdenklichem Auge betrachtete.

Die Base aus dem Hause zu entfernen, war zur dringenden Notwendigkeit geworden. Eine unheilvolle Atmosphäre ging von ihr aus. Ihr Gesicht umgab eine teuflische Aura, und ihr Haar war rot. Es war ganz offenkundig, und man war ja nicht blind oder dumm. Ein Strohhalm verrät sich im Wind. Auch Augenwimpern, ein Lächeln oder ein Kleid sind verräterisch. Und schöne Fesseln! Mehr als genug war von ihnen zu sehen! Zähne und Halsausschnitt wurden zu oft und zu freigebig entblößt. Wenn Keuschheit wirklich mehr war als nur ein Name, hier widerfuhr ihr Schimpf und Schande. Und Scham? War denn Scham nur ein Wort? Tut man dies oder das, ohne auch nur ein wenig zu erröten? Selbst Laster kann manierlich sein und sich sittsam verstecken. Wenn sonst nichts vorhanden ist, dann doch wenigstens gute Manieren! Kriecherin! Verräterin! Schlange! Oh, Schlange! Willst du dich in unser Eden schleichen? Deine schlauen Schlingen über unsre Blüten legen? In unsre heimlichen Lauben und Flüsterwinkel und Glücksnester schlüpfen? Und jeden Tag prunkst und winkst du mit einem neuen Hut auf deinem stolzen Haupt? Oh, daß meine Tante hier wäre, meine Tante mit dem Drachenzahn, der Feuerzunge und dem Schnurrbart! Hier fuhr Mrs. Morrissy wie gebissen in die Höhe (was auch tatsächlich der Fall war) und zog sich hastig zurück, wobei sie das vor ihr herspringende Hündchen mit Blikken maß, die vor Nachdenklichkeit fast versteinert waren.

Diese Person schnell und ohne Skandal aus dem Hause befördern — ihr keine Sekunde, auch nicht mit dem kleinsten Zucken der Augenlider, den Sieg zuerkennen — sie schmachvoll fortzujagen und dabei die eigene Würde wahren — nie auch nur ahnen lassen, was für Ärger sich Luft machen wollte — waren dies Aufgaben, denen sie etwa nicht gewachsen war?

Unten im Garten streiften die schrägen Strahlen der Abendsonne ihren Gatten, der gestikulierend und mit andächtiger Miene rührselige Gedichte deklamierte und im Begriff stand, die schiefe Ebene der günstigen Gelegenheit mit Versen eigener Fabrikation hinabzurollen. In voreiligem Mißverstehen beurteilte er das Gedicht und seinen verborgenen Sinn. Und die Schlange saß vor ihm und nickte. Sie lächelte ihm betörend und verlockend zu und erhob subtile und subtilste Einwände. Auf dem Rasen ihr zu Füßen fuhr das Schoßhündchen aus dem Schlummer hoch und krümmte ein wütend-gebieterisches Hinterbein gegen das Ohr.

Mrs. Morrissy rief den Hund, und er folgte ihr fröhlich springend ins Haus. Aus der Küche holte sie einen kleinen Korb und legte einige alte Lappen und ein paar Biskuits hinein. Dann nahm sie den Hund hoch, schlug ihm rechts und links eins hinter die Ohren, steckte ihn in den Korb, stopfte sein demütig wedelndes Schwänzchen unter die zitternden Rippen, machte den Deckel zu und verschloß den Korb mit einem Holzspeil. Sodann schrieb sie die Adresse der Base auf ein Anhängeschildchen, knüpfte es an den Korb und schickte ihr Dienstmädchen damit zum Bahnhof, nachdem sie ihm eingeschärft hatte, daß das Porto vom Empfänger erhoben werden solle.

Am nächsten Morgen beim Frühstück wunderte die Base sich hörbar, warum denn ihr «feines kleines Lieblingchen nicht zum Frühstückchen» erschienen sei.

Mrs. Morrissy meinte mit unendlich sanftem

Lächeln, daß Miss O'Malleys Vater das Vieh sicher sofort nach Ankunft füttern würde. «Es war ein schmutziges kleines Biest», sagte sie strahlend und schob ihrem Gatten den Toast zu.

Eine Stille entstand, die endlos lastete und summte. Mr. Morrissys schwungvoller Schnurrbart sträubte sich, wurde welk und sank in sich zusammen. Um Miss O'Malley bildete sich eine Eiskruste. Bleiche, starre Ungläubigkeit taute auf, als sie rasch und bestürzt begriff. Eine Flamme entzündete sich auf ihren Wangen, hämmerte heiß in den Ohrläppchen, zuckte elektrisch prikkelnd über den ganzen Körper, verebbte und erstarrte wieder in Unbeweglichkeit. Den gütigen Augen Mrs. Morrissys begegnete sie mit steinerner Stirn.

«Ich glaube», sagte sie und stand auf, «ich sollte mich lieber ums Einpacken bekümmern.»

«Mußt du schon abreisen?» fragte Mrs. Morrissy höflich-gleichmütig und goß sich Sahne ein. Ihr Gatte starrte irren Blicks auf die Butter und bemühte sich, so auszusehen wie jemand, der nicht vorhanden ist.

Miss O'Malley zog die Tür übertrieben leise ins Schloß.

So standen die Dinge ... aber es änderte nichts an der Situation. Ein Weilchen würde Frieden im Hause herrschen; doch das alte, nagende Bedürfnis blieb bestehen, und bald würde eine andere, vielleicht eine wirkungsvollere Schlange aufgetrieben werden müssen, um solch ernstlichem Leiden abzuhelfen. Des Mannes Schnurrbart steht mit der Sonne auf. Die Frau sitzt gefühllos am Frühstückstisch, wie sehr auch das männliche Auge sich krümmen und winden mag. Es gehört zum Geschäft und Handwerk des Lebens, Dauerzustände abzuschaffen. Das Leben ist in ewigem Fluß, ein anderes gibt es nicht, und immer wird die Hauptattraktion des Paradieses die Schlange sein, die den Aufenthalt gesund und munter gestaltet. Wenn die Schlange fehlt, sind wir nicht mehr im Paradiese, sondern zu Haus, und unsere einzige Unterhaltung besteht darin, zu gähnen, wenn uns danach zumute ist.

Geheimnisvolles Khôr

Von
Elizabeth Bowen

Strahlender Mondschein überflutete die Stadt und drang überall hin; nicht ein Winkel war da, in dem man sich hätte bergen können. Ein gnadenloses Licht! London sah aus wie eine Stadt auf dem Monde: ausgehöhlt, erloschen, voller Krater. Es war spät, aber noch nicht ganz Mitternacht. Jetzt, wo die Autobusse nicht mehr fuhren, strahlten die blanken Straßen und Alleen dieser Gegend in geisterhaftem, oft minutenlang ungestörtem Glanze auf. Die hochragenden neuen Wohnblöcke und die geduckten alten Häuser und Läden schienen alle gleichmäßig zerbrechlich unter diesem Mond, der in den ihm zugekehrten Fensterscheiben weiß aufflammte. Das Sinnlose der Verdunklungsvorschriften trat um so lächerlicher hervor: vermutlich konnte man vom Flugzeug aus jede Schieferplatte auf den Dächern, jeden weißmarkierten Bordstein, jeden Umriß der winterlich kahlen Beete in den Anlagen erkennen, und der See mit seinen schimmernden Krümmungen und baumdunklen Inseln mußte ja ein meilenweit sichtbares Orientierungszeichen sein.

Das Glasmeer des Nachthimmels jedoch, in dem nicht Wolken, sondern nur dunkle Ballons trieben, verharrte in gläserner Stille. Die Deutschen kamen nicht mehr bei Vollmond. Statt dessen schien ein Unwirkliches die Menschen zu bedrohen und in den Wohnungen zurückzuhalten. Dieser eine Ruhetag — eine neue Prüfung — war anscheinend mehr, als Nerven und Sinne ertragen konnten. Man spürte es förmlich, wie gern die Leute in ihren Wohnungen blieben: alle Gebäude waren zum Springen voll von unterdrücktem Leben, aber kein Strahl, keine Stimme, kein Radio drang nach außen. Hin und wieder dröhnte es unter den Straßen und Häusern in der Erde; denn um diese Stunde hörte man die Untergrundbahn immer am lautesten.

Außerhalb der Parktore, die jetzt ohne Gitter dastanden, machte die von Nordwesten herunterkommende Allee eine Biegung nach Süden und wurde zur städtischen Straße, in deren ganzer Länge die Verkehrslichter ihr sinnlos wechselndes Farbenspiel abhaspelten. Vom hochgelegenen Bürgersteig außerhalb der Tore sah man gleichzeitig die Allee hinan und die Straße hinab — aber weniger befremdlich waren Gras und Wasser und Bäume, die zwischen den Torpfosten zu sehen waren.

Gerade hier und in diesem Augenblick hörten drei französische Soldaten, die ihr Quartier nicht finden konnten, zu singen auf, um belustigt den Wasservögeln zuzuhören, die der Mond geweckt hatte. Danach verließen zwei Wachen, die abgelöst wurden, ihren Posten und überquerten die Straße; jeder hatte seinen Ellbogen in den am Arm hängenden Stahlhelm gesteckt. Die Wachen drehten den Franzosen ihre im Mondlicht lilafarbenen, vollkommen ausdruckslosen Gesichter zu. Die verschiedenen Schritte entfernten sich in entgegengesetzter Richtung; die Vögel verstummten, und nichts war mehr zu sehen oder zu hören, bis etwas weiter unten ein paar vereinzelte Leute aus der Untergrundstation hervorkamen und um die Schutzmauer herumgingen. Sie verschwanden alle in einer Art schuldbewußter Eile, oder als hätte eine weiße Säure sie aufgelöst.

Einzig ein Mädchen und ein Soldat hatten, ihrer Gangart nach zu schließen, offensichtlich kein anderes Ziel als sich selbst, und nicht einmal dessen schienen sie ganz gewiß zu sein. Sie gingen auf den Park zu, und ihre Silhouette (er war groß und sie war klein) verschmolz in eins. Aber sie schauten nur hinein und traten nicht ein; unschlüssig überlegten sie. Plötzlich war es, als ob ihre gleichgestimmten Körper einen Anruf von der hinter ihnen liegenden Straße aufgefangen hätten; sie schwangen herum und sahen auf den Weg, den sie zurückgelegt hatten.

Als er den Blick zur Spitze eines Gebäudes erhob, sank sein Kopf in den Nacken, und sie sah seine Augäpfel aufglänzen. Ihre Hand glitt von seinem Arm; sie trat auf die Bordschwelle des Bürgersteigs und sagte: «Geheimnisvolles Khôr.»

«Was ist?» fragte er etwas abwesend.

«Das hier:

Geheimnisvolles Khôr, dessen verlaßne Mauern
Und Türme leer aufragen unterm leeren Mond...

das hier ist Khôr.»

«Ach», sagte er, «wieviel Jahre habe ich nicht mehr daran gedacht!»

Sie antwortete: «Ich denke immer daran:

Nicht in der Wildnis hinter Sumpf und Sand,
In Fieberwäldern nicht und in Lagunen,
Geheimnisvolles Khôr mit deinen Mauern...

eine vollkommen verlassene Stadt, hoch aufragend wie Klippen, gebleicht wie Knochen, ohne Vergangenheit...»

«Aber etwas muß doch einmal geschehen sein! Warum wurde es verlassen?»

«Wenn keiner da ist — wer soll's einem da sagen?»

«Seit wann ist keiner mehr da?»

«Seit Jahrtausenden.»

«Dann hätte es längst in Trümmer zerfallen müssen.»

«O nein, nicht Khôr», entgegnete sie so bestimmt, als ob sie es ganz genau wüßte. «Khôr ist anders; es ist unzerstörbar. Nicht der kleinste Riß ist da, in dem ein Kraut Wurzel schlagen könnte. Die Ecken der Steine und Monumente sehen aus, als seien sie erst gestern behauen worden, und die Treppen und Bögen tragen sich selbst.»

«Du weißt wohl alles darüber», sagte er und sah sie an.

«Ja, ich weiß alles, alles darüber.»

«Meinst du, seit du das Buch lasest?»

«Ach, das hat mir nicht viel gesagt. Da las ich nur den Namen und wußte sofort: das muß der richtige Name sein! Er ist wie ein Schrei.»

«Ich finde, eine Krähe schreit nicht viel anders.» Er sann nach. «Aber das Gedicht fängt mit ‚*Nicht*' an: *Nicht in der Wildnis hinter Sumpf und Sand* — und dann, soweit ich mich erinnern kann, wird bewiesen, daß Khôr eigentlich nirgends existiert. Wenn's sogar im Gedicht heißt, daß es so etwas gar nicht gibt —»

«Darauf kommt es überhaupt nicht an, was das Gedicht sagt, sondern was es mich sehen macht. Es wurde ja auch schon vor einiger Zeit geschrieben — damals, als die Leute dachten, sie hätten alles ausgemessen, weil die ganze Welt erforscht war, selbst das innerste Afrika. Jede Ecke und jedes Winkelchen hatten sie entdeckt und auf Landkarten eingetragen; was also nicht auf den Landkarten stand, das konnte auch nicht da sein, dachten sie. Und deshalb entstand das Gedicht. Es geht nämlich weiter: *Die Erde ist entzaubert.* Damals fing ich an, die ganze Zivilisation zu hassen.»

«Kannst dich jetzt beruhigen», sagte er, «'s ist nicht mehr viel davon übriggeblieben.»

«O ja, ich habe mich schon längst beruhigt. Der Krieg beweist mir, daß das hier noch lange nicht das Ende ist. Wenn man ganze Städte wegblasen kann, warum nicht auch ganze Städte herblasen? Warum denn nicht? Seit den Bombenangriffen weiß man überhaupt nicht, was alles noch kommen kann, sagen die Leute. Zum Schluß wird Khôr wohl die einzige Stadt sein, die übrigbleibt — die bleibende Stadt! Dann lach' ich aber!»

«Nein, nicht!» sagte er heftig. «Nicht du! Das heißt, hoffentlich nicht! Du weißt, scheint es, gar nicht, was du da sagst? Der Mond macht dich wohl wunderlich?»

«Du mußt nicht böse werden wegen Khôr, Arthur, bitte nicht!»

«Ich dachte, Mädchen haben andres im Kopf — Menschen.»

«Was?» rief sie. «Heutzutage? An Menschen denken? Wie kann man denn an Menschen denken, wenn sie nicht mal ein Herz haben? Ich weiß ja nicht, wie andre Mädchen mit allem fertigwerden — aber ich muß immer an Khôr denken.»

«Denkst du denn nicht an mich?» sagte er. Als sie nicht sofort antwortete, drehte er angstvoll ihre Hand in seiner herum. «Weil ich nicht da bin, wenn du mich brauchst? Das ist doch nicht meine Schuld.»

«Aber an Khôr denken, bedeutet, an uns beide denken!»

«Solch tote Stadt?»

«Es gehört uns — ganz allein würden wir dort sein.»

Er preßte den Daumen fester um ihre Handfläche und dachte nach — sah sich um und nach oben, sogar in den Himmel, und meinte schließlich: «Aber hier sind wir doch ganz allein!»

«Darum hab' ich ja ‚*Geheimnisvolles Khôr*' gesagt!»

«Was? Meinst du etwa, wir sind *jetzt* da? Daß hier — dort ist? Und jetzt — damals? — Warum auch nicht?» fuhr er fort und lachte ein bißchen, um sich von der Beklemmung zu befreien, die ihn schon lange bedrückte. «Du weißt ja Bescheid dort. Aber das muß ich schon sagen: wir könnten ebensogut sonstwo sein! Das komische Gefühl habe ich so oft, wenn ich aus der Untergrundbahn nach oben komme. Ja, ja: *Werde Soldat und besieh dir die Welt!*»

Er zeigte auf die Verkehrslichter und fragte mit listigem Unterton: «Und was bedeuten die da?»

Sie stutzte kaum merklich und erwiderte sofort: «Ewig brennende Leuchtgase! In der Erde angebohrt und dann entzündet. Wie die Farben sich ablösen, lösen sich die Minuten ab — eine andere Zeit gibt's in Khôr nicht.»

«Aber der Mond ist noch da — Monate gibt es also doch!»

«Ja, ja, und die Sonne auch. Aber Mond und Sonne können tun, was sie wollen; wir brauchen nicht nachzurechnen, wann sie kommen und gehn.»

«Wir brauchten vielleicht nicht, aber ich wette, daß ich's doch täte!»

«Macht nichts, was du tust; nur eins darfst du nicht tun: fragen, was wir ‚nachher' tun wollen.»

«Was wir ‚nachher' machen, kann ich nicht wissen, aber was wir als allererstes tun müssen, weiß ich ganz genau.»

«Was denn, Arthur?»

«Khôr bevölkern!»

Sie fragte: «Es macht wohl nichts, wenn unsere Kinder untereinander heiraten?!»

Doch die Stimme versagte ihr; sie wußte auf einmal wieder, daß sie in dieser ersten Urlaubsnacht ohne Heim waren. Das bedeutete, daß sie in ganz London nicht die geringste Hoffnung auf ein Fleckchen hatten, das ihnen allein gehörte. Pepita hatte gemeinsam mit einer Freundin eine kleine Zweizimmerwohnung in einer Nebenstraße in nächster Nähe von Regent's Park Road, und dorthin schlenderten sie jetzt.

Arthur sollte das Sofa im Wohnzimmer haben, auf dem sonst Pepita schlief; sie konnte heute nacht bei ihrer Freundin im Bett schlafen. Eigentlich war für einen Dritten — noch dazu für einen Mann — nicht genug Platz in den zwei kleinen Zimmern, die mit Möbeln und den Habseligkeiten der beiden Mädchen vollgestopft waren. Pepita bemühte sich, ihrer Freundin Callie dankbar zu sein für ihre Rücksicht; aber es gelang ihr nicht recht, weil Callie nicht auf den Gedanken gekommen war, heute nacht lieber anderswo zu schlafen. Sie war eher schwer von Begriff als engherzig, aber Pepita schien es, als ob sie ihnen irgendwie alles zunichte mache. Nie kam sie später als um zehn nach Haus, und jetzt saß sie sicher schon in ihrem Hauskleid da und wartete, um Arthur zu begrüßen. Und das bedeutete: ein Plauderstündchen zu dreien, Kakao trinken, und dann ins Bett! Ja, so würde es sein — und das wäre alles! Das war London, und das war der Krieg! Sie konnten noch froh sein, daß sie ein Dach überm Kopf hatten. Schon ehe die Amerikaner kamen, war London überfüllt gewesen. Es war eben kein Platz da; nicht einmal ein gemeinsames Grab gönnen sie einem, klagten verheiratete Leute. In Khôr dagegen...

In Khôr... Das Traumbild zersplitterte wie Glas, denn ein Auto brauste wie eine Hornisse auf sie zu, bog ab, zeigte sein rotes Schlußlicht und flitzte davon. Aus einer Haustür schob sich eine Frau vorsichtig am Geländer entlang und rief zaghaft nach ihrer Katze. Mittlerweile begann eine Turmuhr in der Nähe zwölf zu schlagen und dann weiter weg in der blendenden Ferne noch eine. Arthur gab ihren Arm mit einer Hast frei, die alles andre als Leidenschaft war. Sie schauerte, und er fragte schroff: «Frierst du? Wir wollen lieber weitergehen, wo entlang also?»

Callie wartete schon lange nicht mehr auf sie. Vor Stunden hatte sie drei Tassen und Untertassen und die Büchsen mit Kondensmilch und Kakao zurechtgestellt. Der Teekessel auf der Gasflamme war immer dicht vor dem Sieden gewesen. Sie hatte Arthurs Bett — das Wohnzimmersofa — so einladend zurückgeschlagen, wie sie's bei sich zu Hause gelernt hatte; doch dann hatte sie es in einem Gefühl von Sittsamkeit wieder zugedeckt. Wie Pepita sich's gedacht hatte, trug sie, da sie kein richtiges Hausgewand besaß, den bedruckten Morgenrock. Ihr Haar hatte sie schon für die Nacht zurechtgemacht, gebürstet, geflochten und die Zöpfe als Kranz aufgesteckt. Damit das Zimmer freundlich erscheinen sollte, waren beide Lampen und das Radio angedreht. So hatte sie ganz allein den bewußten Augenblick erlebt, in dem die Gäste kommen können, es aber meistens nicht tun. Langsam fühlte sie ihre Vorfreude hinwelken, eine Herzblüte, die zu früh aufgeblüht war. Da saß sie nun wie eine Statue vor drei leeren Tassen auf dem Rand eines Bettes, in dem ein fremder Mann schlafen sollte.

Callie empfand eine Art Besitzerstolz Arthur gegenüber, weil sie selbst ein halbes Kind und noch ohne Freund war. Das Gefühl war vielleicht um so stärker, weil sie sich noch nicht kannten. Seit sie die kleine Wohnung mit Pepita teilte, war sie sehr zufrieden im Abglanz dieser Liebe. Überraschenderweise schien Pepita nicht sehr glücklich zu sein; manchmal litt sie ganz offensichtlich, und das konnte Callie nicht verstehen. «Das bist du doch Arthur schuldig, fröhlich zu sein!» sagte sie dann wohl. «Ihr liebt euch ja beide!» Callies ruhige Züge glühten auf, als wäre sie Pepita. Sie wurde die Hüterin eines Ideals, das Pepita immer wieder entglitt. Zwar war alles durch die plötzliche Aussicht auf Arthurs Urlaub etwas konkreter geworden. Jetzt mußte man mit ihm rechnen, und es wäre ihr eigentlich lieber gewesen, wenn er anderswo hätte schlafen können. Sie war ein scheues junges Ding, das ohne Bruder aufgewachsen war, und schreckte davor zurück, die Wohnung mit einem Mann zu teilen. Man konnte ja alles hören, weil der früher dreifenstrige viktorianische Salon durch zwei sehr dünne Wände in Küche, Wohnzimmer und Callies Schlafzimmer unterteilt worden war. Das Wohnzimmer war in der Mitte, die beiden andern Räume rechts und links davon. Der einstige Wintergarten, eine halbe Treppe tiefer, war jetzt ein zugiges Badezimmer, das die Mädchen mit einem andern Mieter teilen mußten. Für heutige Preise war es eine billige Wohnung; aber trotzdem bezahlte Callie, die mehr als Pepita verdiente, noch den größeren Anteil der Miete. Also hing es mehr oder weniger von ihrer Bereitwilligkeit ab, Arthur als Gast aufzunehmen.

«Es ist doch reizend, ihn hier zu haben», hatte sie gesagt. Pepita hatte ihre Bereitwilligkeit ohne viel Dankesbezeugungen angenommen, aber Dank — war das überhaupt ihre starke Seite? Sie war so unruhig, geheimnisvoll und in sich versponnen wie ein schwarzes Kätzchen. Doch dann kam es noch seltsamer: Pepita machte Anspielungen, als ob Callie irgendwo anders übernachten solle. «Aber wo kann ich denn hin?» verwunderte sich Callie, als sie endlich begriff. «Du weißt doch, wie's jetzt in London ist. Und überhaupt wäre es nicht richtig» — und dabei lachte sie, doch ihr Gesicht wurde rot —, «wenn ich wegginge und dich und Arthur allein ließe; was würde denn deine Mutter dazu sagen? Nein, wir müssen uns vielleicht ein bißchen zusammenquetschen, aber deshalb können wir's uns doch sehr gemütlich machen. Wirklich, du, es macht mir gar nichts aus, Anstandsdame zu spielen.»

Doch jetzt, als Pepita und Arthur ewig und ewig nicht kamen, verflog die gemütliche Stimmung. Um halb elf mußte Callie, weil die Hausordnung es so bestimmte, das Radio abstellen, und nun schlich sich die Stille der menschenleeren Straßen ins ernüchterte Zimmer. Die Brennstoffknappheit fiel ihr ein, und sie drehte ihre geliebte kleine Tischlampe ab, die mit Tupfen bemalt war wie ein Fliegenpilz; nun brannte nur noch die Hängelampe. Dann legte sie die Hand auf den Teekessel: er war schon wieder kalt geworden. Sie seufzte, weil sie Gas verschwendet hatte — oder war's wegen der verschwendeten Vorfreude? Wo blieben sie nur? Die Kälte kroch vom Kessel auf sie über; sie ging zu Bett.

Ihr Bett stand an der Fensterwand. Eigentlich schlief sie nicht gern so dicht unter den Scheiben, aber da noch etwas Platz freigelassen werden mußte, um die Tür und die Schränke öffnen zu können, war es die einzige Stelle, die übrigblieb. Sie stieg ins Bett, legte sich dicht an die Wand unter die herabhängende Gardine und zwang sich, steif und still zu liegen und nicht auf Pepitas Platz zu geraten. Daß sie ihr Bett mit einem andern Menschen teilte, bedeutete ein nicht geringes Opfer zu Gunsten der beiden Liebenden. Es würde die erste Nacht sein (wenn man von ihrer Kindheit absah, natürlich), daß sie mit jemand in einem Bett schlief. Sie war wohlbehütet in einer Mittelstandsfamilie aufgewachsen und war immer scheu in solchen Dingen gewesen. Angst und Widerwillen krochen ihr schon jetzt über die Haut, und es war nicht nur der Gedanke, daß sie keinen Schlaf finden würde, sondern eine tieferliegende Beunruhigung. Pepita schlief ja nie ruhig — fast jede Nacht konnte sie's durch die dünne Trennungswand hören, wie sie sich auf dem Sofa herumdrehte, kleine Schreie ausstieß oder verworren um etwas bat.

Wie gut Arthur schlafen würde, das stand ihr ganz deutlich vor Augen: ein Bild ruhigen, majestätischen Schlummers. Das sagten übrigens alle: ein Soldat schläft wie ein Toter. Furchtsam malte sie sich das schlafende Gesicht aus, das sie wach noch nie gesehen hatte: männliche Augenbrauen und Backenknochen und ein fester Mund, zur Decke aufwärts gewandt. Aber *sie* wollte sich jetzt auch an der Dunkelheit laben: sie reckte sich zur Nachttischlampe hinüber und drehte sie aus.

Im gleichen Augenblick spürte sie, daß etwas geschah — in den Straßen, in London, auf der ganzen Erde. Ein Etwas gewann an Raum, ein seltsames, lautloses Sichbewegen. Es floß von weißblauen Strahlen über, sickerte herein, tropfte unter den Rändern der schützenden Verdunklungsgardine hervor. Als sie zusammenfuhr und eine Falte im Vorhang zurückstieß, huschte ein Lichtstrahl wie eine Maus über ihr Bett. Es war, als ob der hellste Scheinwerfer der Welt in voller Stärke unverrückbar auf ihr abwehrendes Fenster gerichtet war und da, wo er im Verdunklungsstoff morsche Stellen fand, Sterne und Geäder nachzog. Als diese beklemmende Vorstellung sie überkam, konnte sie sich nicht wieder hinlegen; steif saß sie da, mit angezogenen Knien, die ihre Brüste berührten, und überlegte, was sie wohl tun solle. Dann schob sie den Vorhang ein wenig auseinander, öffnete ihn allmählich noch mehr, sah hinaus — und schaute in den Mond hinein.

Die Häuser auf der andern Seite funkelten schwarz im durchsichtigen Schatten unter dem Glanz des Mondes; auf der kreideweißen Straße glitzerte es wie von einem Geldstück oder einem Ring. Das Licht drängte an ihrem Gesicht vorbei ins Zimmer, und sie wandte sich rückwärts, um zu sehen, wo es hinfiel: die Bögen und Girlanden des viktorianischen Marmorkamins in diesem einstigen Salon sprangen vor, und hervor sprangen auch die Photographien und die Gedanken, mit denen ihre Eltern in die Kamera geblickt hatten, und das ratlose Blinzeln ihrer beiden Hunde daheim. Ihr Hauskleid, das über dem Stuhl hing, war zu Silberbrokat verwandelt, in dem zarte Rosen aufglühten. Ja, der Mond tat noch mehr: er entschuldigte und verherrlichte die Verspätung der beiden Liebenden. «Kein Wunder», dachte sie, «kein Wunder» — wenn dies die Welt war, durch die sie schritten, und wenn der Mond sie begleitete. Sie trank des lichten Rätsels Lösung und legte sich wieder nieder. Ihre Betthälfte war im Schatten, aber eine Hand ließ sie weißbeleuchtet auf Pepitas Platz liegen. So lag sie und schaute die Hand an, bis es nicht länger ihre eigene war.

Callie erwachte, als Pepita den Schlüssel im Schloß herumdrehte. Warum hörte sie aber keine Stimmen? War etwas geschehen? Dann hörte sie Arthurs Schritte. Sie hörte, wie er Koppel und Seitengewehr ablegte, und es gab einen müden, stumpfen Ton. Danach hörte sie das dumpfe Aufschlagen seines Stahlhelms auf dem Holzstuhl. «Pst!» machte Pepita, «sie schläft vielleicht.» Und dann endlich sprach Arthur. «Du hast doch gesagt, sie...»

«Ich schlafe nicht, ich komme schon!» rief Callie begeistert, sprang aus ihrer Schattengestalt ins Mondlicht hinein, zerrte den Reißverschluß des verzauberten Morgenrockes zu, fuhr in die Schuhe und steckte sich mit zittriger Sicherheit die Zöpfe ihres Kranzes wieder hoch. Und die ganze Zeit über hörte sie keinen Laut. Hatte sie nur geträumt, daß sie da waren? Ihr Herz klopfte; sie ging ins Wohnzimmer und schloß hinter sich die Türe.

Pepita und Arthur standen wie ausgerichtet hinter dem Tisch. Einzig ihre Gesichter waren in verschiedener Höhe: Pepitas schwarzer Wuschelkopf reichte Arthur nur einen Fingerbreit über die Schultern seiner Uniform. Aber beide enthielten sich gleichermaßen jeglichen Ausdrucks, als erlaubten sie nur ihrem Körper, hier zu sein. Ihre Züge sahen matt und verwittert aus — war das auch das Werk des Mondes? Pepita sagte gleich: «Es ist wohl schon sehr spät?»

«Kein Wunder», antwortete Callie, «bei so einer herrlichen Nacht!»

Arthur hatte die Augen nicht aufgehoben; er blickte auf die drei Tassen. Nun stupfte Pepita ihn plötzlich am Ellenbogen. «Arthur, wach auf, sag etwas! Das ist also Callie! Na, Callie, das ist natürlich Arthur!»

«Natürlich, ja, Arthur», erwiderte Callie, deren klarer Blick, seit sie im Zimmer war, auf Arthur ruhte. Sie merkte, daß Arthur unschlüssig war, was er tun solle, und ging um den Tisch herum und reichte ihm die Hand. Er blickte sie an, und sie senkte zum erstenmal die Augen. Sie sah eher als daß sie's fühlte, wie Arthurs braungebrannte Hand die ihre umschloß, die noch immer den Handschuh aus Mondlicht zu tragen schien. «Willkommen, Arthur!» sagte sie. «Ich freue mich, Sie endlich kennenzulernen. Hoffentlich fühlen Sie sich recht wohl hier.»

«Sie sind sehr freundlich», sagte er nach einer kleinen Pause.

«Oh, sagen Sie doch das nicht; das hier ist ja auch Pepitas Wohnung, und wir hoffen beide, daß Sie sich hier wie zu Hause fühlen, nicht wahr, Pepita? Bitte, machen Sie sich's bequem! Es tut mir leid, daß es so eng ist!»

«Ach, das finde ich gar nicht», sagte Arthur und war noch immer wie hypnotisiert. «Es ist eine reizende kleine Wohnung!» Pepita sah mürrisch drein und wandte sich ab.

Arthur konnte sich nicht genug wundern, wie es hatte geschehen können (obwohl es ihm damals erzählt worden war), daß diese beiden grundverschiedenen Mädchen zusammenwohnten: die kleine Pepita — nur ihr Kopf war übergroß —, die so erfüllt war von kindlicher Schroffheit und unkindlicher Leidenschaft — und die stille, blasse, große Callie, die wie ein nichtangezündetes Wachslicht aussah, wie eine von den Kerzen, die vor Kirchentüren verkauft werden. Fast war etwas Weihevolles in ihrem Wesen. Daß ihre guten Manieren — die Manieren der Tochter eines altmodischen Landarztes — die beiden andern in den Schatten stellte, wurde ihr gar nicht bewußt. Es rührte ihn, mit welch überzeugtem Ernst sie den schlampigen Morgenrock trug, und wie ihr Gesicht noch so schlafbefangen darüber stand. Als sie hinkniete, um den Gasring unterm Kessel anzuzünden, sah er den zarten, hochgewölbten Spann ihres nackten Fußes, der in ihrer grünen Sandale verschwand. Pepita war ihm schon zu vertraut, als daß er sie je wieder so sehen könnte, wie er jetzt Callie sah. Eigentlich hatte er Pepita nie zum erstenmal erblickt; sie war nicht sein Typ gewesen, manchmal auch heute noch nicht. Erst als er sich ihrer Leidenschaft erinnerte, war sie ihm im Gedächtnis geblieben. Es war, als ob er sie nicht hätte auf sich zukommen sehen: ihre Liebe war wie eine Begegnung im Dunkeln.

Callie wollte die Sache in Gang bringen und rief: «Arthur wird sich wohl die Hände waschen wollen?» — Während sie ihn die halbe Treppe hinunterstolpern hörten, sagte sie zu Pepita: «Ich war richtig froh, daß ihr Mondschein hattet!»

«Wieso?» antwortete Pepita und fügte hinzu: «Es war viel zu hell!»

«Du bist müde. Auch Arthur sieht müde aus.»

«Wie kannst du das wissen? Er ist an Herummarschieren gewöhnt. Es kommt alles bloß daher, weil man nicht weiß, wohin...»

«Aber Pepita, du...»

Doch da kam Arthur zurück. Schon von der Tür aus sah er das Radio und steuerte darauf los. «Es gibt wohl jetzt nicht viel?» fragte er unschlüssig.

«Nein; es ist eben schon nach Mitternacht. Wir sind ausgeschaltet. Und überhaupt darf man in unserm Haus das Radio nicht mehr spät laufen lassen. Und deswegen», bat Callie und lächelte freundlich, «muß ich Sie leider auch bitten, Ihre Stiefel auszuziehen, falls Sie natürlich nicht noch aufbleiben möchten. Die Leute unter uns...»

Pepita fuhr auf und flüsterte etwas vor sich hin; er aber antwortete schon: «Ja, gern», so daß beide hinknieten und ihm die Stiefel auszogen. Arthur hielt inne, blickte rechts und links auf die frischen Leintücher des Sofabettes und sagte: «Ich darf doch hier sitzen?»

«Ja, es ist mein Bett», antwortete Pepita, «du sollst hier schlafen.»

Dann machte Callie den Kakao, und danach gingen sie zu Bett. Sie hatten schon vorher überlegt, wie sie sich mit dem Badezimmer ablösen würden. Callie ging als erste in ihr Zimmer und schloß die Tür hinter sich, so daß Pepita und Arthur sich ihren Gutenachtkuß geben konnten. Dann ging Pepita ohne anzuklopfen zu Callie, stellte sich ins Mondlicht und zerrte sich die Kleider ab. Böse sah sie auf das Bett und fragte: «Welche Seite?»

«Ich dachte, du würdest gern außen liegen?»

«Warum stehst du denn noch herum?»

«Ich weiß auch nicht genau; ich sollte mich eigentlich hinlegen, weil ich die Innenseite habe.»

«Dann tu's doch!»

Als sie sich kerzengerade nebeneinander gelegt hatten, fragte Callie: «Hat Arthur auch alles, was er braucht?»

Pepita warf den Kopf herum: «Bei diesem Mond kann man ja unmöglich schlafen!»

«Glaubst du wirklich, der Mond hat irgendwelchen Einfluß?»

«Na, noch verrückter, als mancher hier schon ist, wird er uns ja wohl nicht machen.»

Callie zog die Vorhänge zu und sagte: «Wie meinst du das denn? Und ich habe dich gerade gefragt, ob Arthur alles hat, was er braucht?»

«Das meine ich ja! Ist bei dir wirklich eine Schraube los?»

«Pepita, wenn du so bist, bleibe ich nicht hier!»

«Na, dann kannst du ja zu Arthur gehen!»

«Und ich?» fragte Arthur. «Ich kann fast alles verstehen, was ihr da sagt!»

Sie erschraken eher, als daß sie verlegen waren. Arthur, der nun allein war, hatte den gesellschaftlichen Zwang abgetan. Seine Stimme klang männlich-autoritär. Er war ungeduldig, müde und gehörte keiner von beiden.

«Verzeihung!» sagten die Mädchen gleichzeitig. Dann lachte Pepita unhörbar, so daß das Bett zitterte, und schließlich mußte sie sich in die Hand beißen, weil sie nicht wieder aufhören konnte. Dabei streifte ihr Ellbogen Callies Wange. «Verzeih!» flüsterte sie. Es kam keine Antwort. Pepita befühlte ihren Ellbogen — ja, tatsächlich, er war naß. «Ach, Callie, hör doch auf zu weinen! Was hab' ich denn getan?»

Callie drehte sich um, kroch dicht unters Fenster in die Vorhänge und drückte ihren Kopf gegen die Mauer. Sie weinte leise weiter. Weil sie ihr Taschentuch nicht hatte, trocknete sie sich von Zeit zu Zeit die Tränen mit der Gardine ab und störte dabei schmale Schlitze von Mondlicht auf. Pepita machte sich weiter keine Gedanken und schlief ein. Todmüde zu sein hatte wenigstens etwas für sich.

Callie wachte auf, als es irgendwo vier Uhr schlug. Aber es war noch ein anderer Grund, weswegen sie die geschwollenen Lider öffnete. Nebenan hatte sie Arthur gehört, der auf Socken herumstolperte und sich bemühte, keinen Lärm zu machen. Natürlich stieß er gegen die Tischkante. Callie setzte sich hoch. Neben ihr lag Pepita, zusammengerollt wie eine Mumie, in zähem, bösem Schlaf. Callie holte Atem, kletterte leichtfüßig über Pepita, tastete auf dem Kaminsims nach ihrer Taschenlampe und lauschte noch einmal. Arthur stöhnte wieder. Da öffnete Callie mit unhörbaren, sicheren Bewegungen die Tür und schlüpfte ins Wohnzimmer. «Was ist?» flüsterte sie. «Sind Sie krank?»

«Nein, ich habe mir nur eine Zigarette geholt. Habe ich Sie aufgeweckt?»

«Sie haben doch gestöhnt?»

«Das tut mir leid, ich wußte es nicht.»

«Tun Sie das denn oft?»

«Ich weiß wirklich nicht», erwiderte Arthur. Die Luft im Zimmer war erfüllt von seiner Gegenwart, und nun kam noch der Tabakrauch hinzu. Anscheinend saß er auf dem Bettrand und hatte sich den Mantel übergeworfen — sie roch den Mantel —, und jedesmal, wenn er an der

Zigarette zog, leuchteten seine Züge in flüchtigem dunkelrotem Glühen auf.

«Wo sind Sie?» fragte er. «Machen Sie doch Licht!»

Nervös drückte sie auf ihre Taschenlampe, die wie eine Antwort auf seine Frage sekundenlang aufflackerte. «Ich stehe hier an der Tür, Pepita schläft, und ich will lieber wieder zu Bett gehen.»

«Sagen Sie mal, Sie fallen sich wohl gegenseitig auf die Nerven?»

«Heute nacht zum erstenmal», erwiderte Callie und beobachtete das ziellose Herumwandern der glühenden Zigarette, als er am andern Ende des Tisches nach dem Aschenbecher suchte. Sie trat geduldig von einem nackten Fuß auf den andern: «So wie heute sind wir sonst nicht!»

«Sie ist ein merkwürdiges Ding! Wahrscheinlich bedrückt es sie, daß wir Ihnen so zur Last fallen. Mir geht's jedenfalls so. Aber was hätten wir sonst tun sollen, nicht wahr?»

«Eigentlich bin ich's doch, die Sie belästigt», sagte Callie.

«Na, das kann man anscheinend auch nicht ändern. Sie dürfen doch wohl in Ihrer eigenen Wohnung bleiben! Wenn mehr Zeit gewesen wäre, hätten wir aufs Land gehen können, obwohl ich beim besten Willen nicht weiß, wo wir hätten hingehn sollen. Es ist um so schwieriger, wenn man unverheiratet ist — außer, wenn man viel Geld hat. — Zigarette?»

«Nein, danke. Also, wenn alles in Ordnung ist, gehe ich wieder ins Bett.»

«Ich bin froh, daß sie schläft. Seltsam, wie sie

schläft, nicht? Man fragt sich immer, wo sie sein mag. Sie haben wohl keinen Freund?»

«Nein, ich habe noch nie einen gehabt.»

«Ich weiß nicht — irgendwie sind Sie vielleicht besser dran. Heutzutage hat ein Mädchen, glaube ich, nicht viel davon. Ich komme mir ganz grausam vor, weil ich sie so durcheinanderbringe. Ich weiß auch nicht, wie sehr es meine Schuld ist oder wie sehr es von etwas anderem abhängt. Wie kann man denn wissen, wie alles hätte sein können? Die Leute vergessen immer, daß Krieg nicht bloß Krieg ist; es sind Jahre, die einfach so aus dem Leben herausgeschnitten werden und die man nie gelebt hat und nie wiederbekommt. Glauben Sie, daß sie launisch ist?»

«Wer? Pepita?»

«Ich hätt's begreifen können. Heute am Zahltag. Wir konnten in kein Kino gehen und nirgends einen Sitzplatz bekommen. Es kostete einen Kampf, sich in die Bars zu drängen, und sie haßt es, in Bars herumzustehen. Und in allen Straßen, durch die wir gingen, ein Gewühle, daß sie mir dauernd vom Arm gerissen wurde. Da nahmen wir die Untergrundbahn bis zu dem Park draußen; aber da war's wie am lichten Tag und obendrein kalt. Wir trauten uns nicht — doch das ist nichts für Sie . . .»

«Es macht mir nichts aus!»

«. . . oder Sie verstehen es nicht. Wir spielten also, wir seien in Khôr.»

«In welchem Chor?»

«Im geheimnisvollen Khôr, der Geisterstadt.»

«Wo?»

«Das können Sie wohl fragen. Aber ich hätte wetten können, daß sie es sah; und weil sie es sah, sah ich's auch. Spiel ist Spiel; doch wenn es zur Halluzination wird? Erst lacht man — und dann ist man ganz erfüllt davon und kann's nicht mehr weglachen. Ich kann Ihnen sagen, als ich eben aufwachte, wußte ich nicht mehr, wo ich gewesen war. Und ich mußte aufstehen und den Tisch hier fühlen, ehe ich wußte, wo ich jetzt bin. Und dann erst dachte ich an eine Zigarette. Jetzt versteh' ich, warum sie so fest schläft — wenn sie *dahin* geht!»

«Aber genau so oft schläft sie unruhig; ich höre sie ja.»

«Dann ist sie eben nicht immer dort. Vielleicht hat's mich irgendwie gepackt. Ich sehe ja auch nichts Schlimmes dabei. Wenn zwei Menschen kein Heim haben, warum sollen sie dann nicht in Khôr anfangen? Wünsche sind ja nicht rationiert.»

«Aber Arthur, der Wunsch muß doch menschlich sein!»

«Menschlich sein? Da ist man ja aufgeschmissen!» gähnte er und drückte seine Zigarette aus. Die Porzellanschale rutschte an die Tischkante. «Halten Sie doch bitte mal einen Augenblick das Licht her, ja? Ich glaube, ich habe Asche über Ihre Bettücher gestreut.»

Callie kam mit der Taschenlampe, die sie auf Armeslänge von sich streckte. Von Zeit zu Zeit schwankte der Strahl unter dem Druck ihres Daumens. Sie sah die helle Innenfläche von Arthurs Hand, während er die Laken abwischte, und einmal blickte er auf und sah sie im weißen Nachthemd dastehen, wie sie sich hinter dem Lichtstrahl von ihm abwandte.

«Was hängt denn da herunter?»

«Das ist mein Zopf. — Soll ich das Fenster weiter aufmachen?»

«Warum? Um den Rauch hinauszulassen? Gern. — Und was macht Ihr Mond?»

«Meiner?» Sie wunderte sich, weil es ihr zeigte, daß sie in seinen Gedanken war. Sie zog die Gardinen auf, schob die Fensterscheibe hoch und sagte: «Er ist nicht mehr so hell.»

Des Mondes Gewalt über London und über die Menschen hatte nun nachgelassen. Der Ansturm der Lichtflut war schwächer geworden; die Heimsuchung war vorbei. Die Straße sah heil und ganz aus und weiter nichts. Was unten geglitzert haben mochte — Ring oder Geldstück —, war unsichtbar oder verschwunden. Callie kam es ganz so vor, als ob solch ein Mond nie wieder scheinen würde, und eigentlich bedauerte sie es nicht. Sie fühlte, wie die Luft ihren Arm durchs Fenster streckte und sich müde um ihren Körper legte. Da ließ sie die Gardine schützend fallen und ging in ihr Zimmer.

Als sie wieder vor ihrem Bett stand, lauschte sie: Pepitas Atem ging immer noch so regelmäßig wie im Schlaf. Hinter der Trennungswand knackte Arthurs Bett, als er sich wieder ausstreckte. Sie tastete behutsam vor sich hin, um sich zu vergewissern, daß ihr Bettplatz frei war; dann stieg sie über Pepita hinweg. Ein wenig Wärme war von Pepitas Körper in die Leintücher gewandert, und da hinein dehnte Callie jetzt ihren Körper, der kalt war wie ein Schwert. Sie versuchte, Gewalt über ihre Glieder zu bekommen, die noch von Arthurs Worten zitterten: Worte, im Dunkeln zum Dunkel gesprochen. Der Verlust ihrer eigenen geheimnisvollen Erwartung, ihrer Liebe zur Liebe, war nichts im Vergleich mit den vielen ungelebten Leben dieses Krieges. Plötzlich streckte Pepita den Arm aus und schlug mit ihrem Handrücken leicht in Callies Gesicht.

Pepita hatte sich herumgedreht und lag jetzt mit dem Gesicht nach oben. Die Hand, welche zugeschlagen hatte, mußte unter der andern gewesen sein, die den Pyjamakragen zuhielt. Im Dunkeln konnte man nicht sehen, ob ihre Augen offen oder geschlossen waren; aber ihr Gesichtsausdruck blieb sich stets gleich. Callie war nun ganz sicher, daß Pepitas Vergeltung unbewußt gewesen war. Sie lag da, wie sie vorher schon gelegen hatte: in einem leeren Traum, dessen Anfang Arthur war, dessen Ende er aber nicht war. Mit ihm blickte sie hierhin und dorthin, die weiten, leeren, reinen Straßen hinunter, zwischen Statuen und Pfeilern und Schatten, Torbögen und Säulengängen hindurch. Mit ihm stieg sie Treppen hinan, die nur das Mondlicht hinunterstieg. Mit ihm betrat sie den hermelinweißen Staub endloser Säle, stand auf Terrassen, bestieg den höchsten Turm und sah hinab auf denkmalgeschmückte Plätze und weite, leere, reine Straßen. Er war die Losung; aber er war nicht die Antwort. Und sie wandte sich Khôr zu, dem ewigen Khôr.

Der rote Rock

Von
Liam O'Flaherty

Mrs. Deignan saß mit ihren vier Kindern um das offene Herdfeuer in der Hütte. Sie waren unglücklich, weil es nämlich ein kalter Tag Mitte Februar war und weil sie nichts mehr zu essen hatten. Am Morgen hatten sie das letzte Stückchen Haferbrot gegessen, und jetzt war kein Hafer da, mit dem man wieder hätte backen können. Das Mehl war schon vor einer Woche zu Ende gegangen. Der Stockfisch, den Coleman, der einzige Sohn und der Älteste, von einer Mauer wegstibitzt hatte, wo er nach der Salzlake zum Trocknen lag, hatte ihnen dreimal ein Mittagessen geliefert. Jetzt war kein Krümchen mehr im Haus. Nicht einmal eine Kartoffel.

«Also», rief die Mutter, «was machen wir nun? Etwas müssen wir unternehmen! Gott ist gut, selbstverständlich, aber nur zu denen, die auf Nahrung ausgehn. Was machen wir also? Kinder, hat denn keins von euch einen guten Einfall? Es heißt doch immer, daß die Engel den unmündigen Kindlein Worte der Weisheit in den

Mund legen. Obwohl, daß Gott erbarm', meine vier ,Kindlein' größer sind als ich — wenigstens ihre Mägen! Ja, ja, das stimmt!»

Trotz Hunger und Elend mußten die Kinder lachen. Es war eine erstaunliche Familie. Die Mutter war erstaunlich, und die Kinder waren erstaunlich. Seit der Vater, der alte Mick Deignan mit der Warze auf der Nase, der dauernd Influenza gehabt hatte und weiße Frieshosen trug, die immer irgendwo eine verbrannte gelbe Stelle hatten — seit der also vor zehn Jahren gestorben, war die Familie sehr, sehr arm geworden. Sie besaßen zehn Äcker Land, aber sie hatten keine Saat zum Aussäen; darum verpachteten sie es für wenige Pfund im Jahr. Die Mutter übernahm jede Gelegenheitsarbeit, die sie bekommen konnte: sie wusch, rauhte Fries und ging zum Putzen in andrer Leute Häuser. Die Mädchen flickten Netze für die Kooperative, und der siebzehnjährige Sohn war Arbeiter. Doch was die Arbeit betraf, so waren sie, offen gesagt, eine faule und träge Familie. Sie mochten eine Zeitlang ganz tüchtig schaffen; doch plötzlich ergab sich die ganze Familie der Faulheit und saß den lieben langen Tag in der Hütte, machte Verse, erzählte Witze, trank Tee und vergnügte sich königlich. Dann wurden die Dorfleute, die an der Hütte vorüberkamen und schallendes Gelächter hörten, natürlich verrückt vor Wut über die armen Teufel, die der gütige Gott, der alle Dinge lenkt, mit der Gabe bedacht hat, ihr Leben und ihre Gesundheit zu genießen. Denn gesund waren die Kinder — trotz der Hütte, die nur eine Schlafkammer enthielt, in der die Mutter mit den drei Töchtern schlief, und der kleinen Küche, in der der Sohn auf der Holzbank schlafen mußte. Und die Mutter war auch gesund, außer bei kaltem Wetter, wo sie zuviel Tee trank und so schrecklich unter Blähungen und Schmerzen in Magen und Gedärm litt, daß sie immer dem Tode nahe war und wie eine Besessene jammerte.

Aber in diesem Winter war alles schief gegangen, und jetzt waren sie mit ihrer Weisheit am Ende. Kredit hatten sie nirgends mehr. Ihr einsames Ferkel war ihnen aus dem Stall fortgeholt worden, weil sie Flanagan Geld schuldeten, dem Kaufmann in Kilmurrage, «und Gottes Fluch über ihn und seine verfaulte Fettleber!», wie Mrs. Deignan bemerkte.

Arbeit hatte keiner von ihnen finden können. Bis jetzt hatten sie alle den Kopf tapfer hochgehalten, gelacht, gesungen und Verse geschmiedet — Spottverse auf ihre Feinde —, aber der Hunger überwältigte sie, als sie an diesem bitterkalten Wintertag ums Feuer saßen.

Barbara, die Älteste, jetzt Sechzehnjährige, bemühte sich, ihre kurzen, dicken Beine am Torffeuer zu rösten. Sie hockte auf einem niedrigen Schemel in der Kaminecke. Ihr kurzes, dickes schwarzes Haar war in einen Zopf geflochten, der ihr über die Schultern fiel. Ihre weichen roten Lippen standen offen. Mit den großen schwarzen Augen blickte sie auf die bis zum Knie nackten Beine, und ihre kurzen, molligen Hände fuhren die Schienbeine auf und ab und zählten die «Fische» darauf, das heißt die komischen blauen

Flecke, die man bekommt, wenn man die Beine ständig nackt an die Torfglut hält.

Die fünfzehnjährige Mary war ein Mädchen, das der älteren Barbara in Gestalt und Aussehen fast aufs Haar glich, nur war sie etwas dünner. Sie hatte das linke Bein in den Schoß gelegt und zog dauernd an der großen Zehe; sie bildete sich nämlich ein, wenn sie nur lange genug daran ziehen würde, dann könnten ihre Zehen so lang und schlank wie ihre Hände werden, und dann wäre sie eine vornehme Dame.

Die kleine vierzehnjährige Margaret war die ernsteste in der Familie. Sie war's, die immer das richtige Wort wußte, wenn alle übrigen beim Dichten «festsaßen». Ernsthaft schaute sie ins Feuer; die kleinen Hände lagen gefaltet im Schoß, und die schwarzen Locken hingen ihr um das blaße Gesichtchen.

Coleman, ein hübscher siebzehnjähriger Junge mit großen blauen Augen und mädchenhaft langen Wimpern, lag auf der Holzbank ausgestreckt, auf der auch seine Mutter saß. Er starrte ins Feuer und dachte nach. Immer grübelte er und atmete laut durch die Nase, und plötzlich klatschte er sich aufs Bein, brach in lautes Gelächter aus und sprang hoch, und wieviel Leute ihn auch fragen mochten, worüber er lache und was ihm in den Sinn gekommen sei — er zuckte bloß die Achseln und antwortete nicht.

Die Mutter saß Barbara gegenüber in der andern Kaminecke. Sie war ungefähr sechzig Jahre alt und sehr dünn. Wegen der gelben Farbe ihres verrunzelten Gesichts sah sie ganz alt aus, und die Farbe hatte sie wohl vom vielen Teetrinken und der schlechten Verdauung. Wenn sie alle Kleider auf dem Leibe hatte und herumschwatzte, schien sie ganz stattlich zu sein; aber wenn sie sich abends auszog und zu Bett ging, war sie so klein und mager, daß Margaret sich immer wundern mußte, wieso sie noch nicht in der Mitte durchgebrochen war. Im Dorf und auf der ganzen Insel Inverara hieß sie *Mary mit den schlechten Versen*; aber nicht, weil ihre Verse schlecht gereimt waren, sondern weil sie gemein und schändlich und manchmal sogar unanständig und in gewissem Sinne unmoralisch waren.

«Wie ist's, Coleman», fragte die Mutter wieder, «hast du dir etwas ausgedacht?»

Coleman sah seine Mutter ernsthaft an und senkte die langen Wimpern; sein runder roter Mund stand ein wenig offen. Dann fing er an zu kichern und kuschelte sich noch mehr auf der Bank zusammen, wie ein Kind, das mit seiner Mutter spielt.

«Wenn Pläne geschmiedet werden sollen», sagte er und kicherte noch immer, «dann mach du sie nur allein! Ich bin zu hungrig, als daß mir etwas einfiele.»

«Ja, Mutter, denk dir etwas aus!» riefen die andern drei Kinder und wurden plötzlich ganz aufgeregt.

«Gut», sagte die Mutter, setzte sich breitbeinig auf den Schemel und stützte das Kinn in die Handflächen, «dann will ich mir etwas ausdenken. Wollen mal sehen! Was könnte denn wohl gehn?»

Fast eine Minute lang herrschte Schweigen. Man konnte deutlich hören, wie schwer Coleman atmete. Dann richtete die Mutter sich plötzlich auf, schlug sich mit den Händen auf die Knie und rief:

«Kinder, ich hab's! Ich habe es! Gebt mir schnell mein Umhängetuch! Springt, Kinder, und gebt mir mein Tuch! Gebt mir mein Tuch und auch die neue karierte Schürze!»

Sie sprang hoch, faßte rechts und links je einen winzigen Zipfel ihres fadenscheinigen schwarzen Rockes zwischen Daumen und Zeigefinger, legte den Kopf auf die Seite und fing an, in der Küche herumzutanzen und dazu zu singen:

«Ein Bettler, der war verliebt in 'ne Nonn' —
Gott vergeb's ihm.»

Sie brachten ihr das Tuch und die karierte Schürze und quälten sie mit Fragen, was sie denn tun wolle; aber sie verriet kein Wörtchen.

«Laßt mich in Ruhe, Kinder», sagte sie, «auf daß das Blut einzig auf *mein* Haupt komme! Bleibt ihr schön still im Haus, und wenn ich nicht innerhalb von zwei Stunden mit Essen und Trinken zurück bin, dann wißt ihr, wo ihr nach mir suchen könnt — nämlich auf der Polizeistation!»

Dann band sie sich die Schürze und das schwarze Tuch um, das sie dreieckig gefaltet trug; der Zipfel stippte wie ein Steuer hinter ihren Hacken auf den Boden. Sie ging fort und zog durchs Dorf, ohne eine Menschenseele anzuschauen. Das Tuch hatte sie sich über den Kopf und tief ins Gesicht gezogen. So ging sie etwas vornübergebeugt die Landstraße entlang bis zum nächsten Dorf, das eine Meile entfernt lag. Dort hatte Mrs. Murtagh einen kleinen Kramladen, in dem sie alles verkaufte, was ein Bauer nur kaufen mochte, und wo sie alles kaufte, was man einem Bauern nur abschwatzen konnte, ausgenommen natürlich Rindvieh und unsterbliche Seelen. Es war ein zweistöckiges Steinhaus, und obgleich es erst drei Jahre stand, sah es schon verwittert und schmutzig wie ein Schiff aus, das eine lange Seereise hinter sich hat und nun muschelbewachsen und zerschrammt und heruntergekommen in den Hafen einläuft.

Mrs. Deignan trat munter in den Vorflur und dann links in den langen, dunklen Raum, der als Laden diente. Ein schwerer Dunst von Zucker, Seife, gesalzenem Speck und altbackenen Biskuits hing in der Luft. Hinter dem Ladentisch stand Mrs. Murtagh und hatte die Arme über der Brust verschränkt. Sie war eine fünfundvierzigjährige, hübsche Frau, aber mit einem Paar harter, habgieriger Augen, die voll Hinterlist waren. Ihr Gesicht wäre sogar schön gewesen, hätte sie nicht so falsch ausgesehen und solch gelblichen Teint gehabt. Nur die Wangen waren rosig angehaucht wie bei einem jungen Mädchen. Sie warf Mrs. Deignan einen flüchtigen Blick zu und nickte gerade eben mit dem Kopf, als wäre sie durchaus nicht erbaut, die gute Frau in ihrem Laden zu sehen.

«Oh», sagte sie ganz trocken und strengte sich mächtig an, ihrer Stimme einen humorvollen

Klang zu geben, «Sie sind wohl gekommen, um die kleine Summe zu begleichen, die Sie mir schulden? Ja, ja, ich hab's ja immer gesagt: Sie sind eine ehrliche Frau, Mrs. Deignan. Aber beeilen Sie sich doch nicht so damit — warten Sie ruhig noch fünf Jahre länger!» Und sie lachte ihr komisches Lachen, das — wenn der Vergleich erlaubt ist — fast wie das Gegacker einer Henne klang.

Doch das Lachen erstarb ihr in der Kehle, als sie den Ausdruck in Mrs. Deignans Gesicht bemerkte. Mrs. Murtagh war eine harte Frau und von solcher Energie, daß sie selbst mit einem Priester einen zähen Kampf ausfechten konnte; aber jetzt — erschreckte sie Mrs. Deignans Mienenspiel. Noch hatte Mrs. Deignan kein Wort gesagt. Sie hatte nur das Umschlagtuch von der Schulter gleiten lassen, so daß es nachschleppte. Ihre mageren, runzligen gelben Hände hingen schlapp herunter. Das Gesicht war matt und schlaff geworden und begann sich allmählich zu verkrampfen und zu kräuseln wie Milch, wenn sie im Kochtopf über kleinem Feuer steht und im Begriff ist, hochzuwallen. Nach und nach straffte es sich. Sie schluckte ein paarmal. Die Brust hob sich, als dränge etwas Teuflisches gewaltsam vom Magen aufwärts und könne sich nicht den Weg durch die Kehle erzwingen. Tatsächlich, Mrs. Deignan sah so aus, als ob sie etwas Scheußliches zur Welt bringen wolle. Und das tat sie auch. Sie fing an zu sprechen. Das erste Wort brachte sie nur mit der größten Schwierigkeit heraus. Es entrang sich ihren faltigen gelben Lippen in

Kurven und Spiralen und mit einem Ton, wie wenn ein Messer auf dem Wetzstein geschliffen wird. Dann aber nahm der Wortschwall an Geschwindigkeit zu, bis er ihr in dem hellen, grellen Tonfall eines Brausebachs nur so aus dem Munde strömte:

«Heuchlerin, Diebin, Hehlerin!» schrie sie. «O du Weibsbild du, du hast Gott und Tugend und Barmherzigkeit und allen guten Werken der Heiligen abgeschworen, du Teufelin! Die Hölle hat dich ausgespien, weil sogar Luzifer nicht unter dem gleichen Dach mit solchem Greuel schlafen wollte! Du Drachen mit sieben Zungen, und alle sieben pestzerfressen, solche Ladung von gemeinen Worten kriecht ihnen über den giftigen, schleimigen Buckel! Du Sprößling von sieben Vätern, die alle sieben besoffene Landstreicher waren! Du Ungeheuer, du — oh!» Sie schöpfte Atem, hob die Hände und hielt sie vors Gesicht wie ein feilschender Orientale, der einen Handel abschließt. Ihre Augen weiteten sich, und Schaum trat ihr vor den Mund: «Meine Zunge ist mir zu schade, dir zu sagen, was du bist, du —» Plötzlich plumpste sie auf einen Stuhl, der neben der Theke stand, und fächelte sich mit einem Zipfel ihres Tuches Luft zu. Sie flog am ganzen Körper, als ob sie hysterisch sei.

«Bist du vollkommen verrückt?» ächzte Mrs. Murtagh leise. Sie war vor Wut außer sich, aber, da sie eine vorsichtige Frau war, behielt Furcht die Oberhand. Sie stand hinter dem Ladentisch, zitterte und warf Blicke umher und aus dem Fenster, ob auch keine Kundin käme und höre, was Mrs. Deignan sagte. «Bist du vollkommen verrückt geworden, du? Was hast du gegen mich? Was hast du, frag' ich dich? Sprich, du!»

Mrs. Deignan schüttelte noch ein Weilchen den Kopf und versuchte dann, den Mund aufzumachen, unterließ es aber. Dadurch ermutigt, stürzte Mrs. Murtagh hinter dem Ladentisch hervor, verschränkte die Arme und funkelte Mrs. Deignan wütend an.

«Sprich!» zischte sie, «und sag, was los ist, oder deine Knochen werden dir im Gefängnis verfaulen, so wahr ich noch ein Goldstück übrig habe, um den Richter zu bestechen, daß er dich nicht wieder freiläßt!»

«Aaarrrh!» Mrs. Deignan brachte endlich den Mund auf und stieß einen Knurrton wie ein bissiger Hund aus. Ihr Gesicht belebte sich wieder und ballte sich bedrohlich zusammen. Ihr schlaffer kleiner Körper wurde so flink und beweglich wie ein Eichhörnchen. Mrs. Murtagh trat schnell zurück und kreischte unwillkürlich auf.

«So etwas willst du tun, du?» schrie Mrs. Deignan. «Bist selbst eine Witwe und willst auf einer armen Witwe herumtrampeln? Das werden wir aber seeehen, das werden wir aber seeehen!» lachte sie laut, und ihr Gelächter endete mit einem schrillen Ton, aus dem sie eine Art Triumphgeheul machte. Dann stemmte sie die Hände auf die Knie, streckte den Kopf vor, blickte Mrs. Murtagh scharf an und fragte leise und sehr deutlich: «Wo ist der rote Rock hin, den du letzten Sonntagabend trugst, als du beim Schneider warst?»

«Gott im Himmel!» keuchte Mrs. Murtagh und preßte die Hände auf die Lippen. Dann lachte sie kalt und hart und vollkommen unnatürlich und wich den Blicken aus. Aber Mrs. Deignan starrte sie fortgesetzt an. Mrs. Murtagh ging auf Mrs. Deignan zu, bückte sich und zischte ihr ins Gesicht: «Du Lügnerin, ich hab' letzten Sonntag gar keinen roten Rock getragen!»

«Das-ist-glatt-gelogen!» sagte Mrs. Deignan so abgehackt wie ein Lehrer, der einem dummen Jungen etwas erklärt. «Ich habe dich mit meinen eigenen Augen gesehen, als du aus seiner Hütte kamst, und du hattest einen roten Rock an! Streite es ab, wenn du kannst!»

«Es ist gelogen», schrie Mrs. Murtagh und richtete sich auf und stampfte mit den Füßen. Sie war puterrot bis an die Haarwurzeln. «Es ist gelogen», schrie sie wieder ganz atemlos. «Ich habe gar keinen roten Rock angehabt, sondern meinen schwarzen Miederrock!»

Mrs. Deignan stieß einen triumphierenden Schrei aus und sprang hoch. Ihr Gesicht strahlte vor Entzücken.

«Hah», schrie sie mit leiser, schneidender Stimme und wie ein Mann, der an einem sehr heißen Tag gerade eine tüchtige Flasche Guinness-Bier hinuntergekippt hat, «jetzt — jetzt hab ich dich! Du *warst* es also! *Du* warst bei ihm gewesen! Ich habe den schwarzen Miederrock gesehen, als ich die Gasse entlang kam, aber ich war nicht ganz sicher. Hahaha! Hab' ich dich nicht fein erwischt? Bist schön in die Falle gegangen!»

«Ohhh!» stieß Mrs. Murtagh zwischen den Zähnen hervor und stürzte sich auf Mrs. Deignan. Sie rauften sich und schrien und fluchten, fuhren sich an die Kehle und rissen sich an den Haaren wie zwei Katzen, die sich nachts bei Mondschein im Küchengarten begegnet sind. Gegenstände flogen umher, und es gab einen gehörigen Lärm, bis Mrs. Murtagh schließlich ihre Feindin von sich schleuderte, daß sie torkelnd bis ans andre Ende des Ladens auf ein paar Säcke Mehl fiel. Beinahe wäre Mrs. Murtagh ihr gefolgt, um ihren Vorteil wahrzunehmen; doch die gewohnte Vorsicht gewann wieder die Oberhand. Sie hielt inne und blickte unschlüssig auf Mrs. Deignan. Mrs. Deignan war keine Spur verletzt; mit halbem Auge erspähte sie die Unentschlossenheit der andern, sprang prompt auf, warf die Hände in die Luft und ließ sich wie tot zu Boden fallen. Im Fallen flüsterte sie deutlich hörbar: «Ich sterbe!»

«Lieber Himmel, was hab' ich getan?» schrie Mrs. Murtagh. «Ich habe sie umgebracht!» Sie stürzte auf Mrs. Deignan zu und hob sie auf. Im gleichen Augenblick erschienen zwei Frauen in der Ladentür, die der Lärm angelockt hatte.

«Gott steh uns bei in allem Übel!» riefen sie, «was ist denn?»

«Sie hat einen Anfall, die Arme», flüsterte Mrs. Murtagh, «kommt, wir wollen sie ins Wohnzimmer tragen! Es ist ihr übel im Magen!»

«Gott sei ihr gnädig, der Armen!» riefen die beiden und sahen sich ungläubig an. Ihre Blicke sagten deutlicher als Worte, daß Mrs. Murtagh ihr wohl nichts mehr hatte borgen wollen, und daß die arme Mrs. Deignan sie für solche Grausamkeit mit vollem Recht angegriffen habe.

Als die beiden Nachbarinnen aber Mrs. Deignan, die nun auf dem Sofa lag, mit etwas Riechsalz und einem Kognak wieder zu sich gebracht hatten, waren sie schwer enttäuscht: die Arme sprach in dankbaren Worten von der guten Mrs. Murtagh! Sie setzte sich auf, fuhr sich über Gesicht und Augen, streckte dann Mrs. Murtagh beide Hände entgegen und sagte mit dicken Tränen in den Augen: «Ach, Gott im Himmel soll's dir lohnen, wie gut du zu einer armen Frau bist!»

Und, zu den Nachbarinnen gewandt, fuhr sie fort:

«Ich komme hierher und sage ihr, daß wir seit einer Woche keinen Bissen zu essen im Hause haben, und nicht einmal ein paar Kartoffeln für die vier armen Waisenkinder, die mir der Herr als Bürde gegeben hat. Und gutherzig, wie sie ist, dreht sie sich um und sagt: ‚Mrs. Deignan', sagt sie, ‚legen Sie Ihr Umschlagtuch auf den Ladentisch, Gott zuliebe will ich Ihnen alles geben, was den Hunger in Ihrem Haus für ein paar Tage stillen soll — Tee und Zucker und Mehl und was Sie sonst noch haben wollen —, und auf sechs Monate Kredit!' Uhuhu, es war zuviel für mich! Es war einfach zuviel, buhuhu, und es wurde mir schwindlig!» Und dabei preßte sie die Hände auf den Magen.

Die beiden Frauen gingen wieder fort und tuschelten draußen miteinander, daß da etwas nicht stimme. Aber was es war, das konnten sie nicht herausbringen. Und schlechter Laune zogen sie nach Hause.

Zehn Minuten später erschien Mrs. Deignan. Ihr Umschlagtuch hatte sie sich wie einen Rucksack über die Schulter gehängt, und in seinem dicken schwarzen Bauch lagen jetzt zwei Pfund Zucker, ein Pfund Tee, vier Büchsen kondensierte Milch, zwanzig Pfund Mehl und vier Laib Brot, die ein bißchen altbacken waren. In der Ladentür stand Mrs. Murtagh und warf ihrer Kundin einen haßerfüllten Blick nach. Aber größer als ihr Haß war ihre Furcht. Den einzigen dunklen Fleck auf ihrer Ehre, ihre Liebschaft mit dem Schneider, hatte dieses Mannweib von einer Dichterin entdeckt. Und Mrs. Murtagh dachte, wie unzählige Male Mrs. Deignan noch mit einem Tuch voll Waren von hier fortgehen würde...

Doch dann dachte sie auch an den Schneider.

Wie das Seil gedreht wurde

Von
William Butler Yeats

Einmal, als sich der Tag schon neigte, zog Hanrahan seine Straße in der Nähe von Kinvara, und er hörte den Klang einer Fiedel aus einem Haus, das etwas abseits vom Straßenrand lag. Er schlug den Pfad ein, der darauf zuführte, denn es war seine Gewohnheit, an keinem Haus, wo es Musik oder Tanz gab, vorüberzugehn, ohne einzutreten. Der Herr des Hauses stand in der Tür und erkannte Hanrahan, als er näher kam, und sagte: «Sei willkommen, Hanrahan, du hast dich lange Zeit nicht bei uns blicken lassen.» Aber die Frau kam zur Tür und sagte zu ihrem Mann: «Es wär' mir gar nicht unrecht, wenn Hanrahan heut abend nicht zu uns hereinkäm', denn er ist jetzt nicht gut angeschrieben bei den Geistlichen und bei Frauenzimmern, die was auf sich halten, und so wie er daherkommt, sollt's mich nicht wundern, wenn er eins zu viel getrunken hätt'.» Ihr Mann aber sagte: «Ich will nie einen Mann von meiner Tür weisen, der ein Dichter ist wie Hanrahan.» Und damit hieß er ihn eintreten.

Es waren eine ganze Menge Nachbarn im Haus versammelt, und manche von ihnen erkannten Hanrahan; die meisten der Buben jedoch, die sich in den Winkeln herumdrückten, hatten bloß die Erwachsenen von ihm reden hören, und sie standen auf und reckten die Hälse nach ihm, und einer von ihnen sagte: «Ist das nicht Hanrahan, der die Schule gehalten hat und den *sie* entführt haben?» Aber seine Mutter legte ihm die Hand auf den Mund und hieß ihn schweigen und nicht von solchen Dingen reden. «Denn Hanrahan», sagte sie, «wird leicht zornig, wenn er hört, daß von der Geschichte geredet wird, oder wenn ihn wer danach fragt.»

Einer oder der andre rief ihm dann zu und bat um ein Lied; aber der Hausherr meinte, es sei nicht an der Zeit, ein Lied von ihm zu verlangen, eh er sich nicht ausgeruht habe, und reichte ihm Whisky in einem Glas, und Hanrahan dankte und wünschte ihm Gesundheit und trank es auf einen Zug leer.

Der Geiger stimmte seine Fiedel für den nächsten Tanz, und der Hausherr sagte zu den Burschen, sie würden alle erst wissen, was Tanzen sei, bis sie Hanrahan tanzen gesehn hätten, denn dergleichen sei niemals mehr erblickt worden, seit er weggezogen. Hanrahan aber sagte, er werde nicht tanzen, er wisse jetzt was Besseres mit seinen Füßen anzufangen, seit er auf der Wanderschaft sei durch alle fünf Teile von Irland.

Grade als er das sagte, kam Una, die Tochter des Hauses, zu der Halbtür herein, mit einem

Armvoll Connemara-Torf für das Feuer. Sie warf den Torf auf den Herd, daß die Flammen hoch aufflackerten und man sehn konnte, wie hübsch sie war und wie sie lächelte. Und zwei oder drei Burschen standen auf und baten sie um den Tanz. Aber Hanrahan ging quer über den Tanzboden, drängte die andern beiseite und sagte, mit ihm müsse sie tanzen nach dem langen Weg, den er gemacht habe, um zu ihr zu kommen. Und mag sein, er sagte ihr ein paar Schmeichelworte ins Ohr, denn sie hatte nichts dagegen und stellte sich zum Tanz an mit ihm, und ihre Wangen waren ganz rot geworden. Dann standen andre Paare auf, aber als der Tanz beginnen sollte, blickte Hanrahan zufällig auf den Boden und gewahrte, daß seine Schuhe vertreten und zerrissen waren und die zerlumpten grauen Socken aus ihnen hervorsahn; da sagte er ärgerlich, es sei ein schlechter Tanzboden, und an der Musik sei auch nicht viel dran, und er setzte sich in den dunkeln Winkel neben dem Herd. Aber als er niedersaß, setzte sich auch das Mädchen dorthin, neben ihn.

Der Tanz ging weiter, und als er zu Ende war, wurde ein zweiter verlangt, und eine Weile gab niemand viel acht auf Una und Rot Hanrahan in ihrem Winkel. Nur die Mutter wurde unruhig und rief nach Una, daß sie ihr helfen solle, den Tisch zu decken in der innern Stube. Doch Una, die ihr sonst in allem folgsam gewesen war, antwortete, sie werde gleich kommen, aber nicht jetzt; denn sie hörte auf das, was Hanrahan ihr ins Ohr sagte. Da wurde die Mutter noch besorgter und kam näher zu ihnen heran und tat, als schürte sie das Feuer auf dem Herd, und dabei trachtete sie zu erlauschen, was der Dichter zu ihrem Kind sprach. Und das eine Mal hörte sie ihn erzählen von Deirdre mit den schneeweißen Händen und wie sie die Söhne Usnachs in den Tod getrieben habe; und wie das Rot ihrer Wangen nicht so rot gewesen sei wie das Blut von Königssöhnen, das für sie geflossen, und wie ihr Trauern niemals vergessen worden sei. Und er sagte, es sei vielleicht die Erinnerung an sie, die den Schrei des Kiebitz' über dem Moor so traurig ertönen lasse für das Ohr des Dichters wie das Klagen junger Männer um einen gefallenen Gefährten. Und nie wäre die Erinnerung an sie lebendig geblieben, wenn nicht die Dichter gewesen wären, die ihre Schönheit in Liedern besangen.

Das nächste Mal konnte sie nicht recht verstehn, was er sagte, aber soviel sie hören konnte, klang es wie ein Gedicht, wenn es auch nicht gereimt war, und dies ist, was sie ihn sagen hörte: «Die Sonne und der Mond sind wie ein Mann und ein Mädchen, sie sind mein Leben und dein Leben, sie wandern und wandern ewig am Himmel dahin, beide wie unter demselben Hut. Gott hat sie füreinander geschaffen. Er hat dein Leben gemacht und meines; ehe die Welt begann, hat er sie gemacht, damit sie durch die Welt gehn mögen, auf und nieder wie die zwei besten Tänzer, die weiter tanzen, den langen Scheunenboden hinauf und hinunter, frisch und lachend, wenn alle andern schon nicht mehr tanzen können und müd an den Wänden lehnen.»

Da ging die alte Frau dahin, wo ihr Mann saß und Karten spielte; aber er wollte nicht auf sie hören, und sie trat zu einer der Nachbarsfrauen und sagte: «Gibt es denn gar kein Mittel, mit dem wir die zwei voneinander bringen können?» Und ohne eine Antwort abzuwarten, sagte sie zu ein paar jungen Männern, die plaudernd beisammenstanden: «Wozu seid denn ihr gut, wenn ihr das schönste Mädchen im Haus nicht dazu bringen könnt, daß sie mit euch tanzt? Und geht nur alle, wie ihr da seid», sagte sie, «und seht, ob ihr sie nicht wegkriegen könnt von dem Dichter und seinem Gerede.» Aber Una gab keinem von ihnen Gehör und schwenkte nur die Hand, als wollte sie sie verscheuchen. Da wandten sie sich an Hanrahan und sagten, es wäre das beste, er würde selber mit dem Mädchen tanzen oder sie einem von ihnen zum Tanz lassen. Als Hanrahan hörte, was sie sagten, rief er: «Recht so, ich will mit ihr tanzen; da ist kein Mann im ganzen Haus, der mit ihr tanzen soll, als nur ich allein.»

Hernach stand er auf mit ihr und führte sie an der Hand, und ein paar von den Burschen ärgerten sich und begannen zu spotten über seinen schäbigen Rock und seine zerrissenen Schuhe. Doch er achtete gar nicht darauf, und Una auch nicht, sondern sie blickten einander an, als ob außer ihnen nichts dagewesen wäre auf der ganzen Welt. Aber ein andres Paar, das wie Liebesleute beisammengesessen hatte, stellte sich zugleich mit ihnen an, faßte sich bei den Händen und bewegte die Füße, um den Takt zu finden.

Doch Hanrahan kehrte ihnen den Rücken zu, als ärgerte er sich, und statt zu tanzen, begann er zu singen. Während er sang, hielt er Unas Hand, und seine Stimme tönte lauter und lauter. Die Burschen ließen das Spotten sein, und die Fiedel verstummte, und nichts war mehr zu hören als seine Stimme, die klang wie das Rauschen des Windes. Und was er sang, war ein Lied, das er einmal gehört oder selber gemacht hatte, auf seinen Wanderungen über Slieve Echtge, und die Worte davon, so wie man sie aus dem Gälischen übertragen kann, waren diese:

Des Todes Knochenfinger
Uns nimmer finden soll
Im weitgewölbten Traumland,
Von Liebe übervoll,
Wo Zweige blühn und tragen
Das Jahr durch früh und spät,
Wo Bäche überschäumen
Von rot und braunem Met.
Ein Alter bläst die Sackpfeif,
Wo silberne Bäume stehn;
Königinnen, mit Augen so blau
Wie Eis, im Tanz sich drehn.

Und während er sang, drängte sich Una noch näher an ihn, und aus ihren Wangen war alle Farbe gewichen, und ihre Augen waren jetzt nicht mehr blau, sondern grau von den Tränen, die darin waren, und jeder, der sie so gesehn, hätte geglaubt, sie sei auf der Stelle bereit, ihm zu folgen, vom Westen nach dem Osten der Welt.

Aber einer der Burschen rief: «Wo ist denn das Land, von dem du da singst? Nimm dich in acht, Una, es ist weit von hier, und du magst lange unterwegs sein, eh du dahin gelangst.» Und ein andrer sagte: «Es ist nicht das Land der ewigen Jugend, wohin du mit ihm gehn wirst, sondern nach Mayo, in die Sümpfe, wird er dich führen.» Da blickte Una auf Hanrahan, als wollte sie ihn fragen, er aber erhob ihre Hand in der seinen und rief: «Es ist uns ganz nah, dieses Land; es ist überall. Mag sein, es ist auf dem kahlen Berg da hinter uns oder im Herzen des Waldes.» Und er sagte sehr laut und mit klarer Stimme: «Ja, im Herzen des Waldes. Oh, der Tod wird uns nie finden im Herzen des Waldes! Und willst du mit mir dahin gehn, Una?» fragte er sie.

Aber während er so sprach, waren die zwei alten Frauen vor die Tür getreten, und Unas Mutter weinte und rief: «Er hat ihr einen Zauber angetan. Können wir die Männer denn nicht so weit bringen, daß sie ihn aus dem Haus treiben?»

«Das geht nicht», sagte die andre, «denn er ist ein Dichter der Gälen, und du weißt wohl, wenn du einen solchen aus dem Haus jagst, wird er einen Fluch über dich sprechen, der das Korn auf dem Feld verdorren und den Kühen die Milch vertrocknen läßt, und wenn der Fluch auch sieben Jahr' in der Luft hängen müßt'.»

«So helf' uns der liebe Gott!» sagte die Mutter, «warum hab' ich ihn nur ins Haus hereingelassen, so einen wilden Kerl, wie er einer ist?»

«Es hätt' dir gar keinen Schaden gebracht, ihn draußen zu lassen; aber es käm' großes Leid über dich, wenn du ihn mit Gewalt hinaustreiben tätst. Aber hör nur meinen Plan, ihn aus dem Haus' zu bringen durch sein eignes Tun, ohne daß irgendwer ihn vertreibt.»

Nicht lange danach war's, da kamen die zwei Frauen wieder herein, jede mit einem Bündel Heu in der Schürze. Hanrahan sang jetzt nicht mehr, sondern er sprach leise und sehr schnell zu Una und sagte: «Das Haus ist eng, aber die Welt ist weit, und keiner, der wahrhaft liebt, braucht sich zu fürchten vor Nacht oder Morgen oder Sonne und Sternen oder den Schatten des Abends oder irgendeinem irdischen Ding.»

«Hanrahan», sagte da die Mutter und klopfte ihm auf die Schulter, «willst du mir helfen hier für einen Augenblick?» «Tu's, Hanrahan», sagte die Nachbarin, «und hilf uns ein Seil drehn aus dem Heu da, denn der Wind hat das Dach über dem Heuschober losgerissen.»

«Das will ich gern tun», sagte er und nahm den kleinen Stab in seine Hände. Die Mutter begann das Heu auszugeben, und er drehte es ein; aber er hatte es eilig, damit zu Ende zu kommen und wieder frei zu sein. Die Frauen fuhren fort zu schwatzen und das Heu auszugeben und ihn aufzumuntern. Sie sagten, wie gut er es verstehe, ein Seil zu drehn, besser als ihre eigenen Männer oder irgendeiner von den Nachbarn. Und Hanrahan bemerkte, daß Una ihm zusah, und er begann ganz schnell zu drehn und hielt dabei den Kopf hoch und rühmte sich der Fertigkeit seiner Hände, der Gelehrsamkeit seines Kopfes und der Stärke seiner Arme.

Und wie er so prahlerisch redete, ging er rückwärts unterm Drehn des Seils, bis er an die Haustür kam, die hinter ihm offen stand, und ohne es zu merken, trat er über die Schwelle und war draußen auf der Straße. Aber kaum stand er dort, als die Mutter geschwind zur Tür sprang und ihm das Seil nachwarf. Dann schloß sie schnell Tür und Halbtür und schob den Riegel vor.

Sie war sehr mit sich zufrieden, da ihr dies gelungen war, und lachte laut auf, und die Nachbarn lachten mit ihr und lobten sie. Aber sie hörten ihn ans Tor schlagen und draußen fluchen, und die Mutter konnte grade noch zur rechten Zeit Una zurückhalten, die schon die Hand auf dem Riegel hatte, um zu öffnen. Dann gab sie dem Fiedler ein Zeichen, und er begann einen neuen Tanz zu spielen. Einer der Burschen faßte Una ohne zu fragen bei der Hand und führte sie mitten hinein in das Gedränge der Tanzenden. Und als der Tanz zu Ende war und die Fiedel verstummte, war draußen kein Laut mehr zu hören, und die Straße lag still wie zuvor.

Hanrahan aber, als er sah, daß er ausgesperrt war und an dem Abend weder Unterkunft noch Trank, noch eines Mädchens Gehör finden würde, dem schwanden Zorn und Mut, und er ging weg und dahin, wo die Wellen an den Strand schlugen.

Auf einem großen Stein ließ er sich nieder und begann seinen rechten Arm zu schwingen und langsam vor sich hin zu singen, auf die Art, wie er es stets tat, um sich aufzuheitern, wenn nichts anderes ihm dazu taugen wollte. Mag sein, es war damals, daß er das Lied machte, das bis auf den heutigen Tag genannt wird: «Wie das Seil gedreht wurde» und das so beginnt: «Wer war die tote Katz, die mich hierher geführt?»

Aber nachdem er eine Weile gesungen, schienen sich Nebel und Schatten um ihn zu lagern, die aus dem Meer aufstiegen oder über das Wasser heranglitten. Einer der Schatten schien ihm die Königsfrau zu sein, die er einst auf Slieve Echtge in ihrem Schlaf erblickt hatte; nun aber schlief sie nicht, sondern höhnte ihn und rief denen, die hinter ihr waren, zu: «Er war schwach, er war schwach, er hat keinen Mut gehabt.»

Und er fühlte noch immer die Litzen des Seils in den Händen, und er fuhr fort es zu drehn, und es dünkte ihn, daß er allen Kummer der Welt darein flechte. Und dann war ihm, als hätte sich das Seil in seinem Traum in einen großen Wasserwurm verwandelt, der aus der See kam und sich um ihn wand und ihn enger und enger umschlang und wuchs und wuchs, bis die ganze Erde und alle Himmel darein gewunden waren. Endlich aber kam er aus der Umschlingung los und schritt weiter den Strand entlang, taumelnd und unsicher, und die grauen Gestalten flogen bald da und bald dort um ihn her. Und dies ist, was sie riefen: «Es ist ein Jammer für ihn, der dem Ruf nicht folgt, wenn die Töchter der Sidhe ihn rufen, denn er wird keinen Trost finden in der Liebe irdischer Frauen bis ans Ende von Leben und Zeit, und die Kälte des Grabes ist in seinem Herzen auf ewig. Den Tod hat er sich erwählt; so laßt ihn sterben, laßt ihn sterben!»

DAS FAMILIENPORTRÄT

Von
Francis MacManus

Wenn Sie zufällig in unsere Gegend kommen sollten, müssen Sie auch bei meinem Onkel vorsprechen. Sicher werden Sie erst ein wenig im Wohnzimmer warten müssen. Schauen Sie sich nur ruhig um! Auf einem Tischchen neben dem Kamin, zwischen schönen Muscheln und einer Glaskugel, in der eine große Stadt zu sehen ist, wird Ihnen ein Album auffallen, ein Album mit Photographien. Machen Sie es bitte auf — denn inzwischen werden alle hereingekommen sein und Ihnen voll Stolz die Bilder erklären: wer Priester und wer Nonne wurde, und wie alt der bärtige Herr mit dem steifen Stehkragen ist, und wann der und jener heiratete, und wieviel Kinder sie bekamen, freundlich lächelnde Kinder, und wo in der weiten Welt sie schließlich, immer noch freundlich lächelnd, hingerieten. Aber eine Photographie wird Ihnen ganz besonders auffallen. Schauen Sie sie nur schnell an, ehe meine Tante es merkt und schreit: «Oh, nehmt doch endlich das alte Ding weg! Warum ist das denn noch da? Ich dachte, wir hätten es längst verbrannt!»

Diese Photographie wurde nämlich an einem Weihnachtstage kurz vor dem Essen aufgenommen, sozusagen zu der Zeit, wo wir schon hätten bei Tische sitzen sollen.

Im Hause meines Onkels ist das Weihnachtsessen eine sehr ernsthafte Angelegenheit. Damit will ich nicht sagen, daß alle mit langen, feierlichen Gesichtern dasitzen. Gott behüte!

Die Vorbereitungen gehen gleich nach der Frühmesse an. Im Küchenherd brennt ein Feuer, als wollten sie einen ganzen Ochsen braten, so daß meine Tante und die Mädchen fast bei lebendigem Leibe geröstet werden. Wir andern aber, wir rufen den Hunden und gehen über Feld, bis mein Onkel endlich sagt: «Ich glaube, wir müssen nach Hause gehen. Es könnte sein, daß Mutter und die Mädchen uns brauchen. Sie haben heute einen anstrengenden Tag!»

Keiner hat etwas dagegen, und wir kehren um, und mein Onkel sagt:

«Ich möchte nur wissen, ob der Truthahn gut geraten ist. Es war der allerbeste vom Hof!»

Und wir sind alle genau so besorgt wie er um das Wohlbefinden des lieben Vogels. Einer von meinen Vettern sagt vielleicht: «Der Plumpudding ist jedenfalls gut, ich habe ihn heute früh gesehen!»

«Weißt du noch den vom letzten Jahr?» fragt ein andrer, ohne jedoch eine Antwort zu erwarten. Wir tragen uns alle mit den gleichen Gedanken.

An jenem Weihnachtsmorgen nun, als die bewußte Photographie aufgenommen wurde, sprachen wir unterwegs dauernd vom Essen, obwohl es ja genau wie immer sein würde. Natürlich würde es Truthahn geben, der stets so knusprig und riesengroß war und vor lauter Füllung fast platzte — ein Tierchen, das besonders für diesen Zweck gemästet worden war. Dann würden rechts und links von ihm noch ein halbes Dutzend zarte Hühnchen liegen, mit dünnen Speckstreifen garniert. Es gab auch einen Schinken, der in einer Teigkruste in seinem eigenen Saft und Aroma gebacken wurde. Auch etwas Roastbeef und Schmorbraten fehlten nicht, und Pökelfleisch und gebratene Kartöffelchen und die dazu gehörigen Saucen. Und ohne einem lange Zeit zum Atemholen zu lassen, würden dann Bratäpfel in Schlagsahne erscheinen und Eiercreme und Fruchtgelee, ein Obstkuchen und selbstverständlich der Plumpudding, der so schwer war, daß meine Tante ächzte und stöhnte, wenn sie ihn auftrug. Und mein Onkel hatte inzwischen schon so oft auf unser aller Gesundheit getrunken, daß wir uns fragten, ob wir überhaupt je gesund gewesen waren.

Als wir nun also mit den Hunden nach Hause eilten und in den Hof kamen, schlug uns schon der Duft aus der Küchentür entgegen. Es war ein bitterkalter Tag — ein scharfer Nordost wehte —, so ein Tag, an dem man sich tüchtig bewegen muß, damit man nicht bis auf die Knochen friert. Wir schlängelten uns in die Küche, einer nach dem andern und ganz behutsam, denn für die Frauensleute ist es natürlich ein schwerer Tag. Wir wollten sehen, wie weit alles gediehen war.

Meine Tante kam uns schon auf halbem Wege entgegen und rief:

«Warum seid ihr denn so früh nach Hause gekommen? Wir sind noch lange nicht fertig! Hinaus mit euch, alle miteinander! Fort! Wir müssen Platz haben!»

Wir zogen uns auf den Hof zurück, lungerten am Tor herum und sahen ins Wetter. Mein Onkel sagte niedergeschlagen: «Wenn sie nicht schnell machen, erfrieren wir hier alle!» Er ging in die Scheune und kam zurück und kaute gierig an einem Apfel. Wir wollten es ihm gerade gleichtun, da erschien ein langer Mensch mit einem großen schwarzen Kasten auf dem Rücken. Er kam in den Hof.

«Gott zum Gruß!» sagte mein Onkel, «und frohe Weihnachten!»

Noch nie hatte ich einen Mann gesehen, der so groß und dünn war wie dieser Fremde. Die Kleider schlotterten ihm um den Leib, ja, sie hingen so an ihm herunter wie die Enden seines grauen Schnauzbartes und die beschmutzte schwarze Künstlerschleife unter seinem Kinn. Vom Nordostwind tränten ihm die Augen, und das schmale Gesicht und die knochigen Hände waren blau angelaufen. Mit schwungvoller Geste zog er den großen, breitkrempigen Hut vom Kopf und sagte:

«Darf ich Ihnen, sehr verehrter Herr, der Sie vermutlich der Hausherr sind, meine ergebensten Wünsche zum Fest aussprechen, Ihre blühende Nachkommenschaft mitinbegriffen!» Er verneigte sich zweimal, oder vielmehr, er schwankte.

«Heiliger Bimbam!» brummte mein Onkel

und musterte den schwarzen Kasten. Laut sagte er: «Kaltes Wetter heute, wenn man unterwegs sein muß!»

Der Lange rieb sich die Hände und lächelte ein frosterstarrtes Lächeln: «Mutter Natur», erklärte er und deutete mit kühnem Bogen gen Himmel, «hat uns ein Wetter beschert, das wir in dieser Jahreszeit gewohnheitsgemäß mehr oder weniger erwarten dürften, obwohl sie nicht die Hoffnungen jener muntern Leutchen erfüllt hat, die nach Eiszapfen und flockigem Schnee seufzen. Nichtsdestotrotz, wenn jemand wie ich eine entgegengesetzte, wenn auch unmaßgebliche Meinung aussprechen darf, nichtsdestotrotz möchte ich behaupten, sie hat den Wind nicht dem geschorenen Lamme entsprechend temperiert. Ja, Herr, es ist saukalt!»

Wir waren sprachlos. Dann sagte mein Onkel schüchtern: «Möchten Sie vielleicht einen Schluck trinken, damit Sie sich ein bißchen aufwärmen?»

Der Lange verbeugte sich, ohne eine Miene zu verziehen. «Herr», sagte er, «wenn ich auch nicht als fanatischer Anhänger jener Ansicht hingestellt werden kann, die den Saft der Traube und das Destillat der Gerste verdammenswert nennt, sondern eher als Evangelist einer Fröhlichkeit bezeichnet werden möchte, die durch edle Mäßigkeit gedämpft wird, so erlauben Sie mir, Ihnen ergebenst zu danken und voll Bedauern zu verzichten», — hier verbeugte er sich, während mein Onkel betroffen einen Schritt zurücktrat —, «und Ihnen kundzutun, daß mir Ihre Nachbarn in diesen gastfreundlichen Gefilden bereits ihre Festesfreude derart bezeugten, daß mein räumliches Fassungsvermögen bis aufs äußerste beansprucht wurde. Wenn ich bitten darf, Herr: keinen Tropfen mehr! Jedoch möchte ich Ihre Güte und Großherzigkeit insofern mißbrauchen, als . . .»

Im gleichen Moment tönte aus der Küche der langersehnte Ruf meiner Tante: «Zum Eeeeessen! Steht doch nicht den ganzen Tag auf dem Hof herum und schwatzt!»

«Möchten Sie vielleicht etwas essen?» fragte mein Onkel.

Der Lange verneigte sich: «Auch hierin sind Ihnen Ihre gastfreundlichen Nachbarn zuvorgekommen und . . .»

«Dann sagen Sie endlich, was Sie eigentlich wollen, Mann!»

Der Lange schnallte sich den schwarzen Kasten vom Rücken, öffnete ihn umständlich und holte ein zusammenlegbares Stativ hervor, das er aufstellte, und eine Kamera, die er obendrauf pflanzte. Dann nahm er neben dem Apparat Positur ein, den Hut in der Ellbogenkrümmung, und sagte: «Meine Herrschaften, Sie erblicken hier ein Instrument, welches das wunderbare Produkt aus Genie und Erfindungsgeist von Scharen von Wissenschaftlern und Künstlern ist, die ihr Leben höchst selbstlos der Förderung einer Sache widmeten . . .»

«Eeeessen!» rief meine Tante, «Eeeessen! Vor fünf Minuten wart ihr alle noch halb verhungerte Kannibalen!»

Der Lange verbeugte sich in der Richtung, aus der die Stimme kam.

«Wollen Sie photographieren?» fragte mein Onkel. «Schnell, sagen Sie ja oder nein: wollen Sie ein Bild aufnehmen?»

«Das, mein Herr, ist allerdings Zweck und Ziel meiner Pilgerfahrt von Waterford her bis in diese gastfreundliche Gegend. Hätte ich den Stift eines Leonardo oder den Pinsel eines Rubens, ich würde mich glücklich schätzen . . .»

Mein Onkel unterbrach seinen Redefluß dadurch, daß er ins Haus ging, wo wir ihn rufen hörten: «Wollt ihr euch photographieren lassen?»

«Bist du verrückt geworden?» fragte meine Tante schrill. «Am Weihnachtstag! Das Essen schon halb auf dem Tisch! Und wer will überhaupt photographieren?»

«Ein langer Laban draußen auf dem Hof! Um Gottes willen, entschließe dich, sonst redet er uns alle tot und wieder lebendig!»

Meine Tante, die Mädchen und mein Onkel traten in die Küchentür und wurden mit Hutschwenken und einer neuen Rede begrüßt: «Meine verehrten Damen, es ist meine Gepflogenheit, sei sie nun lobens- oder tadelnswert, am Weihnachtstage photographische Abbilder menschlicher Familien in ihren diversen Heimen aufzunehmen; denn an diesem unvergleichlichen Tage sind Vater und Mutter, Bruder und Schwester und andere Verwandte vereint, um gemeinsam . . .»

Die Mädchen kicherten. Die Tante stöhnte und schnupperte in der Richtung des Herdes: «O Gott, mein köstlicher Truthahn!»

«Holt Stühle!» rief mein Onkel. «Schnell Stühle her! Kommt, rückt zusammen, daß wir's nur schnell hinter uns haben! Ach, wo wollt ihr denn jetzt hin?» schrie er den Frauensleuten nach. «Euch feinmachen, was? Vor lauter Feinmachen und Redekünsten und Hunger . . .»

«Diese photographischen Aufnahmen», sagte der Lange, «sind absolut einzigartig, weil sie an einem Tage aufgenommen werden, wo getrennte Familien vereinigt sind und die Mienen in natürlicher Heiterkeit frohlocken, und sie sind auch insofern absolut einzigartig, als sie für die lächerliche Summe von sechs Schilling pro halbes Dutzend zu haben sind. Hier, verehrter Herr, ist meine Karte, mein Vorname, mein Zuname, Angabe des Berufs, Adresse und Ort der Bestimmung!»

«Ich bitte Sie», flehte mein Onkel, «fangen Sie an, fangen Sie an!»

Während wir die Stühle hinstellten und uns setzten, drangen aus der Küche liebliche Düfte. Dann begann die Schlußfolter.

Der Photograph beäugte uns und schüttelte traurig den Kopf. «Gestatten Sie!» sagte er und trat mitten unter uns. Der Reihe nach nahm er uns alle einzeln vor, placierte uns in bestimmte Stellungen, verbog uns die Ellbogen, krümmte unsre Finger, zwang unsere Köpfe sanft auf die Seite, arrangierte unsere Kleider und knetete uns wie Kitt. Der Nordostwind schnitt wie mit Messern.

«Ach, mein Essen!» murmelte die Tante und wagte kaum, die Lippen zu bewegen.

Der Photograph trat zurück, um den Gesamteffekt zu studieren. Wir warteten. Unglücklich schüttelte er den Kopf. «Verehrte Damen und

Herren», rief er und hielt seinen dürren Zeigefinger hoch, «es würde von Vorteil für dies Porträt sein, welches, das kann ich versichern, ein prächtiger Beweis meiner Kunst sein wird, wenn die aufzunehmenden Objekte begreifen würden, daß dies Instrument hier keine tödliche Waffe ist, und wenn sie deshalb die Muskeln ihrer Gesichter entspannen würden, um einen Effekt von Fröhlichkeit oder, besser noch, von Heiterkeit zu erzeugen!»

Mein Onkel knurrte. Wir lächelten verzweifelt und spürten, wie sich die Haut im beißenden Wind spannte.

«Endlich! Gott sei Dank!» rief meine Tante, als der Lange sich hinter die Kamera duckte. Wir lächelten verzerrt, unterdrückten unsere Wut und warteten darauf, daß es «klick» machte.

«O bitte, was ist das?» fragte der Photograph und richtete sich wieder in voller Länge auf.

Einer von unsern Hunden war näher gestrolcht und stand nun zitternd vor der Gruppe, ein Symbol des allgemeinen Elends.

«Bitte, nicht bewegen!» wurde uns befohlen. Und zum Hunde sagte er: «Bitte, verzieh dich aus dem Vordergrund, damit nicht verdorben wird, was einzig und allein Porträt einer menschlichen Familie sein soll!»

Der Hund setzte sich hin.

«Um aller Heiligen willen», brüllte mein Onkel, dessen Ellbogen noch immer so unnatürlich gekrümmt war, wie der Photograph ihn «arrangiert» hatte, «nehmen Sie jetzt das Dingsrich-Porträt mitsamt dem Hund und allem Zubehör auf!»

«Jawohl, Herr! Stets zu Diensten, Herr!» hauchte der Photograph.

Der Zwischenfall hatte Störungen in der Gruppe verursacht. Er fing von neuem an, herumzuzupfen, hängende Köpfe aufzurichten und eiskalte Finger künstlerisch zu verbiegen.

Dann trat er einen Schritt zurück, um sein Werk zu betrachten, rieb sich die Hände und rief: «Großartig!»

Er duckte sich hinter die Kamera, wartete, sah ängstlich auf meinen Onkel und bat: «Bitte, gefälligst alle zu lächeln!»

Niemand lächelte.

«Bitte!» wiederholte er. «Nichts vermag bei photographischen Aufnahmen so leicht einen gelungenen Effekt hervorzurufen wie ein kleines...»

In dem Augenblick müssen wir alle den gleichen mörderischen, haßerfüllten, bösartigen Blick angenommen haben, den Sie auf der Photographie verewigt sehen: als wären wir im Begriff, uns auf jemand zu stürzen.

Der Lange verkroch sich hinter die Kamera, seufzte — und der Apparat machte «klick». Einmal nur, ein einziges Mal. Dann rasten wir ins Eßzimmer, während mein Onkel ihm noch Geld in die Hand drückte und auf den Torweg deutete.

Durch die offene Tür klang es zu uns herein: «. . . und erlaube mir, Ihnen und den Ihrigen meinen Dank für ein besonderes Vergnügen auszusprechen und Ihnen ein frohes Fest zu wünschen, an das sich Ihre Kinder und Kindeskinder erinnern mögen . . .»

Die Stimme verhallte.

Ein schwerer Unglücksfall

Von

James Joyce

James Duffy wohnte in Chapelizod, weil er möglichst weit von der Stadt leben wollte, deren Bürger er war, und ihm alle andern Vororte von Dublin gemein, modern und anspruchsvoll vorkamen. Er wohnte in einem alten, dunklen Haus, und aus seinen Fenstern hatte er Aussicht auf die nicht mehr benutzte Destillerie und den flachen Fluß, an dem Dublin erbaut ist. Die hohen Wände seines Zimmers ohne Teppiche schmückten keine Bilder. Er hatte selbst jedes Stück der Zimmereinrichtung gekauft: eine schwarze, eiserne Bettstelle, einen eisernen Waschtisch, vier Rohrstühle, einen Kleiderrechen, einen Kohleneimer, ein Kamingitter und Kamingerät und einen viereckigen Tisch, auf dem ein Doppelpult stand. In einer Nische war aus rohen Brettern ein Bücherschrank aufgestellt worden. Das Bett war weiß überzogen, und am Fußende lag eine schwarzrote Decke. Über dem Waschtisch hing ein kleiner Handspiegel, und tagsüber stand eine Lampe mit weißer Glocke als einziger

Schmuck auf dem Kamin. Die Bücher auf den rohen Brettern waren der Größe nach von unten nach oben geordnet. Ein vollständiger Wordsworth stand an dem einen Ende des untersten Brettes, und am andern Ende des obersten Brettes stand ein Exemplar des Maynooth Catechismus, der in die Leinwanddecke eines Notizbuches genäht war. Schreibmaterial stand immer auf dem Pult. Im Pult lag das Manuskript einer Übersetzung von Hauptmanns Michael Kramer; die Bühnenanweisungen waren in roter Tinte geschrieben, und dazu ein kleiner Pack Blätter, die mit einer Messingklammer zusammengehalten wurden. Auf diese Blätter wurde von Zeit zu Zeit ein Satz geschrieben, und in einem ironischen Moment war die Kopfzeile einer Annonce für «Gallenpillen» auf das erste Blatt geklebt worden. Wenn man den Deckel des Pultes hob, entströmte ihm schwacher Duft — der Duft neuer Zedernholzbleistifte oder einer Flasche Leim oder eines überreifen Apfels, der dort hingelegt und vergessen sein mochte.

Duffy verabscheute alles, was auf physische oder geistige Unordnung deutete. Ein mittelalterlicher Doktor hätte ihn saturnisch genannt. Sein Gesicht, auf dem die Zahl seiner Jahre leicht zu erkennen war, hatte die braune Farbe der Dubliner Straßen. Auf seinem langen oder vielmehr breiten Kopf wuchs trockenes schwarzes Haar, und ein gelblicher Schnurrbart bedeckte nicht ganz einen unliebenswürdigen Mund. Seine Backenknochen verliehen seinem Gesicht einen harten Ausdruck; aber in den Augen, die unter gelben Augenbrauen her in die Welt blickten, lag keine Härte; sie ließen vielmehr einen Mann vermuten, der zwar immer bereit ist, bei andern etwas zu finden, das ihre Fehler aufwog, aber oft enttäuscht worden war. Er lebte in gewisser Entfernung von sich selbst und betrachtete seine eigenen Taten mit zweifelnden Seitenblicken. Er hatte eine seltsame Manie für das Autobiographische, die ihn dazu führte, von Zeit zu Zeit im Geiste eine kurze Sentenz über sich selbst zu verfassen, die ein Subjekt in der dritten Person und ein Prädikat in der Vergangenheit enthielt. Niemals gab er Bettlern Almosen; er hatte einen festen Gang und trug einen starken Haselnußstock.

Viele Jahre lang war er Kassierer bei einer Privatbank in der Baggot Street gewesen. Jeden Morgen fuhr er mit dem Tram von Chapelizod herein. Mittags ging er zu Dan Burke und frühstückte — eine Flasche Lagerbier und einen Teller Tapiokabiskuits. Um vier Uhr war er frei. Er aß in einem Speisehaus in der George's Street zu Mittag, wo er sich vor der Gesellschaft von Dublins jeunesse dorée sicher fühlte und die Speisekarte eine gewisse Biederkeit aufwies. Seine Abende verbrachte er entweder vor dem Klavier seiner Wirtin, oder er streifte durch die Umgebung der Stadt. Seine Vorliebe für Mozartsche Musik brachte ihn manchmal in eine Oper oder ein Konzert: dies waren die einzigen Zerstreuungen seines Lebens.

Er hatte weder Gefährten noch Freunde, weder Kirche noch Glauben. Er führte ein geistiges

Leben ohne irgendwelche Verbindung mit andern, besuchte seine Verwandten zu Weihnachten und begleitete sie auf den Kirchhof, wenn sie starben. Er erfüllte diese beiden sozialen Pflichten aus Anstandsgefühl, ohne aber den Konventionen, die das bürgerliche Leben regulieren, eine weitere Konzession zu machen. Er gestattete sich den Gedanken, daß er unter gewissen Umständen seine Bank berauben würde; da diese Umstände aber nie eintraten, floß sein Leben gleichmäßig dahin, eine Geschichte ohne Abenteuer.

Eines Abends saß er in der Rotunde neben zwei Damen. Das Haus, das nur mäßig besetzt und still war, prophezeite eine baldige jämmerliche Pleite. Die Dame, die ihm zunächst saß, sah sich einmal, zweimal in dem leeren Hause um und sagte dann:

«Wie schade, daß das Haus heute abend so leer ist! Es ist so schwer für die Leute, vor leeren Bänken singen zu müssen.» Er faßte die Bemerkung als Einladung zum Gespräch auf. Er war überrascht, daß sie so wenig verlegen schien. Während sie sprachen, versuchte er, sich ihr Gesicht für immer einzuprägen. Als er erfuhr, daß das junge Mädchen neben ihr ihre Tochter war, schätzte er sie auf ein Jahr jünger als er. Ihr Gesicht, das früher sicher einmal hübsch gewesen, war klug geblieben. Es war ein ovales Gesicht mit stark markierten Zügen. Die Augen waren tief dunkelblau und starr. Ihr Blick hatte zuerst etwas Herausforderndes, was sich aber dann durch ein allmähliches Übergehen der Pupille in die Iris scheinbar verlor, während welches Vorganges man für einen Augenblick ein sehr sensibles Temperament erkennen konnte. Die Pupille nahm schnell wieder ihre ursprüngliche Form an; diese halb enthüllte Natur stand wieder unter der Herrschaft der Klugheit, und ihr Astrachanjackett, das ein Busen von gewisser Fülle formte, unterstrich endgültig das Herausfordernde.

Er traf sie einige Wochen später in einem Konzert in der Earlsfort Terrace und benutzte den Augenblick, als die Aufmerksamkeit der Tochter abgelenkt wurde, intim zu werden. Sie spielte ein- oder zweimal auf ihren Gatten an; aber in ihrem Ton lag nichts, das diese Anspielung wie eine Warnung hätte klingen lassen.

Sie hieß Frau Sinico. Ihres Mannes Ururgroßvater stammte aus Leghorn. Ihr Mann war Kapitän eines Handelsschiffes, das zwischen Dublin und Holland fuhr, und sie hatten ein Kind.

Als er sie zufällig ein drittes Mal traf, hatte er den Mut, ein Rendez-vous zu verabreden. Sie kam. Dies war das erste Zusammentreffen, dem viele andere folgten; sie trafen sich immer abends und wählten die ruhigsten Viertel für ihre gemeinsamen Spaziergänge. Duffy hatte aber einen Widerwillen gegen Heimlichkeiten, und da er der Ansicht war, daß sie sich heimlich treffen mußten, zwang er sie, ihn in ihr Haus zu bitten.

Kapitän Sinico ermutigte seine Besuche, weil er glaubte, es handle sich um die Hand seiner Tochter. Er hatte seine Frau so offen und ehrlich aus der Reihe der Vergnügen verbannt, daß er gar nicht argwöhnte, irgendein anderer könnte sich für sie interessieren. Da der Gatte oft fort war und die Tochter außer dem Hause Musikstunde gab, hatte Duffy manche Gelegenheit, die Gesellschaft der Dame zu genießen. Weder er noch sie hatten vorher ein solches Abenteuer erlebt, und keines von ihnen sah etwas Unpassendes darin. Allmählich machte er seine Gedanken zu den ihren. Er lieh ihr Bücher, versorgte sie mit Gedanken, teilte mit ihr sein geistiges Leben. Sie lauschte auf alles.

Manchmal erzählte sie ihm für seine Theorien eine Tatsache aus ihrem eigenen Leben. Mit fast mütterlicher Sorge drängte sie ihn, sich ganz zu offenbaren: sie wurde sein Beichtiger. Er erzählte ihr, daß er eine Zeitlang die Versammlungen einer irischen Sozialistenpartei besucht hätte, wo er sich inmitten dieser Menge nüchterner Arbeiter, die in einem von einer unwirksamen Öllampe erleuchteten Speicher versammelt waren, sehr einsam vorgekommen sei. Als sich die Gesellschaft in drei Sektionen, jede mit einem besonderen Führer und einem besonderen Speicher teilte, hatte er seine Besuche eingestellt. Die Diskussionen der Arbeiter waren ihm zu furchtsam vorgekommen, das Interesse an der Lohnfrage übermäßig. Er fühlte, daß sie rauhe Realisten waren und eine Exaktheit haßten, die das Ergebnis einer Muße war, die nicht in ihrem Bereiche lag. Es würde wohl einige hundert Jahre dauern, so meinte er, bis eine soziale Revolution Dublin erschütterte.

Sie fragte ihn, warum er seine Gedanken nicht aufschriebe. Wozu, fragte er sie mit sorgfältiger Verachtung. Um mit Phrasendreschern zu konkurieren, die nicht imstande waren, eine Minute lang folgerichtig zu denken? Um sich der Kritik einer blöden Mittelklasse auszusetzen, die ihre Moralität den Polizisten und ihre schönen Künste den Impresarios anvertraute?

Er ging oft in ihr kleines Cottage außerhalb Dublins; oft verbrachten sie ihre Abende allein. Da ihre Gedanken fast die gleichen geworden waren, sprachen sie allmählich von weniger fernliegenden Dingen. Ihre Kameradschaft war wie warmer Boden um eine exotische Pflanze. Viele Male ließen sie die Dunkelheit auf sie herabsinken und vermieden es, die Lampen anzuzünden. Der dunkle, ruhige Raum, ihr Alleinsein, die Musik, die noch in ihren Ohren nachzitterte, vereinigte sie. Diese Vereinigung berauschte ihn, nahm seinem Charakter die scharfen Kanten, machte sein geistiges Leben zu Gefühlsleben. Manchmal überraschte er sich dabei, wie er dem Klange seiner eigenen Stimme lauschte. Er meinte in ihren Augen zu einer Engelsgestalt zu werden, und da er die leidenschaftliche Natur seiner Gefährtin immer mehr an sich fesselte, hörte er die seltsame unpersönliche Stimme, die er als seine eigene erkannte, die die unheilbare Einsamkeit der Seele betonte. «Wir können uns nicht geben», sagte sie, «wir sind unser eigen.» Das Ende dieser Reden war, daß Frau Sinico eines Abends, als sie eine ungewöhnliche Aufregung gezeigt hatte, leidenschaftlich seine Hand ergriff und an ihre Brust preßte.

Duffy war sehr überrascht. Ihre Auslegung seiner Worte enttäuschte ihn. Eine Woche lang besuchte er sie nicht; dann schrieb er ihr, bat sie um eine Begegnung. Da er nicht wünschte, daß ihre letzte Begegnung durch den Einfluß ihres profanierten Beichtstuhls gestört würde, trafen sie sich in einem kleinen Kuchenladen in der Nähe des Parkgate. Es war kaltes Herbstwetter, aber trotz der Kälte gingen sie ungefähr drei Stunden lang die Wege des Parks auf und ab. Sie vereinbarten, ihren Verkehr abzubrechen: «Jede Fessel», sagte er, «ist mit Schmerz verbunden.» Als sie den Park verließen, gingen sie schweigend auf das Tram zu; aber hier fing sie so heftig an zu zittern, daß er ihr, da er eine Nervenkrise fürchtete, schnell adieu sagte und sie verließ. Einige Tage später erhielt er ein Paket, das seine Bücher und Noten enthielt.

Vier Jahre vergingen. Herr Duffy hatte sein gleichmäßiges Leben wieder aufgenommen. Sein Zimmer legte immer noch Zeugnis ab von der Ordnung seines Geistes. Einige neue Noten füllten den Notenständer in dem unteren Zimmer, und auf seinem Bücherbrett standen zwei Bände Nietzsche: «Also sprach Zarathustra» und «Die Fröhliche Wissenschaft». Selten nur machte er Notizen auf die Blätter, die in seinem Pulte lagen. Einer seiner Sätze, die er zwei Monate nach seiner letzten Begegnung mit Frau Sinico geschrieben hatte, lautete: Liebe zwischen Mann und Mann ist unmöglich, weil der geschlechtliche Verkehr verboten ist, und Freundschaft zwischen Mann und Frau ist unmöglich, weil geschlechtlicher Verkehr nicht zu vermeiden ist. Er besuchte kein Konzert mehr, um sie nicht zu treffen. Sein Vater starb; der jüngere Teilhaber der Bank trat aus. Und immer noch fuhr er jeden Morgen mit dem Tram in die Stadt und kam jeden Abend zu Fuß aus der Stadt zurück, nachdem er bescheiden in der George's Street gegessen und als Nachtisch die Abendzeitung gelesen hatte.

Eines Abends, als er gerade ein Stück Corned beef und Kaps in den Mund stecken wollte, hielt er in der Bewegung inne. Seine Augen starrten auf einen Artikel in der Abendzeitung, die er gegen die Wasserkaraffe gelehnt hatte. Er legte den Bissen wieder auf seinen Teller und las aufmerksam den Artikel. Dann trank er sein Glas Wasser, schob den Teller beiseite, entfaltete die Zeitung vor sich zwischen den Ellbogen und las den Artikel immer wieder. Der Kaps lagerte auf dem Teller weißes Fett ab. Die Kellnerin kam zu ihm und fragte, ob das Essen nicht richtig gar sei. Er sagte, es wäre sehr gut, und aß mit Anstrengung einige Mundvoll. Dann bezahlte er und ging hinaus.

Schnell ging er durch das Novemberzwielicht; regelmäßig tappte sein starker Haselnußstock auf den Boden, der Rand der gelben «Mail» guckte aus einer Seitentasche seines starken, enganschließenden Mantels. Auf dem einsamen Weg, der vom Parkgate nach Chapelizod führte, verlangsamte er seinen Schritt. Sein Stock stieß weniger kräftig auf den Boden, und sein unregelmäßiger Atem, der fast wie Seufzen klang, verdichtete sich in der Winterluft. Als er seine Wohnung erreichte, ging er sofort in sein Schlafzimmer, nahm die Zeitung aus der Tasche und las den Artikel in dem schwachen Licht, das durch das Fenster fiel, noch einmal. Er las ihn nicht laut, aber er bewegte die Lippen, wie ein Priester es tut, wenn er die Gebete *Secreto* liest. Der Artikel aber lautete folgendermaßen:

Tod einer Frau auf der Sydney Parade
Ein schwerer Unglücksfall

Heute untersuchte im City of Dublin Hospital der Deputy Coroner (Herr Leverett war abwesend) die Leiche der Frau Emily Sinico, vierundvierzig Jahre alt, die gestern abend auf der Sydney Parade Station zu Tode kam. Die Untersuchung ergab, daß die Verstorbene in dem Augenblick, als sie das Geleise überqueren wollte, von der Maschine des Personenzuges zehn Uhr von Kingstown erfaßt wurde, wobei sie am Kopf und der rechten Körperseite Verletzungen davontrug, die den Tod herbeiführten.

James Lennon, der Lokomotivführer, sagte aus, er sei seit fünfzehn Jahren bei der Eisenbahngesellschaft bedienstet. Auf den Pfiff des Schaffners hätte er den Zug in Bewegung gesetzt, ihn aber ein oder zwei Sekunden später zum Stehen gebracht, als er lautes Schreien gehört hätte. Der Zug wäre langsam gefahren.

Der Gepäckträger P. Dunne sagte aus, er hätte in dem Augenblick, als sich der Zug in Bewegung setzte, beobachtet, wie eine Frau das Geleise zu überschreiten versucht hätte. Er wäre auf sie zugelaufen und hätte geschrien; sie wäre aber, noch ehe er sie hätte erreichen können, vom Puffer der

Maschine gefaßt und zu Boden geschleudert worden.

Ein Geschworener: «Sie sahen also, wie die Dame fiel?»

Zeuge: «Ja.»

Der Polizeisergeant Croly sagte aus, bei seiner Ankunft hätte die Verstorbene tot auf dem Bahnsteig gelegen. Er hätte dann die Leiche in den Wartesaal bringen lassen und gewartet, bis der Krankenwagen kam.

Polizist 57E bestätigte das.

Dr. Halpin, Assistenzarzt am City of Dublin Hospital, sagte aus, die Verstorbene hätte einen doppelten Rippenbruch und schwere Quetschungen an der rechten Schulter davongetragen. Die rechte Kopfseite wäre infolge des Falles stark verletzt worden. Die Verletzungen wären aber nicht derartig, daß sie bei einem normalen Menschen zum Tode geführt hätten. Seiner Meinung nach wäre der Tod wahrscheinlich infolge des Schrecks und plötzlichen Aussetzens der Herztätigkeit eingetreten.

H. B. Patterson Finlay sprach im Namen der Eisenbahngesellschaft sein tiefes Bedauern über den Unfall aus. Die Gesellschaft hätte immer alle Vorsichtsmaßregeln getroffen, daß das Publikum die Geleise nur an den Übergängen überschritte; sie hätte auf jedem Bahnhof Warnungstafeln und bei Straßenübergängen besonders konstruierte, automatische Schranken angebracht. Die Verstorbene hätte die Geleise sehr oft abends von einem Bahnsteig zum andern überschritten, und angesichts gewisser anderer Umstände des Falles glaube er nicht, daß die Eisenbahnbeamten irgendwelche Schuld träfe.

Kapitän Sinico, aus Leoville, Sydney Parade, Ehemann der Verstorbenen, sagte auch aus. Er bekundete, daß die Verstorbene seine Frau sei. Er wäre am Tage des Unfalls nicht in Dublin gewesen, da er erst heute morgen von Rotterdam zurückgekommen sei. Sie wären zweiundzwanzig Jahre verheiratet gewesen und hätten bis vor ungefähr zwei Jahren glücklich gelebt, seit welcher Zeit seine Frau zu trinken angefangen hätte.

Fräulein Mary Sinico sagte, in letzter Zeit wäre ihre Mutter abends oft ausgegangen und hätte Spirituosen gekauft. Sie, die Zeugin, habe oft versucht, ihrer Mutter vernünftig zuzureden, und sie veranlaßt, einem Temperenzverein beizutreten. Sie wäre erst eine Stunde nach dem Unglück nach Hause gekommen.

Der Beamte erließ ein Urteil, das mit der Aussage des Arztes in Übereinstimmung war, und sprach Lennon von aller Schuld frei.

Der Deputy Coroner sagte, es handle sich um einen sehr schweren Unglücksfall, und bekundete Kapitän Sinico und seiner Tochter tiefes Beileid. Er machte es der Eisenbahngesellschaft zur strengsten Pflicht, ausreichende Maßnahmen zu treffen, die in Zukunft derartige Unfälle unmöglich machten. Irgendwelche Schuld träfe niemanden.

Duffy blickte von der Zeitung auf und sah aus seinem Fenster hinaus in die freudlose Abendlandschaft. Ruhig lag der Fluß neben der unbenutzten Destillerie, und dann und wann erschien in einem Hause der Lucan road ein Licht. Welches Ende! Der ganze Bericht über ihren Tod empörte ihn, wie ihn auch der Gedanke, daß er je mit ihr über das gesprochen hatte, was er für heilig hielt, empörte. Die abgegriffenen Sätze, die leeren Beileidsworte, die vorsichtigen Worte eines Reporters, den man gewonnen hatte, die Einzelheiten eines gewöhnlichen, gemeinen Todes zu verschweigen, schlugen ihm auf den Magen. Sie hatte nicht nur sich selbst erniedrigt; sie hatte auch ihn erniedrigt. Er sah den schmutzigen Verlauf ihres gemeinen und ekelhaften Lasters. Seiner Seele Gefährtin! Er dachte an die schwankenden, elenden Weiber, die mit Kannen und Flaschen in die Wirtshäuser kamen und sie sich vom Kellner füllen ließen. Lieber Gott, welches Ende! Augenscheinlich war sie dem Leben nicht gewachsen gewesen, hatte keinerlei Willensstärke, war eine leichte Beute von Gewohnheiten, war eines dieser Wracks, auf denen die Zivilisation aufgebaut ist. Aber daß sie so tief hatte sinken können! War es denn möglich, daß er sich so sehr in ihr getäuscht hatte? Er dachte an ihren leidenschaftlichen Ausbruch an jenem Abend und legte ihn unbarmherziger aus, als er es je getan hatte. Es fiel ihm jetzt nicht mehr schwer, den Schritt, den er getan hatte, zu billigen.

Als das Licht schwand und seine Gedanken zu wandern anfingen, meinte er, ihre Hand berühre die seine. Zuerst war ihm dies alles auf den Magen geschlagen; jetzt riß es an seinen Nerven. Schnell zog er seinen Mantel an, setzte den Hut auf und ging hinaus. Auf der Schwelle schlug ihm die kalte Luft entgegen, kroch hinein in die Ärmel seines Mantels. Als er das Wirtshaus an der Chapelizod Bridge erreichte, ging er hinein und bestellte einen heißen Punsch.

Überfreundlich bediente ihn der Wirt, wagte es aber nicht, ein Gespräch anzufangen. In der Wirtschaft saßen fünf oder sechs Arbeiter, sprachen über den Wert eines Herrengutes in der Grafschaft Kildare. Dann und wann tranken sie aus ihren großen Literkrügen und rauchten, spuckten oft auf den Boden und schoben mit den schweren Stiefeln das Sägemehl über ihren Auswurf. Duffy saß auf seinem Stuhl und sah hin zu ihnen, hörte sie nicht, sah sie nicht. Bald gingen sie hinaus, und er bestellte noch einen Punsch. Lange saß er dahinter. Das Lokal war sehr ruhig. Der Wirt flätzte sich über die Theke, las den «Herald» und gähnte. Dann und wann hörte man draußen eine Tram über die einsame Straße sausen.

Während er so dasaß, sein Leben mit ihr noch einmal durchlebte und abwechselnd die beiden Bilder heraufbeschwor, in denen er sie jetzt sah, kam es ihm zum Bewußtsein, daß sie tot war, daß sie aufgehört hatte zu existieren, daß sie Erinnerung geworden war. Er fing an, sich unbehaglich zu fühlen. Er fragte sich, was anders er hätte tun können. Eine Komödie der Täuschung hätte er mit ihr nicht spielen können; offen mit ihr leben hätte er auch nicht gekonnt. Er hatte getan, was ihm das Beste schien. Wie konnte man ihn tadeln? Jetzt, wo sie nicht mehr war, begriff er, wie einsam ihr Leben gewesen sein mußte, als sie Abend für Abend allein in dem Zimmer saß. Auch sein Leben würde einsam sein, bis auch er starb, aufhörte zu existieren, Erinnerung wurde — wenn sich überhaupt jemand seiner erinnerte.

Es war neun vorbei, als er das Lokal verließ. Die Nacht war kalt und düster. Durch das erste Tor ging er in den Park, ging weiter unter den schmächtigen Bäumen. Er ging durch die kahlen Alleen, durch die sie vor vier Jahren gegangen waren. Sie schien ihm in der Dunkelheit nahe zu sein. Manchmal glaubte er, ihre Stimme zu fühlen, die sein Ohr berührte, oder glaubte, ihre Hand berühre die seine. Er blieb stehen, lauschte. Warum hatte er sie zum Tode verurteilt? Er fühlte, wie sein moralisches Wesen in Stücke brach.

Als er den Gipfel des Magazine Hill erreichte, blieb er stehen, sah den Fluß hinab nach Dublin, dessen Lichter rötlich und freundlich in der kalten Nacht brannten. Er sah den Abhang hinunter, an dessen Fuß, im Schatten der Parkmauer, einige menschliche Gestalten lagen. Die teuflische und heimliche Liebe füllte ihn mit Verzweiflung. Er verwünschte die Gradlinigkeit seines Lebens; er fühlte, daß er am Feste des Lebens nicht hatte teilnehmen dürfen. Ein menschliches Wesen hatte ihn scheinbar geliebt, und er hatte ihr Leben und Glück versagt: er hatte sie zu Schande und schmachvollem Tod verurteilt. Er wußte, daß die Kreaturen, die da unten neben der Mauer lagen, ihn beobachteten und wünschten, er möchte doch gehen. Keiner wollte ihn; er durfte nicht teilnehmen am Feste des Lebens. Er wandte seinen Blick nach dem grau leuchtenden Fluß, der sich auf Dublin zu dahinwand. Jenseits des Flusses sah er einen Güterzug, der hartnäckig und eifrig aus der Kingsbridge Station durch die Dunkelheit kroch, wie ein Wurm mit feurigem Kopf. Langsam fuhr er dahin, bis er ihn nicht mehr sah; aber immer noch hörte er in seinen Ohren das eifrige Dröhnen der Maschine, das die Silben ihres Namens wiederholte.

Er ging denselben Weg zurück, den er gekommen war, und der Rhythmus der Maschine dröhnte in seinen Ohren. Er begann die Realität dessen zu bezweifeln, was die Erinnerung ihm erzählte. Er blieb unter einem Baum stehen und ließ den Rhythmus verklingen. Er fühlte sie nicht mehr neben sich in der Dunkelheit, ihre Stimme traf sein Ohr nicht mehr. Lauschend wartete er einige Minuten. Er hörte nichts: die Nacht war ganz still. Wieder lauschte er: ganz still. Da fühlte er seine Einsamkeit.

Nachwort

Von
Sean O'Faolain

I

Die anglo-irische Literatur — das heißt also Werke, die auf englisch und nicht in unserer einheimischen Sprache, dem Gälischen, abgefaßt sind — begann sich etwa gegen 1825 zu entwickeln. Die erste Zeit war vor allem eine Blüteperiode der lyrischen und dramatischen Dichtung; doch von 1830 an entstanden auch schon ausgezeichnete Prosawerke, so die Romane und Erzählungen *William Carletons*. Da Gogols *Mantel* 1834/35 geschrieben wurde und *Mérimée* nicht viel früher, *Maupassant* bedeutend später schrieb, hat also die anglo-irische Dichtung, die Kurzgeschichte inbegriffen, ungefähr zur gleichen Zeit ihren Aufstieg genommen wie Roman und Erzählung anderer Länder Europas auch.

Natürlich stand die irische Erzählung, weil in englischer Sprache geschrieben, anfänglich überwiegend unter dem Einfluß der englischen Literatur. Jedoch ihre richtige Blütezeit und Entfaltung fand sie erst dank der Beeinflussung durch die großen Russen und Franzosen. Aber auch Skandinavien hat — durch Ibsen — einigen

Einfluß ausgeübt, denn Ibsens Beziehungen zum Abbey-Theater und der Renaissance des irischen Dramas mußten sich unweigerlich auch auf die Prosaschriftsteller auswirken. Der größte irische Prosaschriftsteller, James Joyce, wandte sich in seiner Jugend Ibsen so bewußt zu, daß er sogar dessen Sprache erlernte. Doch sonst kamen die Einflüsse der Literatur des Festlandes vor allem auf dem Wege über England in Form von Übersetzungen ins Englische zu uns. George Moore allerdings, der in Frankreich lebte, geriet so unter französischen Einfluß, daß er sogar versuchte, Erzählungen auf französisch zu schreiben.

Diese Epoche der ersten Entwicklung und Beeinflussung stellt auch den Ursprung der modernen irischen Kurzgeschichte dar, deren Anfänge wir um 1890 festsetzen können. Damals schrieben *Somerville and Ross* ihre glänzenden irischen Erzählungen.

II

Was die irische Kurzgeschichte vor allem kennzeichnet, ist eine Mischung aus realistischen und lyrischen Elementen — entsprechend der Beeinflussung aus französischen und russischen Quellen, denen wiederum der irische Nationalcharakter mit seinem typischen Hang zu nüchterner Wirklichkeit und phantasievoller Romantik entgegenkam. Es ist in Irland ein beliebtes Gesprächsthema, zu erörtern, wie tief der irische Realismus eigentlich geht: ob er es überhaupt verdient, Realismus genannt zu werden, oder ob es eher nur eine Glasur ist, durch die unsere natürliche Romantik so kräftig hindurchschimmert, daß der Realismus durchsichtig wird und aufhört, echter Realismus zu sein. Meiner Ansicht nach liegt es in der Natur des Iren, daß dieses Schwanken zwischen zwei Polen nie endet, sondern immer gegenwärtig ist.

Zu Beginn der irischen Literatur-Renaissance (um die Jahrhundertwende) schienen Poesie und Drama geradenwegs auf die Romantik zuzusteuern. *Yeats*, der ja die zentrale Figur der ganzen Bewegung war, nannte sich und seine Freunde «die letzten Romantiker dieses Jahrhunderts». Doch wie schon erwähnt, entwickelte sich fast gleichzeitig auch die Prosa, und in den Schauspielen des Abbey-Theaters gewannen Prosa und Naturalismus allmählich die Oberhand über Vers und Romantik. Je älter das Jahrhundert wurde, um so drängender wurden die politischen und sozialen Probleme Irlands, und sie konnten nur in realistischer oder satirischer Prosa ausgedrückt werden.

Dieser ganze Widerstreit spiegelt sich ebenfalls in den Werken der beiden berühmtesten irischen Dramatiker. Der eine, *Synge*, ist der Romantiker, der andere, *O'Casey*, ist der Realist. Doch ist bei Synge auch ein stark realistischer Einschlag unverkennbar: er liebte zum Beispiel *Villon* und übersetzte ihn, und er sagte, daß die Dichtung erst brutal werden müsse, ehe sie wieder menschlich sein könne. Und bei O'Casey tritt häufig das Poetische an die Oberfläche: in seinen Theaterstücken verfällt er oft in Rhapsodien, die fast ein Echo von Synges flammend-dichterischer Sprache sind. Der Zwiespalt ist also immer da, und wie *terre-à-terre* unsere Erzähler auf den ersten Blick erscheinen mögen, immer spürt man das Pochen der romantischen Ader unter dem oberflächlichen Realismus von Detail und Ausarbeitung.

Am deutlichsten sehen wir das am Beispiel *Liam O'Flahertys*. Seine Romane schildern in aller Gewaltsamkeit gewalttätiges Leben, ungestüme Männer und Frauen, die in primitiven Gegenden leben und heftig und leidenschaftlich gegen die Elemente oder ihre menschlichen Widersacher kämpfen. In all seinen Romanen ist dies Brutale, elementarisch Wilde. Doch gleichzeitig hat das alles auch wieder einen ungeheuer romantischen Anstrich. Schließlich ist es reinste Romantik, wenn der primitiv-elementare Mensch mit den Naturgewalten kämpft. Als Realisten *pur sang* kann man Liam O'Flaherty jedenfalls nie hinstellen, und vom kühlen Realismus eines *Flaubert* und dem kalten Naturalismus *Maupassants* ist er meilenweit entfernt. Durch sein ganzes Werk zieht sich wie ein roter Faden die romantische Idee des «Edlen Wilden». Er ist zu erfüllt von seinem Glauben an den elementaren Menschen, um wie *Flaubert* skeptisch *deniaisé* zu sein. Greift man zu seinen Erzählungen und Kurzgeschichten, so spürt man sofort die lyrisch zarte, romantische Note und fühlt, daß sie atavistisch tief in seinem Wesen verankert ist und daß er, trotz all seiner Brutalität und Wildheit, im Grunde seines Herzens Poet ist.

III

Noch ein anderer Faktor wirkt so stark auf den irischen Realismus ein, daß er ihn mildert, abschwächt oder sogar gänzlich auslöscht: das ist der Humor. Schon in der bloßen Unterhaltung fällt es dem Iren schwer, ein Thema längere Zeit hindurch ernstzunehmen. Damit will ich nicht sagen, daß wir viel humoristische Schriftsteller haben. Aber die humoristische Note, selbst wenn sie spöttisch, trocken oder höhnisch klingt, kann jeden Augenblick in die feierliche Stimmung einbrechen. Wenn ich hier meine eigene Geschichte in diesem Band als Beweis heranziehen darf: ich bin überzeugt, daß ich sie nie hätte schreiben können, ohne hie und da einen völligen Wechsel in der Stimmung einzuschalten; denn ohne den leicht humoristischen Einschlag wäre sie nicht lebenswahr. Ich hätte auch nicht die Atmosphäre tiefen Schweigens in jenem Bergtal heraufbeschwören können, wenn ich nicht von Zeit zu Zeit ein Geplauder, eine Spur unterdrückten Lachens, ein Lärmbläschen eingeflochten hätte, damit die Stille hernach um so tiefer erscheint.

Unsere größten Humoristen sind *Somerville and Ross*, und ihr spezieller Humor erhellt einen der Gründe, warum die irische Seele nicht ohne Lachen bestehen kann. Somerville and Ross beschreiben das harte Leben unserer ländlichen Bevölkerung, das manchmal mehr als hart ist. Dies Leben voll ständiger Anforderungen, dies kämpferische Leben in einem Lande ewigen

Regens und Nebels und mit wenigen Städten wäre unerträglich ohne Lachen und einen starken Sinn für die Komik des Lebens. Das plötzliche Überschäumen im Charakter des Iren, seine Ausbrüche guter Laune, seine Sportbegeisterung, sogar das Kämpferische und Händelsüchtige seiner Natur machen einen Teil seiner Lebenskunst aus, erheben sich manchmal zu einem erstaunlichen Grad von Phantasterei und sind, kurz gesagt, der Triumph seiner Phantasie über die Härte seines Alltags. Ich glaube, daß irischer und russischer Humor viel Gemeinsames haben und höchstwahrscheinlich der gleichen Quelle entspringen.

IV

Wir sind also in Irland im großen ganzen sehr lebensnahe, und unsere Erzählungen sind stets menschlich und fast immer voll Mitgefühl und Verständnis. Es sind warmherzige Geschichten. Die kalte, mitleidlose Wahrnehmung der Franzosen liegt uns gänzlich fern. Wenn ich Maupassants Erzählungen von Bauern in der Normandie lese, die so erbarmungslos klar und so gnadelos sind, dann muß ich immer denken: wenn nun einer dieser Bauern in der Normandie eine Geschichte über Maupassant schreiben könnte, würde er ebenso gefühllos schreiben wie Maupassant über die Bauern? Ich glaube es nicht. Ich glaube, daß Menschen, die erdverbunden leben, einen eingewurzelten Sinn für Mitleid und einen reichen Schatz menschlicher Barmherzigkeit haben. Unsere irischen Landleute sind nie ganz so hart in ihrer Einstellung wie in ihrem Gebaren. Keiner der modernen irischen Erzähler, O'Flaherty ausgenommen, stammt vom Lande; aber alle sind erdverbunden und haben erst seit höchstens zwei Generationen das Land gegen die Stadt vertauscht. Oder sie haben, wie Lord Dunsany und Elizabeth Bowen, unter Landbewohnern und als ihre Herren gelebt. Infolgedessen haben sie alle aus dem Leben des einfachen Menschen etwas von dessen kultivierterer Art des Verhaltens seinen Mitmenschen gegenüber in sich aufgenommen — ein Verhalten, das den Städter oft weniger kultiviert erscheinen läßt, als er sich's zu sein einbildet.

Der Unterschied zwischen der irischen und der englischen, amerikanischen oder französischen Erzählung ist also weltweit. Bei den meisten amerikanischen Erzählungen bewundern wir die Technik, die Geschicklichkeit, das Gedrängte und Klare; aber wir haben nicht das Gefühl, daß sie sehr weise wären oder — ja, oder sehr kultiviert, denn wir finden sie nicht sehr menschlich. Etwas Kostbares ist verloren gegangen auf dem Wege von der «Primitivität» der Felder zum «Raffinement» der Städte.

V

Und damit komme ich zu einem weiteren Merkmal irischer Geschichten: sie entstammen alle einem Leben, das nicht «raffiniert», sondern sehr alt und fest im Traditionellen verwurzelt ist. Diese Bräuche haben sich, wie in allen ländlichen Gemeinwesen, seit unvordenklichen Zeiten erhalten. Sie sind nicht festgelegt oder genau umschrieben oder Gesprächsgegenstand. Ihr Ursprung ist dunkel und erdnahe. Sie führen uns zurück zu den tiefsten, stärksten und unverfälschtesten Gefühlen der menschlichen Natur. Am entgegengesetzten Ende der Skala finden wir die klar definierten Formeln einer auf Höflichkeiten basierten Gesellschaftsschicht, die dem Schriftsteller einen so weiten Spielraum für feinste Komik und gescheite intellektuelle Beobachtung geben. Von dieser zweiten Art zu schreiben, finden wir verhältnismäßig wenig in Irland. Schriftsteller, bei denen diese Begabung überwiegt, wandern meistens nach England aus, weil sie auf der Suche nach geeigneteren Themen sind als denen, die sie im traditionsgebundenen Leben Irlands finden können. Solche Emigranten sind *Sheridan*, *Oscar Wilde*, *Shaw*, *Elizabeth Bowen* u.a. Die echt irische Erzählkunst steht im innigsten Einklang mit ihrem erdhaften Material und umfaßt Gefühl, Instinkt, Leidenschaft und visionäres Schauen. Nie ist sie intellektuell. In dieser Beschränkung der irischen Erzählung in bezug auf Mannigfaltigkeit und Raum liegen vermutlich sowohl Vorteil wie Nachteil. Darüber wird der Leser dieser Erzählungen wohl selbst am besten urteilen können. Auf jeden Fall wird er in ihnen einige deutliche Spuren der vier Hauptmerkmale irischer Dichtung entdecken: den Kampf zwischen Romantik und Realismus, liebenswürdigen Humor, Menschlichkeit und stark gefühlsbetonte Einstellung (anstatt einer allzu intellektuellen). Möglicherweise werden wir im Laufe der Zeit, wenn das Leben in Irland differenzierter und abgestufter wird, ein gewisses Raffinement auch in den irischen Erzählungen beobachten können. Mit einem Verlust an Wärme wird bezahlt werden müssen, was man an intellektueller Verfeinerung und Tiefe gewinnt. Doch die Grundlagen sind unerschütterlich und werden, so verschieden das Muster sich auch entwickeln mag, immer andersartig sein.

Anmerkungen

Standish James O'Grady

Er stammt aus einer gelehrten Familie. Die Atmosphäre, die in seinem Elternhaus, einem Rektorat, herrschte, wies ihn früh auf das Geschichtsstudium hin. Seine *Geschichte Irlands* (1878) und epische Gedichte lenkten die allgemeine Aufmerksamkeit auf die Geschichten und Legenden, die so viele Dichter der Keltischen Renaissance inspirierte. Wenn O'Grady so zwar als Vater der modernen anglo-irischen Lyrik angesehen werden könnte, wandte er sich doch selbst von dieser Bewegung früh wieder ab. Er schrieb mehrere Romane und Erzählungen, auch keltische Legenden in Romanform. *The Flight of the Eagle* ist sein bester Roman; aber auch *The Chain of Gold* und *Lost on Du Corrig* bieten eine Fülle humorvollen, spannenden Stoffes. Die hier wiedergegebene Novelle zeigt die glänzende Technik, mit der er Geschichte im Gewand der Dichtung lebendig werden ließ. — Er war lange Zeit als Journalist tätig, zuerst in Dublin, dann in Kilkenny. Von 1918 an lebte er in milderem Klima, in Frankreich und England, und starb 1928 auf der Isle of Wight.

William Carleton

stammt aus Prillisk in der Grafschaft Tyrone, wo er als das jüngste von vierzehn Kindern auf einem kleinen Bauernhof aufwuchs. Sein Vater sprach Englisch und Irisch und machte ihn mit der reichen irischen Sagenwelt bekannt. Carleton war zuerst als Lehrer, dann als Journalist tätig. Seine Skizzen und Erzählungen, an denen er unermüdlich arbeitete, verschafften ihm bald eine Regierungsunterstützung. Keinem Schriftsteller war bis dahin eine so kraftvolle und wahrhaftige Schilderung der irischen Landbevölkerung gelungen. Die meisten seiner Geschichten und Romane wurden schon damals in viele Sprachen übersetzt. Von seinen Werken seien nur die bekannteren genannt:

Treats and Stories of the Irish Peasantry (1830—1833), *Tales of Ireland* (1834), *Spring Vale* (1841), *Val. MacClutchy* (1845), *Rody the Rover* (1845), *Paddy Go-Easy* (1845), *Black Prophet* (1847), *The Clarionet* (1850), *The Emigrants* (1857), *The Evil Eye* (1860), *The Double Prophecy* (1862), *Redmont* (1862), *The Fair of Enyvale* (1870), *The Squanders* (1873).

GEORGE MOORE

wurde in Moore Hall in der Grafschaft Bayo geboren, das 1923 während des Bürgerkrieges zerstört wurde. Er verlebte seine Kindheit auf dem Lande und sammelte so einen reichen Schatz an unvergeßlichen Eindrücken. Als er großjährig war, ging er nach Paris, um Maler zu werden, fand aber, daß er kein Talent habe, und wandte sich der Literatur zu. Das Ziel, dem er nicht nur nachstrebte, sondern um das er unermüdlich rang, war, epische Themen in edler Sprache zu behandeln. Landor, Pater und Balzac waren seine Lehrer; teilweise beeinflußte ihn auch Turgenjew. Nach dem Tode Hardys galt er als der größte Romanschriftsteller seiner Zeit. Sein erster Roman, *A Modern Lover* (1883), war kein großer Erfolg. *A Mummer's Wife* (1885) war der erste realistische Roman seit Defoe, aber auch noch kein Meisterwerk. 1888 erschienen die *Confessions of a young Man* und begründeten seinen Ruhm. 1894 folgte sein — in der Epoche — bedeutendstes Buch, *Esther Waters*. Während neun Jahren voll Ungewißheit suchte Moore neue Anregungen, traf William Butler Yeats und ging 1901 nach Dublin. Im Kurzgeschichtenband *The Untilled Field* (1903) und in dem Roman *The Lake* (1905) zeigt sich schon sein späterer Stil. Die drei großen autobiographischen Bände *Hail and Farewell* entstanden 1911 bis 1914. Einen neuen Gipfel seiner Erzählkunst erreichte er in den Romanen *The Brook Kerrith* (1916), *A Storyteller's Holiday* (1918), *Héloise and Abélard* (1921), *Aphrodite in Aulis* (1930) und in den Kurzgeschichtenbänden *In Single Strictness* (1922), *Celibate Lives* (1927), *Peronnik the Fool* (1926) und *A Flood* (1930).

E. O. SOMERVILLE und V. F. ROSS

zwei aus alten anglo-irischen Familien stammende Kusinen, schrieben die meisten ihrer Geschichten gemeinsam. Am berühmtesten wurden die witzsprühenden Erzählungen *Experiences of an Irish R. M.* (1899) und *Further Experiences of an Irish R. M.* (1908). Doch erregte zur Zeit seines Erscheinens der dreibändige Roman *The real Charlotte* (1894) mindestens ebenso großes Aufsehen; denn er rief teils überschwengliche Begeisterung, teils größten Abscheu hervor und ist inzwischen eine Art Klassiker geworden. Andere Erzählungen folgten; ein dritter Band *Experiences* wurde 1915 unter dem Titel *In Mr. Knox' Country* veröffentlicht. Die Geschichten sind typisch für eine Welt, die zum Untergang verurteilt ist, doch sind sie selbst von unvergänglichem Reiz.

LORD DUNSANY

geboren 1878 als Sohn des siebzehnten Barons Dunsany, hat Grundbesitz in den Grafschaften Meath und Kent. Er nahm an den Kriegen in Südafrika und am Ersten und Zweiten Weltkrieg teil. Sein Buch über Irland, *My Ireland* (1937), ist eine liebenswürdige Schilderung seiner Heimat und zeigt ihn als typischen Vertreter des anglo-irischen Adels. All seine Geschichten, Schauspiele, Hörspiele und Romane aufzuzählen, ist unmöglich. Auch als Übersetzer griechischer Dichtung hat er sich einen Namen erworben. Die bekanntesten Kurzgeschichtenbände sind die, in denen sein Mr. Jorkens als Held auftritt und humorvoll und spannend die unwahrscheinlichsten Erlebnisse in Afrika berichtet: *Mr. Jorkens remembers Africa* (1934), *Jorkens has a large Whiskey* (1940) und andere mehr.

B. O. Donn-Byrne

wurde 1889 in Forkhill in der Grafschaft Armagh geboren und studierte in Dublin und Leipzig. Er lebte einige Jahre in England und Amerika, kam aber immer wieder nach Irland zurück, wo er in Coolmain Castle viel Gäste beherbergte, Sport trieb und seine zahlreichen Reiseromane schrieb. In den achtunddreißig Jahren eines an Abenteuern reichen Lebens bereiste er alle fünf Erdteile. Sein früher Tod (1928) wurde durch Absturz in den Klippen verursacht. Zu den bekannteren seiner Romane gehören *Messer Marco Polo, The Wind bloweth* und *Destiny Bay.*

Sean O'Faolain

neben Liam O'Flaherty und Frank O'Connor einer der bedeutendsten Erzähler des heutigen Irland, wurde 1900 in Cork geboren, wo er auch seine Jugend verlebte. Die romantische Lage seiner Vaterstadt, die Universitätsjahre, das Theater und die Revolution, an der er sechs Jahre lang aktiv teilnahm, übten auf seine schriftstellerische Begabung solchen Einfluß aus, daß er ständig versuchte, die lebendige Welt seiner Träume mit der Welt der nackten Tatsachen in harmonischen Einklang zu bringen. Aber nach Gründung des Irischen Freistaates muß er die neue Politik ablehnen und geht nach Amerika, wo er zuerst studiert, dann unterrichtet und sich verheiratet. Als er 1929 nach Irland zurückkehrt, ist er von neuem in dem Konflikt zwischen Vision des Herzens und spöttischem Lächeln des Alltags gefangen. Er weigert sich, Kompromisse zu schließen, und bleibt «der alte Rebell». Unter diesem Zeichen steht sein Werk. Sein erstes Buch, *Midsummernight Madness* (1932), ein Band Kurzgeschichten, wurde von der irischen Zensur verboten, ebenso sein bester Roman, *Bird Alone* (1936). 1933 erschien sein erster Roman, *A Nest of Simple Folk*, eine Familiengeschichte. Weitere Kurzgeschichtenbände sind *A Purse of Coppers* (1937) und *Teresa* (1947). Der dritte Roman, *Come Back to Erin*, erschien 1940. Bei aller Verhaltenheit des mit dichterischen Bildern gesättigten Stils und der Schilderung einer so intensiv empfundenen Sinnenwelt enthalten O'Faolains Romane und Geschichten spannende Handlungen, deren Held ebensosehr Irland wie der irische Mensch ist. — Über die Technik der Kurzgeschichte erschien eine kritische Studie, *The Short Story* (1949), mit Beispielen. Was für ein unermüdlicher Arbeiter Sean O'Faolain ist, beweisen seine historischen Biographien: *The Great O'Neill* (1942), *King of the Beggars, O'Connell* (1938), *Constance Markiewicz* (1934). — Seine Reisebücher sind voll Charme und Lebensfreude: *Irish Journey* (1940), *Summer in Italy* (1950), *Calabrien* (1951). Denn jedes Jahr treibt es ihn aus der engen Heimat fort in sonnigere Länder, nach Frankreich und Italien, wo eine frohere, leichtere Lebensauffassung ihn freier atmen läßt und wo er «mit Gott über die Religion lachen kann».

BRINSLEY MACNAMARA

mit seinem bürgerlichen Namen J. R. M. Weldon, wurde 1890 in der Grafschaft Westmeath geboren. Diese Gegend bildet den Hintergrund all seiner Romane, Geschichten und Schauspiele. Er war während vieler Jahre Mitglied und Schauspieler am Abbey-Theater und nahm auch an der berühmten Amerikatournee dieser Gesellschaft teil, die Synges Schauspiele in die Vereinigten Staaten brachte. Später war er als Journalist für verschiedene Zeitungen tätig und ist jetzt Registrar an einem Dubliner Museum, der National Art Gallery. — Seine berühmtesten Lustspiele sind *Look at the Heffernans* und *The Glorious Uncertainty. The three Mad Schoolmasters* ist eine Kurzgeschichte, die auch für Bühne und Radio bearbeitet wurde. Seine Erzählungen verraten überhaupt die Bekanntschaft des Autoren mit der Bühne und zeichnen sich oft durch einen sehr natürlichen Dialog aus. Seine bekanntesten Romane sind: *The Valley of the squinting Windows, The Mirror in the Dusk, The Various Lives of Marcus Igoe.*

L. A. G. Strong

ein Anglo-Ire, der 1896 in Plympton, Devon, geboren wurde, verlebte seine Kindheit teils in England, teils bei seinen Großeltern in Irland. Er studierte in Oxford, zusammen mit Aldous Huxley, Robert Graves und vielen andern bekannten Schriftstellern der gleichen Generation. Er war jahrelang Lehrer, dann Kritiker und Mitdirektor eines Londoner Verlages. Seine Jugenderinnerungen und die Erlebnisse in Irland und am Meer klingen in verschiedenen seiner Romane wieder auf, so in *The Bay* und *Sea Wall.* Seine Kurzgeschichten sind in folgenden Bänden gesammelt:

Doyle's Rock (1925), *The English Captain* (1929), *The Big Man* (1931), *Don Juan and the Wheelbarrow* (1932).

Sein 1949 erschienenes Buch *The Sacred River* ist eine Studie über James Joyce.

Seumas O'Kelly

wurde 1880 in Loughrea, Co. Galway, geboren. Seine Fabulierfreude zeigte sich schon früh, wenn er Geschichten erzählte, die alle einen märchenhaften Zug trugen. Er arbeitete zunächst als Journalist und veröffentlichte Skizzen und Kurzgeschichten, die in seiner ländlichen Heimat ihren Ursprung haben *(By the Stream Kilmeen, The Lady of the Deerpark*, 1917). Da er schon immer eine zarte Gesundheit hatte, wurde er in dem feuchten irischen Klima bald von einem heftigen und langwierigen rheumatischen Fieber ergriffen, das seine Arbeit oft unterbrach. Schließlich versagte das Herz, und nach seinem frühen Tod im Jahre 1919 wurden mehrere Bändchen mit Erzählungen veröffentlicht:

The Golden Barque (1919), *The Weaver's Grave* (1919), *Hillsiders* (1921), *Wet Clay* (1922).

David Hogan

der 1893 in Cork geboren wurde, ging 1917 nach Dublin und begann dort seine journalistische Laufbahn. Er nahm als Soldat an den irischen Freiheitskämpfen teil und wurde mehrfach gefangengesetzt. 1931 war er Herausgeber der neu gegründeten Zeitung «Irish Press», arbeitete während des Zweiten Weltkrieges als Direktor im Government Information Bureau und ist jetzt Chairman im All-Party Research Committee, als welcher er viel politische Pamphlete und Abhandlungen schreibt. 1928 erschien sein Buch *Days of Fear*, der Kurzroman eines politischen Gefangenen, der in Hungerstreik getreten ist. Seine Kurzgeschichtenbände heißen *The Challenge of the Sentry* (1928) und *Dark Mountain* (1931) und haben als Hintergrund meistens die Kämpfe während der Revolution und des Bürgerkrieges.

Norah Hoult

1901 in Dublin geboren, wurde 1911 Vollwaise und mußte sich schon früh ihren Lebensunterhalt selbst verdienen. Sie arbeitete jahrelang als Sekretärin; doch ihre Freizeit war ausschließlich ihrer schriftstellerischen Tätigkeit gewidmet. Trotzdem dauerte es fünf Jahre, ehe sie ihren ersten Band Kurzgeschichten, *Poor Women*, veröffentlichen konnte, durch den sie sofort bekannt wurde. Danach begann sie ihren ersten Roman, *Time, Gentlemen! Time!* Seitdem lebt sie teils in London, teils in Amerika. Von 1930 bis 1936 hielt sie sich in Irland auf, um Material zu sammeln. Sie wurde zuerst durch ihre äußerst realistischen Kurzgeschichten berühmt. Der zweite Sammelband heißt *Nine Years is a long Time.* In dem 1951 erschienenen Band *Cocktail Bar* ist nur noch wenig von dem erbarmungslosen Realismus ihrer ersten Zeit zu spüren; im Gegenteil, die darin enthaltenen Erzählungen sind, obwohl nüchtern beobachtet, oft heiter, gütig, ja drollig. Abgesehen von ihren beiden irischen Romanen *Holy Ireland* und *Coming from the Fair* und den beiden entzückenden Romanen *Smilin' on the Vine* und *Augusta Steps out*, schildert sie das Leben in London, und sie zeigt darin eine Begabung wie kaum eine zweite Schriftstellerin. Von je hat sie ihr Mitleid den Verstoßenen und Verrufenen zugewandt.

Frank O'Connor

wurde 1903 in Cork in Südirland geboren. Er lernte früh Gälisch und versenkte sich in gälische Dichtung, Musik und Geschichte. Während der Revolutionsjahre kämpfte er für die Irische Republik, wurde von der neuen Regierung eingesperrt und lernte während der Zeit seiner «Internierung» mehrere Fremdsprachen. Nach der Freilassung erhielt er einen Preis für eine Arbeit über Turgenjew, die er auf gälisch geschrieben hatte. George Russell veröffentlichte seine Gedichte, Erzählungen und Übersetzungen im *Irish Statesman.* In Dublin war er zeitweise Direktor am Abbey-Theater; auch als Bibliothekar war er längere Zeit tätig. — Seine ungeheure Vitalität, sein Humor, seine Unerschrockenheit und eine lebenswarme Menschlichkeit, die sich über die Härte des Gesetzes hebt, spiegeln sich in all seinen Erzählungen wider. Er ist ein Meister der modernen irischen Kurzgeschichte. Dem ersten Band, *Guests of the Nation* (1931), haben seine Erlebnisse während des Bürgerkrieges Material geliefert. Die beiden folgenden Bände, *Bones of Contention* (1936) und *Crab Apple Jelly* (1944), enthalten wieder Erzählungen von höchstem literarischem Wert, so: In the Train, Bridal Night, Uprooted. Für den dritten Band wählt er ein Shakespearesches Motto; hier dreht es sich einzig um Venus, deren Wild wir alle vom elften bis zum neunzigsten Jahr sind: *The Common Chord* (1947). In dieser Sammlung werden komische und tragische Aspekte mit der gleichen genialen Leichtigkeit behandelt, wie es die Geschichten News for the Church, Babes in the Woods und die berühmte Holy Door beweisen. 1951 erschien dann *Traveller's Sample,* ein Musterkoffer voll Proben, die alles andere als bloße Proben sind. In der ersten Hälfte des Buches sind irische Kinder die tragikomischen Helden, in der zweiten Hälfte tauft Frank O'Connor seine Verliebten mit dem Taufwasser versöhnlichen Humors und heimlicher Sympathie. Das gleiche unbeschwerte Lachen klingt in seinem Reisetagebuch *Irish Miles* auf. Die von ihm selbst aufgenommenen Bilder sind mit Künstleraugen erspäht. — Die beiden Romane *The Saint and Mary Kate* und *Dutch Interior* erschienen 1932 beziehungsweise 1940.

Daniel Corkery

Schriftsteller, Maler und Professor, wurde 1878 in Cork geboren, wo seine Familie seit Jahrhunderten ansässig war. Er wurde Lehrer, studierte irische Sprache und Literatur und setzte sich für die Wiederbelebung des Irischen ein. Seine 1925 veröffentlichte Studie *The Hidden Ireland* ist eine Arbeit über die alte keltische Literatur. Eine neuere Arbeit auf ähnlichem Gebiet erschien 1931: *Synge and Anglo-Irish Literature.* Seine Erzählungen sind in vier Bänden zusammengefaßt: *A Munster Twilight* (1917), *The Hounds of Banba* (1920), *The Stormy Hills* (1929) und *Earth out of Earth* (1932). Sie zeigen eine schlichte Lebensphilosophie, deren ernstes Mitleid und Verständnis in einer stillen, schönen Sprache ausgedrückt wird. Der 1917 veröffentlichte Roman *The Threshold of Quiet* gibt ein friedliches Bild seiner Heimatstadt Cork, in dem das Malerische vorwiegt. Corkerys Aquarelle werden auf Ausstellungen in Dublin und Cork gezeigt.

James Stephens

wurde am gleichen Tage wie James Joyce in den Dubliner Bergen geboren. Er lebte lange in London, wo er am Britischen Rundfunk tätig war; doch es zog ihn ständig nach Irland zurück. Sein Werk ist typisch irisch: voller Musik und Charme, und sprunghaft vom Jenseitigen ins Weltliche, vom Feierlichen ins Spöttische verfallend. Sein bester Roman, *Crock of Gold*, wurde in knapp einem Monat geschrieben. Er selbst hielt einen andern Roman, *The Charwoman's Daughter*, für besser, der sich durch ein graziöses Dahinfließen von Poesie, Humor und Realismus auszeichnet. Der Band *Here are Ladies* enthält eine Sammlung Erzählungen, die mit Gedichten abwechseln.

Seine Mädchen und Frauengestalten sind oft in beiden Welten zu Hause, im Diesseits und im Land ihrer Träume, wie sich überhaupt in seinem Werk Wirklichkeit und Feenwelt, Menschen, Engel und Teufel wunderlich mischen, so besonders in *The Demigods*. Hier ist James Stephens vor allem Poet.

Elizabeth Bowen

entstammt gleich Lord Dunsany einer anglo-irischen Familie, die vor dreihundert Jahren nach Irland kam und sich in der Grafschaft Cork in dem schönen Bowen's Court ansiedelte. Dort wurde Elizabeth Bowen 1899 geboren, und dort auf dem Lande verlebte sie die sieben ersten Sommer ihres Lebens, während sie die Winter in einer kleinen Stadtwohnung in Dublin verbrachte, wie sie es in *Seven Winters* (1942) so reizvoll beschreibt. Auch ihr Buch *Bowen's Court* (1942) ist eine Autobiographie und drückt noch stärker als ihre Romane und Erzählungen eine Sehnsucht aus, irgendwo beheimatet und verwurzelt zu sein — festen Boden unter den Füßen zu spüren —, im weitesten Sinne genommen. Dieser Zug, der für Elizabeth Bowen's Entwicklung und Kunst sehr aufschlußreich ist, mag seinen frühesten Ursprung darin haben, daß sie mit dreizehn Jahren ihre Mutter verlor — und damit «den Glauben an das Leben». Während ihrer Entwicklungsjahre lebte sie in einer englischen Schule; auch hierüber liegen interessante Selbstzeugnisse vor. In der Zeit nach dem Ersten Weltkrieg stand sie dem Kreis um Virginia Woolf in London sehr nahe, deren intellektuelle Welt nun den stärksten Einfluß auf die junge, romantische Irin ausübte. Mit zwanzig Jahren schrieb sie ihre ersten Kurzgeschichten und war damit «dem Schreiben verfallen»; seitdem fand sie ihr Leben als «nur halb gelebt», wenn sie einmal nicht schrieb. In ihren Erzählungen und Romanen schildert sie mit kühler

Objektivität die Schicksale ihrer leidenschaftlich-romantischen Heldinnen, die immer irgendwie von der Liebe betrogen werden, immer mit einer das Leben anklagenden Geste untergehen. Kennzeichnend für ihre Kunst ist die Art, mit der sie die Atmosphäre einer Stadt, eines Raumes, eines Geschehens aufnimmt und in zahllosen kleinen Andeutungen vermittelt. Sie läßt ihre Charaktere schweigen, und zwischen den Zeilen erraten wir, was sie sagen wollen, was sie denken und empfinden. Von ihren Romanen sind *Last September* (1929), *House in Paris* (1935), *Death of the Heart* (1938) und *Heat of the Day* (1950) besonders hervorzuheben; doch hat sie sich vor allem mit ihren Kurzgeschichten einen Namen gemacht: *Joining Charles* (1929), *The Cat Jumps* (1934), *Look at all those Roses* (1941) und *The Demon Lover* (1946).

Liam O'Flaherty

von den lebenden Prosaschriftstellern Irlands der bekannteste, wurde 1897 auf den Aran Islands geboren. Er diente während des Ersten Weltkrieges im britischen Heer, wurde Sozialist und fand, daß der Kontakt mit Arbeitern und Kameraden im Schützengraben ihm «erst die Augen geöffnet habe». Nach seiner Verwundung wurde er als dienstuntauglich entlassen, lebte in Connecticut (USA), reiste als Tramp durch die Welt und arbeitete als Gepäckträger, Büroangestellter und auf Farmen, in Fabriken und Häfen. Er schrieb zuerst für republikanische Zeitungen. Schließlich kehrte er nach London und von dort auf seine «sturmumtosten Felseninseln» zurück. Von 1922 an veröffentlichte er in schneller Folge seine berühmten Romane, Kurzgeschichten und zwei Bände Autobiographie. Seine knappen, realistischen Tierschilderungen machten ihn besonders bekannt. Für diesen Band wurde absichtlich eine Erzählung gewählt, die ihn von einer ganz anderen Seite zeigt. Im Nachwort wird ausführlicher über die Eigenart seines Schaffens berichtet. Der erste Roman, *The Neighbour's Wife*, erschien 1923. Noch wichtiger sind *The Informer* (1925), *The Puritan* (1931), *The Martyr* (1933), *Famine* (1935) und *Insurrection* (1950). Seine ersten Kurzgeschichten erschienen schon 1924 in dem Bande *Spring Sowing*. 1937 wurden fünfzig Kurzgeschichten in einem Sammelband, *The Short Stories of Liam O'Flaherty*, vereinigt.

William Butler Yeats

William Butler Yeats wurde in Sandymount bei Dublin als Sohn des Malers John Butler Yeats geboren. Seine Vorfahren väterlicherseits waren protestantische Geistliche. Seine Mutter stammt aus der wildromantischen Grafschaft Sligo in Westirland, wo ihre Vorfahren Schiffseigentümer waren. Yeats' Vater zog bald mit der ganzen Familie nach London. Hier stand er den Präraffaeliten nahe. Die Ferien verbrachte der junge Yeats immer bei den Großeltern in Sligo, wo seine Phantasie durch die ihm erzählten uralten Volkssagen und die Legenden von Hellsehern und Geistern lebhaft beeinflußt wurde. Mit sechzehn Jahren begann er unter Anleitung seines Vaters Gedichte zu schreiben. 1881 kehrte die Familie nach Dublin zurück, und Yeats studierte dort Kunst und Literatur. Er schloß sich einem Kreis an, der sich, angeregt durch die theosophische Loge der Madame Blavatzky, mit der Mystik des Ostens beschäftigte. Hierzu gehörte auch sein späterer Freund A. E., der bedeutende Kritiker George William Russell. 1886 erschien Yeats' erstes Buch, das dramatische Gedicht *Mossada*. 1887 ging die Familie Yeats wieder nach London. Yeats schrieb Gedichte und Schauspiele, verkehrte in theosophischen und spiritistischen Kreisen, schrieb eine Arbeit über Blake und war bald die anerkannt größte Begabung unter seinen damaligen Freunden. 1893 veröffentlichte er keltische Erzählungen unter dem Titel *The Celtic Twilight*. 1897 erschien ein Band Erzählungen, *The Secret Rose*, deren strengerer Stil auf den Einfluß des Rhymers' Club zurückgeht. Die berühmte Gedichtsammlung *The Wind among the Reeds* erschien 1899, nachdem ein anderer Gedichtband schon 1895 veröffentlicht worden war.

Mit dem Tode des irischen Freiheitskämpfers Parnell hatte in Irland eine Bewegung eingesetzt, die die Wiederbelebung der alten irischen Sprache und Dichtung anstrebte. Während seiner Besuche in Irland gründete Yeats innerhalb dieser Bewegung literarische Gesellschaften und setzte sich dafür ein. Seine Ideen wurden von Lady Gregory unterstützt, die im Jahre 1899 die Aufführung seines Schauspiels *Countess Cathleen* (1892) befürwortete. Eine andere Gönnerin, Mrs. Horniman, stiftete und gründete das Abbey-Theater in Dublin, das durch Yeats zur Kernzelle der Irischen Renaissance wurde. Yeats war jahrelang Direktor dieses Theaters, an dem alle Talente des neuen Irland mitwirkten und das Gastspielreisen in den Vereinigten Staaten machte. 1902 wurde Yeats' Schauspiel *Cathleen ni Houlihan* aufgeführt, in dem Yeats' große Liebe, die leidenschaftliche Freiheitskämpferin und schöne Schauspielerin Maud Gonne, in der Hauptrolle auftrat: sie spielte die Rolle der alten Frau, die Irland verkörpert. Das schönste Stück ist sicher das Versspiel *Deirdre* (1907), das sich auf einer alten Sage aufbaut. Der gleiche Stoff wurde auch von Yeats' Mitarbeiter Synge benutzt. Später schrieb Yeats kürzere Dramen in der Art der japanischen Nôh-Spiele. 1904 erschienen die dichterisch und sprachlich vollendeten Red-Hanrahan-Erzählungen, ein Zyklus, dem auch unsere Geschichte entnommen ist.

Mit zweiundfünfzig Jahren heiratete Yeats eine junge Engländerin, Georgie Lees, und wohnte vorübergehend in Oxford. Gemeinsame spiritistische Erlebnisse legte er in dem seltsamen Buche *The Vision* (1925) nieder. Die gleiche Stimmung findet sich in dem in wunderbarer Prosa geschriebenen Einakter *Words on the Window-Pane* (1934), das von Jonathan Swift und seinen Freundinnen Vanessa und Stella handelt, die Frage auf Yeats' Einstellung zum Spiritismus aber nicht eindeutig beantwortet. Im Vorwort fordert er seine Landsleute auf, den Glauben an den Fortschritt, diesen Mythos des modernen Menschen, abzulehnen. Ebenso mutig und von großen Idealen bewegt, erschien Yeats im Senat des Irischen Freistaates, dem er von 1922 bis 1928 als Senator und hervorragendste Persönlichkeit angehörte. Als er 1923 in Stockholm den Nobelpreis für Literatur erhielt, rief er mit seiner Rede und seiner ganzen Erscheinung einen ungeheuren Eindruck hervor. 1925 hielt er im Senat die berühmte Rede, in der er das Gesetz über Ehescheidungen aufs schärfste angriff. Seine Stimme war im allgemeinen leise, musikalisch und schwermütig, wurde aber metallisch hart, wenn er sich mit Nachdruck für eine Sache einsetzte. 1928 und 1929 erschienen die metaphysischen Gedichte *The Tower* und *The Winding Stair*, aus denen ein ganz anderer Yeats als der junge Dichter des bekannten *Lake Isle of Innisfree* spricht. In den Aufsätzen *Ideas of Good and Evil* legt er die Grundsätze seiner Weltanschauung nieder.

Auf seiner letzten Vortragsreise 1932 durch die Vereinigten Staaten war Yeats' Gesundheit bereits angegriffen. Mit dem Inder Shri Purohit Swami, der die Upanishads ins Englische übertrug, ging er für einige Zeit nach Mallorca. 1938 ließ er sich in Cap Martin bei Mentone nieder, von wo er schrieb: «Ich bin glücklich und habe gefunden, was ich brauche.» 1939 starb er in Roquebrune sur Monaco an Herzmuskelentzündung. Dort lag er bis 1948 begraben, dann wurde er nach Drumclift bei Sligo in Irland überführt. Die Schönheit und Gedankenfülle seines Werkes und seine edle Sprache machten ihn zum größten Menschen und Dichter seiner Zeit.

FRANCIS MACMANUS

wurde 1909 in Kilkenny geboren, einem Städtchen im Süden Irlands, das in mehreren seiner Bücher eine Rolle spielt, so besonders in seinem letzten, bedeutendsten Roman *The Fire in the Dust.* Der Dichter studierte in Dublin und war dann achtzehn Jahre lang als Lehrer tätig. Während dieser Zeit arbeitete er auch für Zeitschriften und eine Zeitung. Seit einiger Zeit ist er beim Irischen Rundfunk, Radio Eireann, angestellt. Er lebt in einem Vorort Dublins. Im ganzen hat er vierzehn Bücher geschrieben, davon eine Romantrilogie, die aus drei historischen, um das Leben eines gälischen Dichters sich aufbauenden Romanen besteht. Später folgten noch sieben weitere Romane. Seine Geschichten sind nur zum kleinsten Teil in einem Band *Peddlar's Pack* gesammelt. Die meisten sind über die verschiedensten Zeitschriften und Zeitungen verstreut. Von seinen Gedichten sind viele in Gedichtsammlungen zu finden. — Francis MacManus schildert seine Landsleute mit realistischer Sachlichkeit: geldgierig, landhungrig, verwahrlost, aber auch in einem wunderbaren Seelenfrieden, wie in seinem schönsten Roman: *The Greatest of These.* Seine harte Skepsis hindert ihn nicht, sein Land und sein Volk zu bejahen und zu lieben — ohne Sentimentalität zwar, aber dafür um so ehrlicher. Etwa so, wie ein echter Schulmeister vom alten Schlage seine Kinder durchschaut.

James Joyce

der Meister der modernen Prosa, wurde am 2. Februar 1882 in Dublin geboren. Er wurde auf Jesuitenschulen erzogen; aber aus dem gläubigen Katholiken wurde allmählich ein leidenschaftlicher Atheist, obwohl diese Einstellung zur Kirche vielleicht rein äußerlich in seinem Unabhängigkeitsdrang begründet lag, der ihn aus Familie, Heimat und Glauben trieb. Versuche, in Dublin Gesang und in Paris Medizin zu studieren, gab Joyce auf, heiratete eine Irin und ging ins Ausland, wo er zunächst jahrelang als Sprachlehrer in Triest tätig war, um für seine Familie den Lebensunterhalt zu verdienen. 1914 erschien sein einziger Band Erzählungen, *Dubliners*, der ein krasses Bild Dubliner Lebens gibt. 1916 wurde sein autobiographischer Roman *A Portrait of the Artist as a Young Man* veröffentlicht, der gleich dem Novellenband in Dublin spielt und die Entwicklung des jungen Stephan Dedalus in einer bis dahin unbekannten Technik schildert. Das Schauspiel *Exiles* (1918) entstand unter dem Einfluß seiner Ibsen-Begeisterung und ist sonst nicht bemerkenswert. An seinem vierzigsten Geburtstag erschien nach mehrfach unterbrochenen Vorabdrucken in «The Little Review» der bald darauf in England und Amerika verbotene große Roman *Ulysses*, rein äußerlich betrachtet ein Tag aus dem Leben dreier Dubliner, des Stephen Dedalus, des Leopold Bloom und der Marion Bloom. Entsprechend der «Odyssee», besteht das wunderbare Werk aus achtzehn Episoden, von denen jede in einem andern Stil geschrieben ist, angefangen mit der Eröffnungsszene auf dem Martelloturm bis zu der Freudschen Walpurgnisnacht-Phantasie im dunkelsten Dublin und zu dem inneren Bewußtseinsstrom der Nachtgedanken Marion Blooms. Von diesem berühmten Monolog zwischen Wachsein und Schlaf führt die Entwicklung geradlinig zu *Finnegans Wake*, einer gewaltigen Allegorie über Fall und Auferstehung der Menschheit mit übermenschlichen Charakteren: «Berg» und «Stadt» als das männliche Prinzip, «Fluß» die Frau und Mutter verkörpernd, Shem und Shawn die im Widerstreit liegenden Söhne, Bild des Dichters selbst — oder des irischen Menschen — oder Irlands. Diese Vision ging zurück auf die Ansicht des italienischen Historikers Vico, daß die ganze Weltgeschichte in Zyklen verlaufe: Theokratie, Aristokratie, Demokratie und Chaos. Um seine Menschheitsgeschichte in einen Band pressen zu können, erfand Joyce, der im «Ulysses» gezeigt hatte, wie er die englische Sprache meisterte, eine neue Sprache aus Anspielungen und Wortspielen und musikalisch-mythologischen Sprachscherzen. Das Werk ist der genialste Versuch der modernen Literatur. Seine Übertragung in eine Fremdsprache verbietet sich eigentlich von selbst. Es sollte auch nicht gelesen, sondern gehört werden — so wie Joyce selbst es vorlas. — Ein schweres Augenleiden zwang den Dichter, öfters in Zürich in der Nähe des ihn behandelnden Spezialisten zu leben. Hier starb er an einer plötzlich ausbrechenden Darmkrankheit unerwartet rasch im Jahre 1941.